KONRAD BLASER

Blog book

Ermutigungen für den Alltag

Dieses Blogbook ist voller Inspiration für den Alltag. Über ein halbes Jahr lang kannst du Woche für Woche, Montag bis Freitag lebensbejahende und hoffnungsvolle Gedanken lesen. Sie helfen dir, deinen Fokus täglich neu auf Gott zu richten, die Grenzen deines Denkens zu sprengen, mutige Gebete zu beten, Gottes Größe anzuerkennen, mit ihm verbunden zu bleiben und alles von ihm zu erwarten.

Auf seiner Webseite schreibt der Autor Konrad Blaser regelmäßig neue Blog-Beiträge, veröffentlicht Videos und Bibellesepläne. Finde mehr Erfrischendes auf www.konrad-blaser.com

Segen wird kommen
Konrad Blaser, 2020
ISBN 978-3-95933-126-5

Einfach Jesus
Konrad Blaser, 2019
ISBN 978-3-95933-126-5

Nr. 8
Konrad Blaser, 2018

Leseproben, Informationen und Bestellung: www.konrad-blaser.com/books

Woche 1
BLEIB DRAN

Woche 1 – Montag

BLEIB DRAN TROTZ UNTERBRECHUNG

»Ich halte am Durchbruch, dem Wunder und der Zusage Gottes fest, auch wenn es zu einer scheinbaren Unterbrechung des Prozesses kommt. Ich weiß, dass mein Gott immer hält, was er verspricht.«

Ich hoffe, dass du deine Erwartungen, Wünsche und Träume niemals aufgibst. Vielleicht kommt es dir momentan so vor, als hätte Gott dich vergessen. Doch ich möchte dir versichern: Auch wenn eine Krise zu einer Verzögerung deines Wunders oder Unterbrechung deines Prozesses geführt hat, Gott hat dich immer noch auf seinem Radar. Manchmal geht es uns wie einem Mann aus einer biblischen Geschichte. Dieser Mann suchte Jesus auf und bat ihn, seine Tochter, die soeben gestorben war, wieder zum Leben zu erwecken. Jesus machte sich mit ihm auf den Weg zu dessen Tochter, doch unterwegs passierte Folgendes:

> ***Unterwegs drängte sich eine Frau, die seit zwölf Jahren an schweren Blutungen litt, von hinten an Jesus heran und berührte den Saum seines Gewandes, denn sie sagte sich: »Wenn ich auch nur sein Gewand berühre, werde ich gesund.« Jesus wandte sich um; er sah die Frau an und sagte zu ihr: »Du brauchst dich nicht zu fürchten, meine Tochter! Dein Glaube hat dich gerettet.« Von dem Augenblick an war die Frau gesund.***
> *Matthäus 9,20–22* NGÜ

Das ist doch genial! Auf dem Weg zum Haus des Mannes heilte Jesus scheinbar nebenbei eine Frau, welche seit vielen Jahren krank gewesen war. Ich kann mir

jedoch gut vorstellen, dass diese Unterbrechung für den Vater des verstorbenen Mädchens alles andere als einfach war, denn er wollte so schnell wie möglich mit Jesus zu seiner Tochter. Je länger es dauerte, desto heftiger wurde seine Geduld auf die Probe gestellt. Genau so geht es manchmal auch uns.

Wir beten, erwarten ein Wunder und gehen mit großem Glauben voran. Am Anfang sieht alles danach aus, als hätte Gott unser Gebet erhört und würde das Wunder, der Durchbruch oder die Heilung demnächst eintreffen. Doch plötzlich scheint alles still zu stehen und es fühlt sich so an, als wäre alles unterbrochen. Der Prozess gerät ins Stocken und der Durchbruch lässt doch länger auf sich warten als gedacht. Auch wenn du dich jetzt gerade in einer solchen Phase befindest, möchte ich dir sagen, dass keine Unterbrechung in deinem Leben für Jesus ein Problem ist. Er kommt trotzdem mit dir ans Ziel.

In der erwähnten Geschichte aus der Bibel hat Jesus die Tochter des Mannes schlussendlich geheilt und sie zurück von den Toten ins Leben geholt. So wird Gott auch mit dir ans Ziel kommen. Bleib im Glauben dran und warte auf Gottes Eingreifen, denn er kommt zur richtigen Zeit im richtigen Abschnitt deines Lebens zum Durchbruch! Erwarte weiterhin Großes, denn Gott hält noch so viele Wunder, so viel Segen und neue Verheißungen für dich bereit!

Doch der Herr ist treu;
er wird euch stärken und
vor dem Bösen beschützen.

2. Thessalonicher 3,3 NGÜ

SIE SCHLÄFT NUR

»Für Gott gibt es keine hoffnungslosen Bereiche in meinem Leben. Auch wenn es für mich so aussieht, als wäre es in einem Abschnitt meines Lebens vorbei, auch wenn Bereiche tot scheinen und keine Perspektive mehr zeigen: Gott sieht immer noch Leben darin.«

Jesus wird von einem Mann gebeten, seine kürzlich verstorbene Tochter zu heilen. Er kommt mit ihm zu dessen Haus und erlebt Folgendes:

> ***Als Jesus schließlich ins Haus jenes führenden Mannes kam und die Flötenspieler und die aufgeregte Menge sah, sagte er: »Geht hinaus! Das Mädchen ist nicht tot, es schläft nur.« Da lachten sie ihn aus. Als die Leute hinausgetrieben waren, ging Jesus in den Raum, in dem das Mädchen lag, und ergriff es bei der Hand. Da stand das Mädchen auf. Die Nachricht von diesem Ereignis verbreitete sich in der ganzen Gegend.*** *Matthäus 9,23–26* NGÜ

Jesus kommt zum Ort der Tragödie und die Menschenmenge, die vor dem Haus trauert, erweckt den Anschein, dass es vorbei sei. Die Tochter sei tot, er komme zu spät, sagt man sicherlich zu ihm. Doch Jesus schaut die Menschen an und sagt: »Sie ist nicht tot, sie schläft nur!« Diese Antwort Jesu gilt auch dir und mir:

Der hoffnungslose Bereich in deiner Ehe ist noch nicht tot. Er schläft nur und wartet darauf, zu neuem Leben erweckt zu werden.

Dein Leben ist noch nicht vorbei, deine Situation, deine Zukunft mag hoffnungslos aussehen, doch ich will dich mit neuem Leben beschenken.

Deine Träume sind noch nicht ausgeträumt. Ich habe neue Möglichkeiten für dich bereit, die darauf warten, von dir entdeckt zu werden.

Das Leben deines Freundes ist nicht vorbei und eine Veränderung zum Guten liegt für ihn immer noch drin. Er schläft nur! Gib ihn nicht auf, denn wenn ich ihn mit meinem Leben berühre, kann er sich, egal, wo er steht, zum Positiven verändern.

Deine Situation in deinem Alltag ist noch nicht das Ende. Sie befindet sich nur in einer Ruhephase, Neues wird kommen. Neue Herausforderungen, neue Gelegenheiten warten auf dich und neue Türen werden sich öffnen.

Da sagte Jesus zu ihr:

»ICH BIN DIE AUFERSTEHUNG UND DAS LEBEN. WER AN MICH GLAUBT, WIRD LEBEN, AUCH WENN ER STIRBT. UND WER LEBT UND AN MICH GLAUBT, WIRD NIEMALS STERBEN. GLAUBST DU DAS?«

Johannes 11,25–26 NGÜ

Mit Gott an unserer Seite gibt es keine hoffnungslose Situation. Gott hat durch Jesus den Tod überwunden und sagt heute zu dir: »Auch wenn es Bereiche in deinem Leben gibt, in denen es aussieht, als wäre es vorbei, tot und hoffnungslos, gib mich nicht auf, denn der Bereich schläft nur. Mit mir an deiner Seite können neues Leben, neue Hoffnung, neue Energie, neue Perspektiven, neue Menschen, neue Türen, neue Gelegenheiten in deinem Leben auftauchen, weil ich dein Leben wieder in Schwung bringen werde!«

Für unseren Gott ist keine Ehe, keine Beziehung, keine Not, keine Situation und kein Mensch hoffnungslos. Gott kann durch Jesus jegliche toten Bereiche in uns zu neuem Leben erwecken. Halte an Gott fest und erlebe, wie auch gerade in diesem Jahr Totgeglaubtes wieder lebendig wird.

GIB NICHT AUF

Wir alle sind immer wieder herausgefordert, dranzubleiben und nicht aufzugeben. Das Kämpfen macht uns müde. Das Geschäft will einfach nicht wachsen. Der langersehnte Partner fürs Leben taucht auch nach zig Gebeten nicht auf. Sogar dann, wenn wir alles haben, was wir uns wünschen, kann es Momente geben, in denen wir einfach keine Kraft mehr haben, uns müde und erschöpft fühlen, das Leben keinen Sinn mehr macht und wir uns fragen: »Warum nur tue ich mir das noch an?« Wenn wir nicht aufpassen, verlieren wir unsere Freude, unsere Leidenschaft und am Schluss sogar unseren Glauben.

Was machen wir, wenn die Schlacht länger dauert, als wir angenommen haben? Wir haben gebetet, geglaubt und alles gegeben, doch die negative Eigenschaft ist immer noch da, die Krankheit bestimmt weiterhin unser Leben, der langersehnte Durchbruch ist noch nicht gekommen und wir warten schon so lange auf die richtige Tür, die sich endlich öffnen sollte. Und dann klopfen plötzlich Müdigkeit, Passivität und Lustlosigkeit an die Tür unseres Herzens. Das Problem ist, wenn wir der Müdigkeit die Tür öffnen, hören wir auf zu wachsen, verlieren wir unseren Glauben und verpassen wir schlussendlich das Leben und all den Segen, der in der Zukunft auf uns wartet.

Dass die Passivität an unser Herz klopft ist ganz normal. Auf dem Weg zum Segen, zur Freiheit und zum nächsten Durchbruch kommt es immer wieder vor, dass hoffnungslose und deprimierende Gedanken unser Leben einzunehmen versuchen und uns vom Weg abbringen wollen. Doch wie begegnen wir all den müden, passiven und lustlosen Gedanken in unserem Leben? Ich denke, die beste Reaktion unsererseits ist, dass wir wieder zu sehen und zu glauben beginnen, was Gott tun will. Auch wenn die Umstände alles andere als rosig und positiv aussehen, halten wir uns an Gott fest. Der biblische Prophet Jesaja ist überzeugt:

… die auf den Herrn warten, gewinnen neue Kraft!

Auch wenn du dich müde und hoffnungslos fühlst und kurz davorstehst, alles aufzugeben, möchte ich dich ermutigen: Gib nicht auf! Setze deine Hoffnung auf Gott und vertraue darauf, dass er eine Lösung in deiner Zukunft bereithält.

Statt aufzugeben, dich einfach gehen zu lassen und dein Leben dem Lauf der Zeit zu überlassen, halte dich an Gott fest und sage zu ihm:

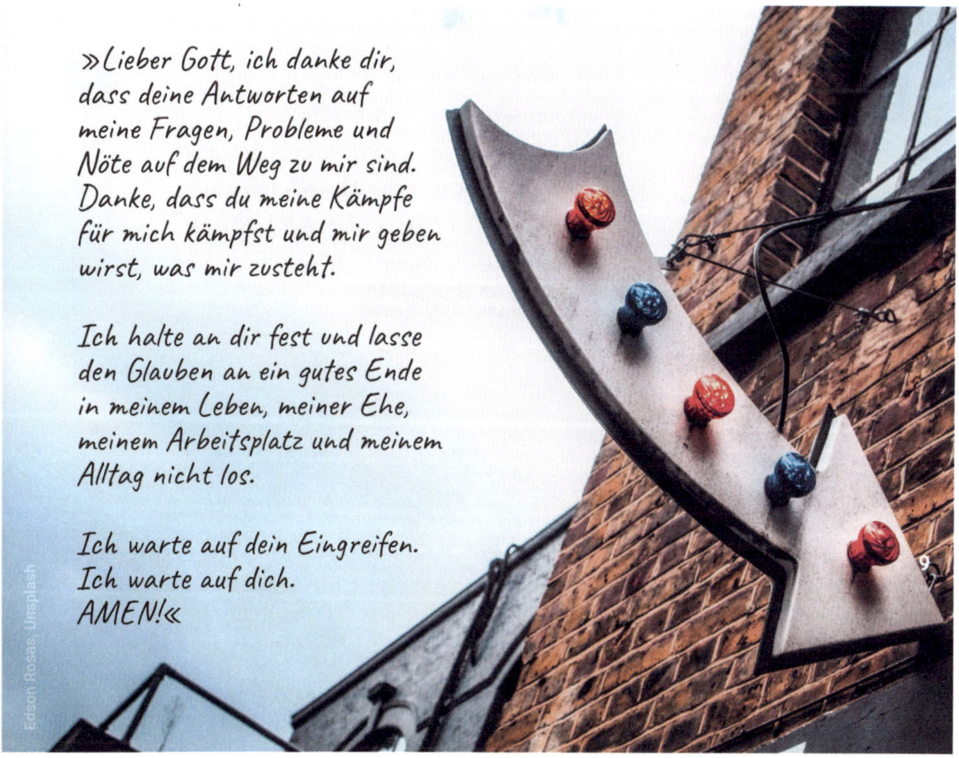

»Lieber Gott, ich danke dir, dass deine Antworten auf meine Fragen, Probleme und Nöte auf dem Weg zu mir sind. Danke, dass du meine Kämpfe für mich kämpfst und mir geben wirst, was mir zusteht.

Ich halte an dir fest und lasse den Glauben an ein gutes Ende in meinem Leben, meiner Ehe, meinem Arbeitsplatz und meinem Alltag nicht los.

Ich warte auf dein Eingreifen.
Ich warte auf dich.
AMEN!«

Edson Rosas, Unsplash

Ich möchte dich heute ermutigen: Steh wieder auf, gib dich nicht auf, denn Gott hält mehr für dich bereit. Gott hat dich nicht vergessen und das Wunder, der Durchbruch, die Heilung, die langersehnte Tür, die sich endlich öffnen sollte, sind auf deinem Weg und werden dir früher oder später begegnen. Jetzt ist deine Zeit, nochmals aufzustehen und zu erleben, wie Gott dich weiterbringt und dich mit seiner Güte, seinen Wundern und seiner Kraft überrascht. Vielleicht bereits morgen oder übermorgen, oder in der nächsten Zeit. Lass dich nicht unterkriegen, sondern halte an den Zusagen Gottes für dein Leben fest. Kraft wird kommen. Heilung wird kommen. Die richtige Person wird kommen und die richtige Tür wird sich öffnen!

> ***Er gibt den Erschöpften neue Kraft; er gibt den Kraftlosen reichlich Stärke. Es mag sein, dass selbst junge Leute matt und müde werden und junge Männer völlig zusammenbrechen, doch die, die auf den Herrn warten, gewinnen neue Kraft.*** *Jesaja 40,29–31a* NLB

Alles was auf der Erde geschieht,
hat seine von Gott bestimmte Zeit!
… Ich bin zu der Erkenntnis gekommen:
Das Beste, was der Mensch tun kann,
ist, sich zu freuen und sein Leben zu
genießen, solange er es hat.

Prediger 3,1.12 GNB

DEINE ZEIT WIRD KOMMEN

»Gott hat den Zeitpunkt des Segens, des Durchbruchs und des Wunders in meinem Leben schon vorbereitet. Auch wenn nicht immer alles so läuft, wie ich mir vorstelle, darf ich wissen: Ich habe Gott an meiner Seite und deshalb wird meine Zeit kommen.«

Wir alle erleben Zeiten, in denen es nicht so läuft, wie wir uns vorstellen. Ein Berufskollege wird vor dir befördert, obwohl du länger dort arbeitest. Deine Freunde heiraten und du hast den Partner fürs Leben immer noch nicht gefunden. Deine beste Freundin wird zum zweiten Mal schwanger und bei dir will sich der Kinderwunsch einfach nicht erfüllen. In der Schule bist du nie an der Spitze, obwohl du täglich lernst und dein Bestes gibst. Das Geschäft deines Businesspartners floriert von Jahr zu Jahr, während du ums Überleben kämpfst. In solchen Momenten kann es gut sein, dass wir uns folgende Fragen stellen: »Gott, wann kommt meine Zeit? Wann stehe ich mal auf der Sonnenseite des Lebens? Wann habe ich mal Glück? Wann läuft's bei mir rund? Wann kommt der Segen, wann der Durchbruch? Gott, hast du mich vergessen?«

In den Psalmen können wir lesen, wie ein Schreiber im Hinblick auf sein Leid, seine Fragen und sein Klagen auf folgende Antwort kommt:

> ***Du [Gott] wirst eingreifen und Erbarmen haben … Es ist Zeit, dass du dich kümmerst; die festgesetzte Stunde ist gekommen!***
> *Psalm 102,14* GNB

Gott wird eingreifen, und zwar zur festgesetzten Stunde. Gott hat auch für dein Leben den Zeitpunkt des Durchbruchs, des Segens, des Sieges, der Beförderung, der Heilung, des Erfolges und der Idee, die dir den Durchbruch bringen wird, schon lange festgesetzt. Gott weiß genau, wann der Zeitpunkt des Segens für dein Leben gekommen ist, und diesen Moment macht er nicht abhängig von unserer Leistung, sondern einzig und allein von unserem Glauben. Behalte den Glauben an Gott, lass ihn nicht los, und du wirst auch in deinem Leben zur richtigen Zeit erleben, wie Gott dir immer wieder alles geben wird. Du wirst erfahren, dass auch du auf der Sonnenseite des Lebens stehen kannst. Gott kommt immer wieder zum Ziel mit uns, und zwar in dem Moment, den er schon beim Zeitpunkt unserer Geburt definiert und geplant hat. Darum kannst du ruhig werden, dich freuen an dem, was du hast, weil du weißt: Gott kommt zum Ziel mit dir!

GOTT HAT DICH NICHT VERGESSEN

Gott ist auf deiner Seite und hat dich nicht vergessen. Gott steht zu seinen Versprechen, die er dir gegeben hat, und er will jede Zusage für dein Leben wahrwerden lassen. Gott will immer dein Bestes, darum halte dich an ihm fest und du wirst sehen, wie Gott auch mit dir zum Ziel kommen wird.

Das Volk Gottes befindet sich seit über 400 Jahren in Gefangenschaft. Die Israeliten dienen dem ägyptischen Volk als Sklaven und leben an ihrer Bestimmung vorbei. In diese hoffnungslose Situation hinein spricht Gott durch Mose zu ihnen. Wir lesen, was er zu Mose sagt:

> ***Und Gott fuhr fort: »Ich bin der Herr. Ich bin Abraham, Isaak und Jakob als der allmächtige Gott erschienen … Und ich habe auch einen Bund mit ihnen geschlossen und versprochen ihnen das Land Kanaan zu geben, in dem sie als Fremde lebten. Ich habe das Seufzen der Israeliten gehört, die von den Ägyptern versklavt werden. Und ich habe an meinen Bund mit ihnen gedacht.«*** *2. Mose 6,2–5* NLB

Gott hat sie nicht vergessen. Trotz der unglaublichen Dauer von 400 Jahren Sklavendienst – über Generationen hinweg – erinnert sich Gott an sein Versprechen für sein Volk. So wie Gott sein Volk nicht vergaß und sein Plan mit ihm wahr werden ließ, so hat er auch uns nicht vergessen. Gott vergisst uns nie. Er sieht dein Leid, deine Fragen, deine Ängste, deine Einsamkeit, deine Not, deine Probleme, und auch wenn du dich alleine fühlst, hat er einen Plan mit deinem Leben und wird sein Versprechen an dich und das, was er über dein Leben gesprochen hat, wahr werden lassen.

Gott setzt immer wieder alles daran, uns zurück auf die richtige Spur zu bringen und die Versprechen, Zusagen und den Segen über uns wieder lebendig werden zu lassen.

Auch wenn du den Mut, die Hoffnung und deine Träume schon aufgegeben hast, denk daran, Gott ist dran und hat dich noch lange nicht aufgegeben. Bleib bei ihm, und er wird zur richtigen Zeit Wunder tun, die deine Umstände innerhalb von Sekunden, Stunden oder Tagen verändern werden, sodass auf einen Schlag alles anders aussieht und du dich wieder auf dem Weg zu deinem Ziel befindest. Das Volk Gottes war 400 Jahre lang in Gefangenschaft. Auf welche Weise greift Gott ein? Er tut es innerhalb von wenigen Wochen, indem er die Ägypter mit den zehn Plagen »in die Pfanne haut« und einen mächtigen, scheinbar unbezwingbaren Umstand im Leben seines Volkes aus dem Weg räumt. Plötzlich scheint alles möglich und die Israeliten können das Land ihrer Unterdrücker nach 400 Jahren innerhalb weniger Wochen verlassen und sich Richtung Kanaan aufmachen. Kanaan ist das von Gott versprochene Land.

Genauso kann Gott auch in unserem Leben scheinbar unmögliche Umstände in die Knie zwingen und uns den Weg zum Segen, zur Verheißung, zum Traum und zur Erfüllung unserer Visionen wieder ebnen. Gott hat uns nicht vergessen, und solange wir an ihm festhalten, wird er immer wieder alles geben, um uns auf den Weg unserer Bestimmung zu bringen. Segen, Verheißungen, offene Türen, neue Menschen und entscheidende Schlüsselsituationen für dein Leben warten in deiner Zukunft auf dich! Gott hat dich nicht vergessen!

Schreibe hier deine Träume, deine Visionen, deine Wünsche, Wunder und Durchbrüche auf, nach denen du dich sehnst, und danke Gott schon jetzt im Voraus, dass er dich mit all den Wundern und seinem Segen überraschen wird.

- Ich wünsche mir ne geile treu Frau, die mich liebt und ich sie
- Frei von jegliche Gedanken die Schaden
- Ein lebenswertes Leben
- Nicht mehr schüchtern zu sein
- Sich normal unterhalten können
- Weisheit
- Das mir alles gelingt was ich auch tue ein Segen für andere bin
- Frei von Pornos
- Kraft und Energie
- Das Du Jesus Christus mir richtig offenbarst
- Das mein Kopf geheilt wird
- Nicht ängstlich zu sein
- Ich wünsche mir das Mama geheilt und gesund wird

Woche 2
GOTTES SICHT

DENKE GRÖSSER

»Ich entscheide mich, dass ich mich von Gott dazu gebrauchen lassen will, den Menschen in meinem Umfeld zu dienen, ihnen zu helfen und sie durch meine Hilfsbereitschaft näher an Gottes Liebe zu führen.«

Gott hat Pläne, Träume und Visionen für unser Leben. Gottes Sicht ist viel größer als die unsere. Darum lerne, größer zu denken, größer zu bitten und entsprechend zu handeln. Statt Gott im Gebet nur darum zu bitten, dass deine Kinder wieder zurück auf den Weg des Glaubens finden, bitte ihn, dass sie zudem auch ihre volle Berufung ausleben und mit ihrem Leben einen Unterschied in ihrer Generation machen werden. Oder bitte ihn, dass deine Freunde nicht nur einen Gottesdienst mit dir besuchen, sondern dass sie dadurch auch Gott erleben, ihr Potential entdecken und einen kleinen Einblick davon bekommen, was Gott noch alles für sie in ihrer Zukunft bereithält. Wenn du ein Haus besitzt, bitte Gott nicht nur darum, dass du irgendwann deine Schulden abzahlen kannst, sondern auch darum, dass du seinen Überfluss erlebst, das Haus umbauen und vergrößern kannst, um anderen mit deiner Gabe der Gastfreundschaft zu dienen. Beginne groß zu denken und größer zu bitten. Dadurch ehren wir die Kraft und Größe Gottes. Unsere kleinkarierten Gebete dagegen scheinen wie eine Beleidigung für den allmächtigen Gott. Jesus sagt in der Bibel:

> ***»Ich versichere euch: Wer an mich glaubt, wird die Dinge, die ich tue, auch tun; ja er wird sogar noch größere Dinge tun.«***
> *Johannes 14,12* NGÜ

Jetzt mal ehrlich: Was könnten wir noch Größeres tun, als Jesus getan hat? Jesus machte aus Wasser Wein, lief über das Wasser und stoppte einen Sturm

mit nur einem Wort. Er heilte Kranke, befreite Besessene und holte seinen Freund Lazarus von den Toten zurück ins Leben. Doch es gibt etwas, was wirklich größer ist als all diese Wunder, und das ist, wenn wir den Menschen die Gnade Gottes bringen. Als Jesus davon sprach, dass wir größere Dinge tun würden, war er noch nicht gestorben und wieder auferstanden. Somit weist er mit seiner Ermutigung darauf hin, dass nach seinem Sieg über den Tod jeder Mensch die Möglichkeit hätte, Gott kennenzulernen, seine gottgegebenen Talente zu entdecken, den Plan für sein Leben zu finden, seinen Segen abzuholen und die richtigen Leute in seiner Zukunft kennenzulernen. Denke deshalb groß, handle mutig, damit Gott dich in großartiger Weise dazu gebrauchen kann, Spuren seiner Liebe, seiner Pläne und seiner Träume in den Herzen anderer zu hinterlassen.

BETONE DAS GUTE

»Ich entscheide mich, dass ich das Gute, Göttliche und Positive im Leben anderer Menschen betonen will. Ich lege meinen Fokus nicht auf die Schwächen meiner Mitmenschen, sondern hebe das Gute, Besondere und Kraftvolle in ihnen hervor. So kreiere ich ein positives und erfrischendes Umfeld, welches meine Ehe, meine Beziehungen am Arbeitsplatz, meine Familie, meine Kirche und meine Freundschaften immer wieder belebt und weiterbringt!«

In der Bibel gibt es eine spannende Geschichte, die von Noah handelt. Noah, der durch die Rettung einiger weniger die Menschheit vor dem Untergang bewahrte, baut nach seiner Rettungsaktion einen Rebberg an. Er ist damit übrigens der erste Mensch in der Geschichte, von dem man lesen kann, dass er mit Wein experimentierte. Dieses Probieren des edlen Saftes bleibt natürlich nicht ohne Folgen, und so landet Noah irgendwann nackt im seinem Zelt und schläft seinen Rausch aus. Sein Sohn Ham findet ihn, und statt seinen Vater zu ehren und das Geschehene nicht publik zu machen, geht er gleich zu seinen Brüdern und erzählt ihnen alles. Diese hingegen entscheiden sich, ihren Vater zu ehren. Sie gehen rückwärts ins Zelt und decken ihren Vater zu. Sie ehren ihn, indem sie ihn mit seinem Fehltritt nicht bloßstellen, sondern schützen. Die Folge davon ist, dass Noah die beiden Brüder segnet, Ham hingegen verflucht er.

Wann immer wir in eine solche Situation geraten, haben wir die Wahl. Wir können die Fehler anderer, die Schwächen unserer Mitmenschen oder die Probleme, mit denen sie zu kämpfen haben, in unserem Freundeskreis teilen, es hinausposaunen oder mit dem Finger auf sie zeigen, aber dann entehren wir sie. Stattdessen sollten wir die Fehler anderer vielmehr zudecken und verzeihen; wir sollten mit ihnen so umgehen, wie Gott mit uns umgeht.

Wir haben immer wieder die Wahl, was wir stärker gewichten wollen: Die Fehler, Schwächen oder Probleme anderer oder das Gute, das Positive und Kraftvolle in ihrem Leben. Wenn wir das Gute im Leben unserer Mitmenschen betonen, dann entwickeln wir eine positive Kultur, eine Kultur der Ehre – man ist gern in einem solchen Umfeld und die Menschen um uns herum werden über sich hinauswachsen. Nicht umsonst sagt Gott in der Bibel zu uns: »Wenn du mich ehrst, dann ehre ich dich. Wenn du deine Eltern ehrst, dann wirst du lange in dem Land leben, das ich dir gegeben habe. Wenn du deine Leiter, deinen Chef, deine Vorgesetzten ehrst, holst du dir Segen und Weisheit ins Haus. Ehrst du deinen Ehepartner, entsteht dadurch eine Einheit, und in dieser Einheit könnt ihr bitten, was ihr wollt, und ich werde es euch geben.«

Ich ehre bedeutet auch, ich gewichte. Denn das Wort »ehren« in der Bibel kommt von dem hebräischen Wort *kawed*, was wörtlich so viel bedeutet wie »schwer sein« oder »Gewicht geben«. Ich gebe also dem Positiven, den guten Taten eines Menschen mehr Gewicht als dem Negativen.

Auf diese Weise schütze ich meine Mitmenschen und schaffe ein positives, erfrischendes und gesundes Umfeld, in dem wiederum neues Wachstum, neuer Segen und neue Frische entstehen können.

> ***Du sollst deinen Vater und deine Mutter ehren. Dann wirst du lange in dem Land leben, das dir der Herr, dein Gott, gibt.*** *2. Mose 20,12* GNB

Winggo Tse, Unsplash

Roberto Nickson/Unsplash

BLEIB IM FRIEDEN

»Ich lasse mir den Frieden und die Freude nicht rauben, auch wenn ich ungerecht behandelt werde. Gott sorgt für mich und schaut, dass ich zu meinem Recht komme. Somit kann ich ruhig und gelassen durch den Tag gehen.«

Jeden Tag werden wir mit kleinen oder großen Herausforderungen und Schwierigkeiten konfrontiert. Wir stehen im Stau, werden angeschnauzt von unserem Chef, fechten noch einen kleinen Disput in der Ehe aus, bevor es zur Arbeit geht, oder erleben, dass die Kinder nicht das machen, was wir uns vorstellen. Wir haben immer wieder die Wahl, wie wir auf solche Dinge reagieren. Oftmals ergreifen wir selbst das Ruder und wollen die Konflikte lösen. Wir sagen: »Das ist ungerecht, das ist nicht fair, das werde ich ihm/ihr noch heimzahlen. Ich schaue schon, dass ich wieder zu meinem Recht komme!« Doch besser geht es uns, wenn wir diese Dinge an Gott abgeben.

Gott sagt zu uns:

> ***»Setze dich an meine rechte Seite! Ich will dir deine Feinde unterwerfen, sie als Schemel unter deine Füße legen.«*** *Psalm 110,1* GNB

Gott wird uns unsere Feinde sowie die uns widerfahrenen Ungerechtigkeiten und Situationen unterwerfen. Auch wenn dein Krankenbericht alles andere als gut aussieht, du wegen einer Sorge auf der Arbeit nicht mehr schlafen kannst, dich ausgelaugt, ausgenutzt, hintergangen oder nicht verstanden fühlst, denk daran: Gott will dir all deine Stresssituationen unterwerfen. Er wird sie dir unter deine Füße legen. Doch wenn du dich selbst um dein Recht bemühst, dir holst, was dir zusteht, und versuchst, das Ganze alleine wieder hinzubiegen, dann zieht Gott sich zurück. Er lässt dich machen. Doch seien wir ehrlich: Wenn wir die Hilfe Gottes in Anspruch nehmen können und er uns sogar verspricht, dass er all unsere Sorgen nehmen und sie uns unterwerfen wird, warum sollten wir es dann noch selber probieren? Ich weiß, es braucht Vertrauen und Glauben, unser Recht loszulassen und Gott die Situation zu überlassen. Doch ich möchte dich ermutigen, folgende Worte auszusprechen: »Gott, ich weiß, du kämpfst für mich. Du kennst meine Not und bist im Moment voll dran, mein Bestes in dieser und durch diese Situation zu bewirken. Ich weiß, du machst meine krumme Straße wieder gerade und bügelst Ungerechtigkeiten und Fehler wieder aus. Du hast mir in der Bibel versprochen, dass du immer auf mein Bestes aus bist, wenn ich im Glauben an dir festhalte. So entscheide ich mich heute, loszulassen. Ich lasse mich weder stressen noch mir die Freude nehmen. Ich bleibe im Frieden.«

Lege deine Füße auf den Tisch, ruhe dich aus, übergib es Gott, und er wird sich um all deine Sorgen und Herausforderungen kümmern. Gott wird all die Gedanken, die dich ausbremsen und die du auf ihn wirfst, nehmen, er kümmert sich um dein verletztes Herz und sorgt sich um die Situationen, die hoffnungslos erscheinen. Er wird alles unter deine Füße legen, sodass dich nichts mehr stoppen kann. Er wird das Ganze zu deinem Guten wenden und macht deine Herausforderung und deinen Feind zu deinem Fußschemel. Und wenn diese Situationen dann zu deinem Fußschemel geworden sind, erlebst du, wie sie dir schlussendlich dienen und nicht mehr schaden. Das macht dein Leben einfacher. Du bist ausgeglichener und findest immer wieder den Frieden durch deinen in Gott ruhenden Glauben.

> ***In Frieden kann ich mich nun hinlegen und schlafen. Denn du, Herr, gibst mir einen Ort, an dem ich unbehelligt und sicher wohnen kann.***
> *Psalm 4,9* NGÜ

GOTT SCHAFFT NEUES

Daran denkt ihr, daran klammert ihr euch. Aber blickt doch nicht immer zurück! Ich schaffe jetzt etwas Neues! Es kündigt sich schon an, merkt ihr es denn nicht? *Jesaja 43,18–19* GNB

Merkt ihr es denn nicht? Gott ist dabei, etwas Neues in uns vorzubereiten. Er versucht fortwährend, neue Samen in unsere Herzen zu säen. Empfange dieses Saatgut, entdecke es und lass es in dir wachsen. Neue Hoffnung wartet auf dich, neuer Segen will ausgegossen, Heilung will empfangen und Durchbrüche wollen entdeckt werden. Lasse dich auf Gottes Ideen und seine Pläne ein, ehre ihn, suche ihn, bete ihn an, und du wirst die beste Zeit deines Lebens haben! Gott ist allzeit bereit, etwas Neues mit unserem Leben zu tun. Er will immer unser Bestes, er versucht stetig, uns voranzubringen, er will uns immer wieder neue Aufgaben anvertrauen und möchte uns täglich neue Möglichkeiten und seine Wunder aufzeigen.

Merkt ihr es denn nicht? Gott ist unaufhörlich am Werk in und mit uns. Doch so oft entgehen uns Gottes Segen, seine Güte, seine Heilungskraft und seine Türen, die er für uns öffnet, nur weil wir ihm in unserem Denken keinen Raum geben. Glaubst du, dass Gott dir neue Türen öffnen will? Glaubst du, dass du heute beruflich etwas Großes leisten wirst? Glaubst du, dass du ein besserer Leiter, Vater, eine bessere Mutter, ein besserer Arbeiter oder Schüler sein kannst? Glaubst du, dass Gott noch ein Wunder für deine Ehe bereithält? Glaubst du, dass du den Partner fürs Leben finden wirst? Glaubst du, dass Gott deine Familie wieder heilen und versöhnen kann? Glaubst du, dass Gott deine Krankheit heilen kann? Glaubst du, dass Gott dich aus deinen Abhängigkeiten befreien wird? Glaubst du, dass du aus deiner finanziellen Not herauskommst? Glaubst du? Gott sagt zu dir:

»Siehst du es denn nicht? Ich bin am Werk, ich schaffe etwas Neues und habe schon Samen der Heilung, des Durchbruchs und des Wunders in dein Herz gesät. Bewässere ihn, indem du mein Wort liest, lass ihn durch deinen Glauben wachsen und erlebe, wie er zu Frucht in deinem Leben wird. Neues kündigt sich für dich an.«

Sei bereit für Gottes Wunder und entscheide dich, die göttliche Saat in deinem Inneren aufgehen zu lassen. Auch wenn dir die Vergangenheit oder deine Umstände das Gegenteil erzählen wollen, sagt Gott:

»Mach dich bereit, eine Saat des Segens wartet darauf, von dir entdeckt und freigesetzt zu werden. Mir sind alle Dinge möglich!«

Mir sind alle Dinge möglich!

Als alle sich gesetzt hatten, nahm Jesus die fünf Brote und die zwei Fische, blickte zum Himmel auf und dankte Gott dafür. Dann zerteilte er die Brote und die Fische und liess sie durch die Jünger an die Menge verteilen. Und alle aßen und wurden satt. Am Schluss wurde aufgesammelt, was sie übrig gelassen hatten – zwölf Körbe voll. Lukas 9,15b – 17 NGÜ

WIRF ALTES WEG

»Ich öffne mich immer wieder für neue Ideen und bleibe nicht stehen. Gott hält mehr für mich bereit und ich lasse mich nicht durch mein begrenztes und kleines Denken ausbremsen.«

Gott will uns immer wieder mit neuen Ideen, neuen Möglichkeiten und neuem Segen überraschen. Doch statt sich demgegenüber zu öffnen, bleiben viele von uns stehen und lassen sich im Mittelmaß des Lebens nieder. Statt weiter nach Neuem zu streben, sind wir zufrieden an dem Ort, wo wir sind. Wir bleiben stehen, und je länger die Zeit des Stillstands andauert, desto mehr entfernen wir uns von Gottes Ideen und seinem neuen Segen für uns.

Um diesen Zustand zu erklären, gebraucht Jesus ein interessantes Bild. Er vergleicht unser Leben mit Weinschläuchen. In biblischer Zeit wurde Wein nicht in Flaschen, sondern in ledernen Schläuchen aufbewahrt. Tierfelle wurden getrocknet und behandelt, bis das Leder zu Behältern verarbeitet werden konnte, in die man den Wein dann abfüllte. Waren diese Schläuche neu, waren sie weich und biegsam. Doch wurden sie älter, verloren sie ihre Elastizität und ließen sich nicht mehr ausdehnen. Sie wurden hart und steif. Wenn man also gärenden, neuen Wein in einen alten Schlauch goss, platzte der Behälter, und der Wein war verloren. Damit sagt Jesus zu uns:

»Öffne dich immer wieder für neue Visionen, Ideen und Möglichkeiten. Löse dich dafür vom alten, kleinen und begrenzten Denken. Vergrößere deine Sicht aufs Leben und beginne, größer zu denken. Suche neue Wege, verlasse festgefahrene Bahnen und entdecke das Neue, das Gott schon für dich bereithält.«

Damit Gott uns Neues schenken kann, müssen wir uns immer wieder dazu entscheiden, Altes, Festgefahrenes und auch Traditionelles loszulassen und wegzuwerfen. Sind unsere Gedanken befreit, sehen wir wieder das Neue, die Sicht und die Ideen Gottes!

Wir brauchen uns von der Vergangenheit keine Grenzen setzen zu lassen. Auch wenn deine Eltern nie aus dem Kreislauf der Schulden ausgebrochen sind, du schlecht gestartet bist oder viele in deiner Familie gegen eine Sucht kämpfen, steh auf, lass deine negativen Prägungen los und beschließe, dich von Gott neu beschenken zu lassen. Gib dich nicht mit dem Status quo zufrieden, lasse dich nicht einfach in deinem mittelmäßigen Leben nieder. Du kannst die Entscheidung treffen, weiterzugehen und dich von einem

Durchschnittsleben zu lösen. Steh auf, lass Altes los und beginne jeden Tag mit folgender Einstellung:

»Heute werde ich etwas Großes tun. Gott hält Segen und Überraschungen für mich bereit, und die werde ich sehen und ergreifen. Ich lasse mich nicht von meinem kleinen und minderwertigen Denken ausbremsen, sondern entscheide mich, mich auf die Möglichkeiten Gottes zu konzentrieren. Ich werde in meinem Beruf eine hervorragende Leistung vollbringen und ich werde den Mitmenschen in meinem Alltag mit Begeisterung dienen. Ich werde heute aus meinem durchschnittlichen Leben ausbrechen und eine neue Ebene erreichen!«

> ***»Ihr werdet kommen und zu mir beten, ihr werdet rufen und ich werde euch erhören. Ihr werdet mich suchen und werdet mich finden. Denn wenn ihr mich von ganzem Herzen sucht, werde ich mich von euch finden lassen. Das sage ich, der Herr.«*** *Jeremia 29,12–14* GNB

Vergrößere deine Sicht vom Leben und beginne, größer zu denken.

Aral Tasher, Unsplash

Woche 3
ICH BIN

ICH BIN POSITIV

»Ich entscheide mich für eine positive Sicht des Lebens. Ich will das Gute in mir und meinem Gegenüber sehen. Ich lege meinen Fokus auf die Stärken und das Potential.«

Zacharias lebte zu der Zeit von Jesus. Er war verheiratet mit Elisabeth und beide waren schon alt. Sie hatten keine Kinder, und diese Realität prangte wie ein Statement über ihrem Leben: »Zacharias und Elisabeth gleich unfruchtbar und alt.« Beide lebten einen gottesfürchtigen Lebensstil und ehrten Gott damit. Zacharias half zudem im Tempel und diente Gott. Eines Tages, als er im Tempel seinen Dienst ausübte, begegnete ihm ein Engel und sagte zu ihm:

> ***»Du brauchst dich nicht zu fürchten, Zacharias! Dein Gebet ist erhört worden. Deine Frau Elisabeth wird dir einen Sohn schenken; dem sollst du den Namen Johannes geben. Du wirst voller Freude und Jubel sein, und auch viele andere werden sich über seine Geburt freuen.«***
> *Lukas 1,13–14* NGÜ

Wow, gute Nachrichten. Gott hat ihr Gebet erhört und das, was ihr Leben bisher so negativ geprägt hatte, zerstört. Wir haben einen Gott an unserer Seite, dem absolut nichts unmöglich ist. Gott kann negative Banner über unserem Leben wegnehmen und tote Träume wieder zum Leben erwecken. Er kann Ehen, in denen jegliche Hoffnung verloren gegangen ist, neu beleben. Er kann dir Heilung schenken und dir in deinem Alltag neuen Schwung verleihen. Wenn du dich entscheidest, dein Leben mit Gott zu leben, ist alles möglich. Es kann sein, dass du eine große Hürde vor dir hast oder vor einer Herausforderung stehst, die du nicht überwinden kannst. Hör auf, über das Problem zu reden und dem Negativen dadurch noch mehr Kraft zu geben. Sprich stattdessen

Brooke Cagle, Unsplash

von deinem Gott, von seiner Kraft und seiner Gnade. Sprich positive Worte über dich, dein Leben, deine Situation, deine Ehe, deine Zukunft und deine Mitmenschen aus. Entscheide dich für starke Worte, und Gott kann sogar verlorengegangene Versprechen wieder wahr werden lassen. Du wirst Gottes Segen in einer neuen Art sehen und entdecken. Er wird dir neue Türen öffnen und dich an Orte in deinem Leben führen, von denen du nicht einmal zu träumen gewagt hast!

> ***Freu dich über den Herrn, und er wird dir geben, was du dir von Herzen wünschst. Lass den Herrn deinen Weg bestimmen, vertrau auf ihn, und er wird handeln. Er wird deine Rechtschaffenheit erstrahlen lassen wie das Morgenlicht und dein Recht leuchten lassen wie die Mittagssonne.***
> *Psalm 37,4–6* NGÜ

Gott, ich vertraue dir mein Leben an und möchte deinen Segen in einer neuen Art und Weise sehen und erleben.

Ich bitte dich, dass du alle negativen Worte, die ich in der Vergangenheit über mich und andere ausgesprochen habe, brichst und ihnen jegliche Macht nimmst.

Ich entscheide mich, dass ich den negativen Worten keinen Raum mehr geben will. Ich will das Gute sehen und es aussprechen.

Ich will mit meinen Worten Träume wieder lebendig werden lassen und durch meinen Glauben sehen, wie Unmögliches möglich wird.

Amen!

ICH BIN GLÜCKLICH

»Ich bin glücklich und lasse es nicht zu, dass mein Herz bitter wird, weil nicht immer alles so läuft, wie ich es mir vorstelle. Ich bin einzigartig und wunderbar geschaffen, und Gott hat einen guten Plan für mein Leben. Ich lasse mir die Freude an mir und meinem Leben nicht rauben. Ich behalte meine Freude und bin glücklich, was auch passiert!«

Unseren Glauben an Gott können wir mit einer Reise vergleichen, einer Reise zum Glück, an Orte des Segens und des Friedens. Gott hält für jeden von uns immer wieder Gutes bereit und setzt jegliche Hebel des Himmels in Bewegung, damit wir ein glückliches und erfülltes Leben haben. Sobald wir unser Herz Gott gegenüber öffnen, ihn suchen, ihm Raum geben und unseren Blick immer stärker auf ihn fixieren, beginnt diese Reise.

Spannend an der Reise ist, dass wir weder wissen, wo sie hinführt, wie lange sie dauert, noch, welche erfrischenden Überraschungen am Wegesrand auf uns warten. Wenn wir den Mut haben, uns auf diese Reise einzulassen, wird Gott immer wieder unser Denken vergrößern, unsere Erwartungen übertreffen und Wunder tun, um die wir nicht einmal gebeten haben. Gott denkt größer und sieht weiter.

Auch in deinem Leben will Gott viel mehr tun, als du dir jemals vorstellen, erbitten oder ausdenken kannst. Dies macht unser Leben spannend, abwechslungsreich und erfüllend, sodass wir mit Gott an unserer Seite immer wieder echte und tiefe Glücksgefühle erleben können. Wir erfahren Gefühle der Zufriedenheit, des Friedens, der Ruhe und eines besonderen Glücks, welches wir ohne Gott auf unserer Seite weder beschreiben noch erleben können. Gott sucht dein Glück. Gott bereitet vor dir deinen Weg und bringt dich nach jedem Sturm in deinem Leben wieder an Orte des Friedens und des Wohlgefühls. Ich möchte dich ermutigen: Löse dich von deinen alltäglichen Sorgen, deinen Ängsten und deiner Hektik.

Halte an, schaue nach oben, öffne dich für Gottes Ideen und seine Gedanken. Je mehr wir es schaffen, in unseren alltäglichen Aufgaben Raum für ihn zu schaffen, desto mehr finden wir – trotz der Stürme in unserem Leben – Glück, Frieden und Ruhe.

Folgendes Gebet könnte dabei hilfreich sein:

»Lieber Gott, du hast mich geschaffen. Du hast einen Plan mit meinem Leben. Du hältst Wunder, Segen und Durchbrüche für mich bereit. Doch du siehst auch, was mir alles widerfahren ist. Du siehst meinen Stillstand. Du siehst meinen Schmerz. Ich gebe dir alles hin. Erfrische mich mit deiner Liebe, deinem Segen und deiner Führung. Ich weiß, du hast mehr für mich in meiner Zukunft bereit. Danke! Amen.«

Gott kann unendlich viel mehr an uns tun, als wir jemals von ihm erbitten oder uns ausdenken können. So mächtig ist die Kraft, mit der er in uns wirkt. Ihm gehört die Ehre in der Gemeinde und durch Jesus Christus in allen Generationen, für Zeit und Ewigkeit! Amen.

Epheser 3,20–21 GNB

Charles Postiaux/Unsplash

ICH BIN GESEGNET

»Gott meint es gut mit mir. Er sagt in der Bibel, dass alles, was in meinem Leben passiert, letztendlich zu meinem Besten dient. Ich bin gesegnet. Ich bin in den Händen Gottes, und Gott wird nie zulassen, dass mir eine Herausforderung, ein Schicksalsschlag oder sonst etwas in meinem Leben mehr Schaden als Segen zufügen wird.«

Gott verspricht Abraham und Sara, einem Ehepaar aus der Bibel, einen Sohn. Da beide schon älter und kinderlos geblieben sind, haben sie den Traum eines leiblichen Nachkommen aufgegeben. Als Gott ihnen dieses Versprechen gibt, lachen sie beide. Abraham lacht in sich hinein und Sara lacht laut heraus. Es ist aber nicht ein Lachen der Freude. Nein, sie lachen Gott aus, so unmöglich und irreal finden sie Gottes Versprechen. Es ist mit dem Lachen zu vergleichen, mit dem dich jemand im Stillen oder auch hörbar auslacht, wenn du ihm deine Träume und Visionen erzählst. Hinter solch einem Lachen steckt der Gedanke: »Ja, träum du nur, du wirst schon wieder zurück auf den Boden der Realität fallen!«

So haben Abraham und Sara über Gottes Versprechen gelacht. Aber mal ganz ehrlich: Auch wir würden schmunzeln, ja sogar ein ungläubiges Lachen von uns geben, wenn Gott uns heute zeigen würde, wie er uns in zehn, fünfzehn oder zwanzig Jahren segnen möchte. Wir könnten es weder glauben, noch könnten wir es uns vorstellen. Deshalb würden wir lachen und Gott damit wegen all seiner Ideen und Träume für unser Leben auslachen.

Das Geniale an unserem Gott ist, dass er trotz des ungläubigen Spottens von Abraham und Sara sein Versprechen gehalten hat und sie trotz ihres Kleinglaubens mit einem leiblichen Nachkommen gesegnet hat. Genau so wird Gott auch uns immer wieder mit seinem Segen überschütten, auch wenn wir es uns heute nicht vorstellen können. Gott sieht über unser Spotten hinweg, und solange wir an ihm festhalten, wird er uns Jahr für Jahr mit seinem Segen und seiner Gunst überraschen. Derjenige, der dann zuletzt lacht, wird unser Gott sein. Es wird ein herzliches, warmes und zufriedenes Lachen sein, das von seinen Lippen huscht, und er wird in aller Ruhe zu uns sagen:

»Schau, was ich alles aus deinem Leben herausgeholt habe. Schau, wie ich dich gesegnet und geleitet habe. Schau, wie ich dich an Orte des Segens geführt habe, von denen du nicht einmal zu träumen gewagt hast. Ich habe das Beste aus deinem Leben herausgeholt und dich trotz deines Unglaubens und deines viel zu kleinen Denkens mit meiner Liebe und Gunst überrascht.«

Lass den Herrn über dein Tun entscheiden, dann werden sich deine Pläne erfüllen!
Sprüche 16,3 GNB

Wir tragen ein gewaltiges Potential des göttlichen Segens in uns, welches nur darauf wartet, von uns entdeckt und von Gott freigesetzt zu werden. Bleib unterwegs mit Gott, schau auf ihn und mach dich bereit für die nächste Welle des göttlichen Segens, die in dein Leben schwappt.

ICH BIN FREUNDLICH

»Ich habe Mut und Freundlichkeit in mir. Ich kann auf andere Menschen zugehen, ihnen ein Lächeln schenken und ihnen helfen. Ich bin freundlich, und das Licht des Himmels strahlt aus meinen Augen! Ich bin ein Geschenk für diese Welt und Gott kann mich gebrauchen, weil ich mit meinem Leben einen Unterschied mache.«

In jedem von uns steckt das Potential zur Freundlichkeit. Die Welt wartet auf dich, auf dein Lachen, dein Leuchten in den Augen, deine Ermutigungen, deine Art, durch die du eine Gruppe bereicherst. Wir sind berufen, mit unserer Freundlichkeit, Wärme, Liebe und Annahme das Gefühl der Sicherheit in unseren Alltag zu bringen. Denn wo Freundlichkeit herrscht, gibt es Güte, und wo es Güte gibt, da ist auch Magie! Die Welt braucht unsere Magie!

Priscilla du Prez, Unsplash

Wie würde die Welt aussehen, wenn wir als Ehepaar wieder lachen, als Familien wieder träumen, am Arbeitsplatz wieder mit einer neuen Frische, neuen Visionen und Ideen den Alltag beleben?

Unsere Mitmenschen sehnen sich nach inspirierenden Begegnungen, Gesprächen und Beziehungen. Die Welt wartet auf uns, und der Schlüssel, um unseren Alltag und unsere Beziehungen wieder zu beleben, liegt in deiner und meiner Freundlichkeit!

Es braucht manchmal Mut, freundlich auf Menschen zuzugehen, auf einen mürrischen Menschen mit einem Lachen zu reagieren, nicht auf eine Beleidigung einzugehen und trotz allem die Freude zu behalten. Es braucht Mut, aus unserer Komfortzone herauszutreten, Schritte auf Menschen zuzugehen, ihnen die Hand hinzuhalten und sie mit einer Ermutigung oder einer großzügigen Geste zu beschenken. Es braucht Mut, anzupacken, zu helfen, auch wenn wir nicht gefragt wurden, eine Extrameile zu gehen und trotz unserer Agenda immer wieder ein offenes Ohr zu haben.

Wenn nicht wir, die wir uns Kinder Gottes nennen, das Lachen, das Träumen, das Unbeschwerte und Magische zurück in den Alltag der Menschen bringen, wer dann?

Unser Leben mit Gott steckt voller Zauber und Magie, und täglich dürfen wir erleben, wie Gott uns segnet, mit seiner Gunst überrascht, uns beschützt und führt. Mit Gott zusammen erfahren wir ein Leben voller Energie und Kraft, und je mehr wir uns für die Freundlichkeit entscheiden, desto mehr entdecken wir neue und weitere Wunder in unserem Alltag. Gott wird unser Leben noch mehr beleben und inspirieren, wenn wir uns entscheiden, trotz allem, was uns beschäftigt, den Fokus weg von uns auf unsere Mitmenschen zu richten, und ihren (und somit auch unseren) Alltag mit unserer Freundlichkeit beleben. Bleib nicht in deiner Welt stehen.

Öffne die Augen für die Menschen, die Gott dir heute zeigt, und schenke ihnen ein Lachen, ein offenes Ohr und eine Ermutigung oder begegne ihnen mit einer großzügigen Geste. Dein Licht wird leuchten, der Zauber und die Magie Gottes werden dein Leben bereichern.

Jesus sagt in der Bibel:

> ***»Ihr seid das Licht der Welt. Eine Stadt, die auf einem Berg liegt, kann nicht verborgen bleiben. Auch zündet niemand eine Lampe an und stellt sie dann unter ein Gefäß. Im Gegenteil: Man stellt sie auf den Lampenständer, damit sie allen im Haus Licht gibt. So soll auch euer Licht vor den Menschen leuchten: Sie sollen eure guten Werke sehen und euren Vater im Himmel preisen.«*** *Matthäus 5,14–16* NGÜ

ICH BIN STARK

»In den Augen meiner Feinde bin ich gefährlich. Mit Gott an meiner Seite werde ich aus jeder Herausforderung siegreich hervorgehen. Ich lasse mir den Frieden und die Freude nicht rauben, auch wenn ich ungerecht behandelt werde. Gott sorgt für mich und sieht zu, dass ich zu meinem Recht komme. Mit diesem Wissen kann ich ruhig und gelassen durch den Tag gehen.«

Unser Gott kennt jeden Kampf, den wir kämpfen, er sieht jede Herausforderung, in der wir stehen, und jede Situation, die uns zu erdrücken scheint. Hör auf, dir selbst zu sagen: »Die Herausforderung ist zu groß, ich kann mit dieser Situation nicht mehr umgehen.« Die größte Kraft des ganzen Universums ist auf deiner Seite, und zusammen mit Gott kommst du aus jeder Situation siegreich heraus. Beginne also, starke, siegreiche und hoffnungsvolle Worte über dich auszusprechen, dann wird Gottes Kraft in dir aufleben. Du wirst stärker, kannst negative Gedanken früher in die Schranken weisen und schüttelst Schweres von dir ab. Dein Immunsystem arbeitet plötzlich besser, du fühlst dich gesünder und verfügst über mehr Energie und Lebensfreude. Nebenbei wirst du außerdem weisere und bessere Entscheidungen fällen.

In einer Zeitschrift habe ich gelesen, wie Forscher herausgefunden haben, dass sich sogar unsere Gene verändern, wenn wir positive und kraftvolle Worte über uns aussprechen. In einem Bericht im Spiegel, Nr. 32 aus dem Jahr 2010 steht:

> ***»Denn äußere Einflüsse können Gene chemisch verändern und sie auf diese Weise an- und ausschalten. Körperliche Aktivität, aber auch zwischenmenschliche Beziehungen und soziale Faktoren prägen das Erbgut. Die Gene steuern uns – aber auch wir steuern sie.«***

Beginne, kraftvolle, positive Worte und die Wahrheiten Gottes über dich auszusprechen, und du wirst erleben, wie sich sogar deine Gene zum Guten verändern werden.

Wenn wir Gott an unserer Seite haben und seine Wahrheiten über uns aussprechen, werden wir erleben, wie Gott das letzte Wort hat. Halte dich an ihm fest, sprich aus, was er in dir sieht, und du wirst neue Stärke, Freude und Energie in dir entdecken und in deinem Leben freisetzen.

> ***»Du [Gott] hast den Weg vor mir freigemacht, nun kann ich ohne Straucheln vorwärts gehen. … Ich schlug sie zu Boden [meine Feinde] und brachte sie zur Strecke; sie fielen vor meine Füße. Du gabst mir die Kraft für diesen Kampf.«*** *2. Samuel 22,37–40* GNB

Ich bin gewollt, einzigartig, wertvoll und wunderbar geschaffen – ein Meisterwerk Gottes.

Ich bin gesegnet, glücklich, erfolgreich, talentiert und kreativ.

Ich bin geduldig, freundlich und barmherzig.

Ich bin ausgeglichen, zufrieden und dankbar.

Ich bin stark, gesund und fit.

Ich stehe unter dem Schutz und der Bewahrung Gottes.

Ich habe keine Angst und mache mir keine Sorgen, denn ich weiß, dass Gott alles im Griff hat.

Ich bin ein Hoffnungsbringer und präge mein Umfeld positiv.

Ich bin ein Kind des höchsten Gottes und weiß, dass er mein Leben in seiner Hand hat und dass sein Plan gut ist.

Ich hole das Beste aus meinem Leben heraus und werde meinen Lauf mit Jesus siegreich vollenden.

Woche 4
SEGEN

SEGEN WARTET AUF DICH

»Ich entscheide mich, den Moment, in dem ich lebe, voll auszunutzen und das Beste herauszuholen. Gott hat mehr bereit für mich. Neue Ideen, neue Gelegenheiten und neue Möglichkeiten warten auf mich.«

Gottes Idee für dein Leben ist viel größer, als du dir ausdenken kannst. Sein Plan übersteigt deine Träume und Vorstellungen. Würde Gott dir heute auf einen Schlag alles zeigen, was er noch mit dir vorhat, würde es dein Denken sprengen und deine Erwartungen übertreffen. Du magst vielleicht von dir denken, dass du nicht die talentierteste und beste Person bist, um zusammen mit Gott ein unglaublich geniales Leben zu führen. Du hast Fehler gemacht, falsche Entscheidungen getroffen und fühlst dich nicht würdig. Doch für Gott sind das alles weder Hindernisse noch Probleme oder Hinderungsgründe, trotzdem etwas Geniales mit deinem Leben zu bewegen.

Du wirst ein gesegnetes, erfülltes und reiches Leben haben, nicht weil du es verdient hast, sondern weil Gott es schon vorbereitet hat. Segen, Wunder und Durchbrüche warten auf dich. Was ist der Schlüssel, um diesen Segen, der auf dich wartet, auch abzuholen? Er liegt in unserer Entscheidung, an Gott festzuhalten und ihn, egal wie es in unserem Leben aussieht, immer wieder zu ehren, ihn anzubeten und uns nach ihm auszustrecken. So wirst du immer wieder den Segen Gottes in deinem Leben entdecken und erleben.

Egal, wo du in deinem Leben stehst, lass dich nicht entmutigen. Gottes Gunst wartet in deiner Zukunft auf dich. Gib einfach weiterhin dein Bestes an dem Ort, wo du heute bist, erscheine pünktlich zur Arbeit und ehre die Menschen in deinem Umfeld, indem du sie lobst, ermutigst und ihnen positiv begegnest. Entscheide dich, eine Extrameile zu gehen, mache mehr als erwartet und er-

ledige es besser, als du müsstest. Werde zu einer Person, die sich durch eine Haltung der Exzellenz auszeichnet. Sei loyal, auch wenn du ungerecht behandelt wirst. So wird dir Gott bei den richtigen Menschen zur richtigen Zeit Türen öffnen. Überraschende, von Gott arrangierte Gelegenheiten werden dir einfach so zufallen.

Lass dir die Freude am Leben nicht nehmen, nur weil es nicht nach deinem Zeitplan läuft.

Gott hat dein Leben in seiner Hand und er weiß, wann der richtige Zeitpunkt gekommen ist, um dich zu segnen und dich mit seiner Gunst zu überraschen.

Beweise Gott, dass du für seinen Segen bereit bist, indem du treu dein Bestes an dem Ort gibst, wo du heute, hier und jetzt bist. Dann wirst du zu einem Magneten für die Gunst Gottes, die dich erreicht, dir begegnet und dein Leben neu beflügelt. Bleib dran und lass dich nicht von deinen Umständen entmutigen. Steh stattdessen wieder auf und gib dem Leben nochmals eine Chance. Gib dein Bestes, sei freundlich und dankbar, und Gottes Himmelsschleusen werden sich über deinem Leben öffnen.

Er wird sein Versprechen halten und euer Land segnen. Ihr werdet so viel haben, dass ihr davon noch an andere Völker ausleihen könnt, doch ihr selbst braucht nichts zu borgen. Ihr werdet viele Völker unterwerfen, doch über euch wird kein anderes Volk herrschen. *5. Mose 15,6* GNB

TROTZ NIEDERLAGEN GESEGNET

Jede noch so große Niederlage kann Gott in einen Sieg für dich verwandeln. Jeder noch so große Gegenwind in unserem Leben kann zu einem Antrieb werden. Jede noch so hoffnungslose Situation kann sich zu deinem größten Fortschritt entwickeln.

Gottes Traum für dein Leben ist so viel größer, als du dir vorstellen kannst. Wenn du immer wieder dort, wo du momentan stehst, dein Bestes gibst, Gott ehrst und ihn an den ersten Platz in deinem Leben stellst, wird er dich mit seinem gewaltigen Segen überraschen. Gott kann und wird sogar deine Feinde, deine negativen Umstände, deine Schicksalsschläge dazu gebrauchen, dich zu segnen.

Dies sehen wir so wunderschön an der Geschichte von David. David, ein einfacher Hirtenjunge aus der Bibel, wird von Goliat zum Zweikampf herausgefordert. Er stellt sich seinem Feind und besiegt ihn. Dank diesem Sieg gehen ihm Türen am Königshof auf und er dient dem König als Harfenspieler. Dies ist der Start von Davids Karriere als zukünftiger König von Israel. David stellte sich seinem Feind und Gott gebrauchte dies, um ihn zur nächsten Station seines Lebens zu führen. So ist es auch in unserem Leben. Gott will unsere Herausforderungen, unsere Niederlagen und schweren Zeiten dazu gebrauchen, uns weiterzuführen an unseren nächsten Ort des Segens.

Wenn wir keine harten und herausfordernden Zeiten erleben, zeigt sich auch nie wirklich, was in uns steckt. Man kann es mit einer Orange vergleichen. Willst du ihren Saft genießen, musst du sie auspressen. Es braucht Druck, damit aus einer solchen Frucht Saft fließt. Genauso ist es auch bei uns. Wenn du dich in einer Drucksituation oder einer hoffnungslosen Lage befindest oder dich mit einem schier unlösbaren Problem konfrontiert siehst, dann denk daran, dass Gott dich dadurch weiterbringen will. Er möchte das herausholen, was in dir steckt. Bleib bei Gott, denn er wird dich früher oder später segnen. Mit Gott an deiner Seite wirst du besser, schöner, stärker und talentierter aus einer schwierigen Situation herauskommen. Wie bei David wird deine Herausforderung zur Grundlage für den nächsten Schritt zum Segen in deinem Leben.

Gott sagt heute zu dir: »Mach dich bereit. Ich werde dir die richtigen Türen zur richtigen Zeit öffnen, auch diejenigen, die in der Vergangenheit für dich verschlossen waren. Alle, die gegen dich waren, werden plötzlich für dich sein. Probleme, die dich jahrelang beschäftigt haben, werden sich einfach so in Luft auflösen. Du wirst eine göttliche Bewegung in deinem Leben erleben, nicht weil du es verdient hättest, nein, weil du mich in deinem Leben ehrst!«

Doch Segen soll über alle kommen, die allein auf mich, den Herrn, ihr Vertrauen setzen! Sie sind wie Bäume, die am Wasser stehen und ihre Wurzeln zum Bach hin ausstrecken. Sie fürchten nicht die glühende Hitze; ihr Laub bleibt grün und frisch. Selbst wenn der Regen ausbleibt, leiden sie keine Not. Nie hören sie auf, Frucht zu tragen.
Jeremia 17,7–8 GNB

»Du wirst eine göttliche Bewegung in deinem Leben erleben, nicht weil du es verdient hättest, nein, weil du mich in deinem Leben ehrst!«

Toa Heftiba, Unsplas

LEBE SEGENSORIENTIERT

»Ich entscheide mich für ein gunstorientiertes Leben. Ich lebe ein Leben, mit welchem ich den Segen Gottes einfach so anziehe und von seiner Gunst immer wieder überrascht werde.«

Gott möchte uns in jedem Bereich unseres Lebens helfen, auch in den kleinen und alltäglichen. Wenn wir uns entscheiden, ein segensorientiertes Leben zu leben, dann werden wir immer wieder von der Gunst Gottes in unserem Alltag überrascht. Das kann zum Beispiel so aussehen, dass dir eine Idee zu einem

Problem einfach so in den Sinn kommt, dich ein passendes Sonderangebot beim Einkaufen überrascht oder du eine Person unerwartet triffst, die du eigentlich schon lange mal wieder hättest sehen wollen. Gott will und wird uns täglich mit solch kleinen Gesten seiner Gunst überraschen. Doch wie sieht ein segensorientiertes Leben aus? Dazu kommen mir vier verschiedene Eigenschaften von Menschen in den Sinn, die immer wieder von Gottes Gunst überrascht werden.

1. Gib dein Bestes

Egal ob du zu Hause beim Kochen bist, in der Kirche mitarbeitest, deine Kinder betreust oder auf der Arbeit deiner täglichen Beschäftigung nachgehst, versuche stets dein Bestes zu geben. Sei pünktlich, sei ehrlich und entscheide dich zu einem integeren Lebensstil. Versuche auch in den kleinen Details des Alltages deinen Gott zu ehren, indem du zum Beispiel anderen den Vortritt gibst, Abfall auf der Straße aufhebst und entsorgst oder im Restaurant ein großzügiges Trinkgeld gibst. Je mehr wir Gott im Alltag durch solche Kleinigkeiten ehren, desto mehr wird er uns ehren und uns immer wieder mit seiner Gunst und seinem Segen überraschen.

2. Fokussiere dich täglich auf Gott

Starte jeden Tag mit einer bewussten Entscheidung, dass heute ein Tag ist, der Gott gehört, ein Tag, an dem Gott dich gebrauchen kann und segnen will. Bete und lade Gott in deinen neuen Tag ein und erlebe, wie er dir den besten Weg durch deinen Tag zeigen wird.

3. Sei dankbar

Verliere nie deine Dankbarkeit. Danke Gott für alles, was du hast, und nimm keinen Segen, keine Gesundheit, keinen Erfolg als selbstverständlich oder selbstverdient an. Je mehr wir Gott jegliche Ehre für die Erfolge und Durchbrüche in unserem Leben zurückgeben, desto mehr wird er uns wieder anvertrauen.

4. Erwarte Gottes Wirken

Starte mit einer Erwartungshaltung in den Tag. Heute könnte der Tag sein, an dem Gott dir einen langersehnten Wunsch erfüllt, dir eine Lösung für dein Problem schenkt, ein Wunder tun wird und dir sicherlich im Kleinen oder vielleicht auch im Großen seine Nähe, Inspiration und Fülle zeigen wird.

Mach dich bereit für den Segen, der dich heute überraschen will. Es gibt göttlichen Segen, auf dem dein Name steht. Darum entscheide dich für ein segensorientiertes Leben!

> ***Er gebe dir, wonach du dich von Herzen sehnst, und führe alle deine Pläne zum Ziel.*** *Psalm 20,5* NGÜ

SEGEN UND LAST

»Ich weiß, dass jede Situation mich des Segens auch ihre Belastungen mit sich bringt. Ich entscheide mich, mich auf den Segen zu konzentrieren, weil ich weiß, dass die Belastung nur temporär ist. Der Segen, der daraus entsteht, wird viel größer und beständiger sein.«

Gott hat große und geheimnisvolle Dinge für jeden Einzelnen von uns bereit. Gott will uns segnen, uns weiterbringen und uns immer wieder an die Orte seiner Gunst führen. Doch jeder Segen, jede offene Tür, jede göttliche Gelegenheit in unserem Leben bringt auch eine neue Belastung für uns mit sich. Da ist zum Beispiel der Segen, in ein neues und größeres Haus ziehen zu können, doch dieses Geschenk Gottes bringt automatisch die Last mit sich, mehr Fläche putzen zu müssen und in Ordnung zu halten. Es ist ein Segen, ein Baby zu bekommen, doch auch eine Last, jede Nacht aufzustehen, es zu stillen und wieder in den Schlaf zu wiegen. Es ist ein Segen, eine schöne Frau zu heiraten, doch auch eine Last, plötzlich kein Geld mehr zu haben, weil sie so gerne einkauft. 🙂

Ein großer Fehler, den wir immer wieder begehen, ist, dass wir wohl den Segen möchten, nicht aber die Last, die mit dem Segen einhergeht, tragen wollen. Doch das geht leider nicht. Denn je gewaltiger Gott uns segnet, desto größer ist die Belastung, die dieser Segen mit sich bringt. Gott wird uns aber nie so stark segnen, dass wir mit der Last nicht umgehen könnten.

Die Frage ist jetzt, worauf wir uns konzentrieren: auf den Segen oder auf die Last? Auf das neue Haus oder den Mehraufwand beim Putzen? Auf das Geschenk eines Babys oder all die schlaflosen Nächte, die es mit sich bringt? Es ist immer wieder eine Frage unseres Fokus. Ich möchte dich ermutigen, dich zu entscheiden, wohl die Last zu tragen, dich gleichzeitig aber immer wieder auf das Schöne, das Gute, den Segen und all die Geschenke, die Gott dir gibt, zu fokussieren. Genieße den Moment, denn du weißt nie, wie lange dir deine Liebsten noch anvertraut sind oder wie lange du dein Baby noch an dich drücken kannst, bevor es das Haus als junger Erwachsener verlässt. Den Tag, den du heute erlebst, hast du nur einmal, deshalb genieße ihn, fokussiere dich auf den Segen Gottes, bleib dankbar und ertrage die Herausforderungen in einer positiven und guten Haltung. Denn jede Herausforderung zeigt dir nur auf, dass du gesegnet bist.

Rufe zu mir, dann will ich dir antworten und dir große und geheimnisvolle Dinge zeigen, von denen du nichts weißt! *Jeremia 33,3* HFA

Den Tag,
den du heute
erlebst, hast du
nur einmal,
deshalb genieße
ihn,
fokussiere dich
auf den
Segen Gottes,
bleib dankbar
und ertrage die
Herausforderungen
in einer positiven
Haltung.

Andre Benz, Unsplash

UNTERWEGS ZUM SEGEN

Der Herr sagte zu Abram: »Verlass deine Heimat, deine Sippe und die Familie deines Vaters und zieh in ein Land, das ich dir zeigen werde! Ich will dir viele Nachkommen schenken und dich zum Vater eines mächtigen Volkes machen. So wirst du in aller Welt geachtet sein; an dir wird sichtbar werden, was es bedeutet, wenn ich jemand segne.« 1. Mose 12,1–2 GNB

Gott fordert Abraham heraus, ihm zu vertrauen, seine Heimat, Sippe und Familie zu verlassen und sich in ein Land aufzumachen, das Gott ihm erst unterwegs zeigen würde. Abraham zieht los an den Ort, den Gott ihm versprochen hat, an den Ort seines Segens. Ich möchte dir heute drei Prinzipien aus der Biografie Abrahams weitergeben, die dir helfen, deine Reise zum Segen erfolgreich zu bestreiten.

1. Schau nach oben

Gott verspricht Abraham einen leiblichen Nachkommen. Doch bevor er ihm dieses Versprechen gibt, ruft er ihn aus seinem Zelt heraus. Abrahams Zelt symbolisiert seine Leistung, seine Welt, sein Denken, sein Können, sein Tun und seine Möglichkeiten. Abraham hat es für sich und seine Familie gemacht und ist sicherlich stolz darauf. Jetzt beruft ihn Gott, und als Erstes fordert er ihn auf: »Komm heraus aus deinem Zelt und schau nach oben!« Gott sagt damit nichts anderes als: Schau weg von dir, von deinem Können und von deinen Möglichkeiten und schau auf mich, auf das, was ich tun kann!« Auch uns fordert Gott auf, unsere Möglichkeiten außer Acht zu lassen und auf ihn zu schauen – darauf, was er in unserem Leben tun kann! Wenn wir aus unserem sinnbildlichen Zelt heraustreten, sehen wir den Himmel, und grenzenlose Möglichkeiten und inspirierende Ideen breiten sich in unserem Leben aus.

2. Mach dir ein Bild

Abraham schaut nach oben, sieht die Sterne und Gott verspricht ihm so viele Nachkommen, wie es Sterne am Himmel oder Sandkörner an einem Sandstrand gibt. Unzählige! Gott gibt Abraham damit ein Bild, das für sein Versprechen steht. Wann immer Abraham fortan die Sterne oder einen Sandstrand sieht, erinnert er sich an Gottes Zusage. Was sind deine Sterne? Hast du visuelle Symbole oder Bilder, die dich an das erinnern, was Gott dir versprochen hat?

3. Lebe in einer Haltung der Anbetung

Abraham macht einen großen Fehler. Wegen einer Hungersnot macht er auf seiner Reise einen Abstecher nach Ägypten. Weil seine Frau so schön ist, gibt er sie als seine Schwester aus, und zwar aus Angst, dass man ihn umbringen würde, wenn die Ägypter herausfinden, dass die schöne Sara Abrahams Frau ist.

Der Pharao will sie aufgrund dieser Lüge zur Frau nehmen, was im Desaster endet. Abraham sieht seinen Fehler ein, kehrt schließlich mit seiner Frau und seiner Sippe zurück nach Kanaan, in das Land, in dem er vorher unterwegs war, und baut Gott einen Altar. Er sucht trotz seines Fehlers die Gegenwart Gottes, um ihn zu verehren, und Gott reagiert positiv darauf und nimmt sein Gebet an. Interessant finde ich, dass es für Gott wichtiger war, dass Abraham sein Ziel erreicht, als dass er die gerechte Strafe für seine Taten erhält. So ist es auch bei uns. Egal, was alles schief gelaufen ist in deinem Leben, suche immer wieder Gott und bete ihn an, dann wirst du dein Ziel erreichen. Würden wir Menschen aufgrund unserer Taten und Handlungen unsere Bestimmung ausleben können, würde niemand von uns sein Ziel erreichen. Wir brauchen Gott. Gott liebt es, wenn wir ihn regelmäßig anbeten. Anbetung geschieht beispielsweise am Sonntag in der Kirche, indem wir anderen Menschen dienen, ein großzügiges Leben führen, aber auch, indem wir unsere Gedanken täglich neu auf ihn ausrichten.

Wir sind unterwegs zum Segen. Gott hält Segen, Verheißungen, Wunder und Durchbrüche in deiner Zukunft bereit. Bleib unterwegs, und du wirst noch viele positive Überraschungen zusammen mit deinem Gott erleben.

Herr, wie viel Gutes hältst du doch bereit für alle, die Ehrfurcht vor dir haben! Ja, vor den Augen aller Menschen zeigst du deine Güte denen, die bei dir Zuflucht suchen.

Psalm 31,20 NGÜ

Dane Deaner/Unsplash

Woche 5
VERÄNDERUNG

Woche 5 – Montag

SEI EIN STETIGER REBELL

»Ich stelle mich immer wieder den kleinen und großen Herausforderungen meines Lebens. Ich weiß: Wenn ich mich auf Neues einlasse, wird das mein Leben in Schwung bringen und spannend machen. Gott hält Überraschungen, neue Ideen sowie gute Gelegenheiten für mich bereit!«

In der bekannten Geschichte aus der Bibel vom verlorenen Sohn, der sein Erbteil in der Fremde, weit weg von zu Hause, in Saus und Braus verprasst, gibt es neben ihm auch noch einen älteren Bruder. Dieser wird von Jesus als ein stetiger, treuer und stabiler Mensch dargestellt. Er bleibt zu Hause, er arbeitet treu am Hof seines Vaters, er nimmt sich nie was heraus, man kann sich auf ihn verlassen. Doch als sein Bruder als Verlierer und ohne Geld aus der Fremde zurück nach Hause kommt und der Vater vor lauter Freude ein Fest für ihn schmeißt, hat der Ältere damit ein Riesenproblem. Er, der immer zu Hause war. Er, der immer treu und korrekt seine Arbeit tat. Er, der nie etwas von seinem Vater forderte. Er soll sich jetzt freuen, wenn sein jüngerer Bruder, der Rebell, der Verlierer nach Hause kommt? Und nicht nur das, er soll sogar mit seinem Vater zusammen seine Rückkehr feiern? Läuft da nicht etwas falsch?

Wenn wir die Geschichte von Anfang an lesen, stellen wir etwas Interessantes fest: Der Vater gab nicht nur dem jüngeren Sohn sein Erbteil, sondern auch dem älteren. Doch im Gegensatz zum Jüngeren hortete der Ältere das Geld, ohne etwas daraus zu machen. Am Schluss der Geschichte steht er sogar als Verlierer da. Und daraus, denke ich, können wir etwas lernen. Wenn Gott uns etwas anvertraut – und das hat er jedem von uns, seien es Ressourcen, Gaben, Möglichkeiten, Finanzen, Ideen, Zeit, Kreativität, Chancen oder offene Türen –, dann sollten wir dies auch nutzen und etwas daraus machen. Wir dürfen etwas wagen, etwas für unseren Gott einsetzen und auch mal ein Risiko eingehen.

Ich denke sogar – wie man in der Geschichte so schön sieht –, dass man besser etwas wagt (und dabei hin und wieder scheitert), als dass man stehenbleibt und nichts mehr mit den Möglichkeiten, die man hat, bewegt. Daher möchte ich auch uns ermutigen, immer wieder etwas zu wagen. Vielleicht entdecken wir dabei den Rebellen in uns. Seien wir Menschen, die etwas bewegen und sich nicht zufriedengeben mit dem Status quo.

> ***»Kind«, sagte der Vater zu ihm, »du bist immer bei mir, und alles was mir gehört, gehört auch dir.«*** *Lukas 15,31* NGÜ

Bleiben wir nicht stehen
und ruhen wir uns
nicht auf dem aus,
was wir haben,
sondern setzen wir
es ein und lassen wir
es auf einen Versuch
ankommen.

EIN REBELL MIT EINER VISION

»Ich bin offen für Veränderung. Ich wage auch hin und wieder mal etwas Neues, überwinde meine Grenzen und verlasse meine Komfortzone. Gott hält mehr für mein Leben bereit. Abenteuer, neue Erkenntnisse und Möglichkeiten warten darauf, von mir entdeckt und ausgelebt zu werden.«

In der Geschichte vom verlorenen Sohn, der in der großen weiten Welt seinen Erbteil verprasst, sehen wir den typischen Rebellen. Er ist nicht zufrieden und will sein Leben unabhängig leben. Eigentlich sind mir Rebellen sympathisch. Sie wagen etwas, sind nicht zufrieden mit dem Status quo, suchen ihre Grenzen und hinterlassen schlussendlich ihre Spuren auf dieser Erde. Doch so gut sie auch in der Lage sind, etwas zu verändern, so stark stehen sie auch in Gefahr, aus Leichtsinnigkeit heraus ihr Leben immer wieder aufs Spiel zu setzen. Das geschieht beispielsweise dann, wenn sich Rebellen aus der Gegenwart ihres himmlischen Vaters entfernen und beginnen, ein Leben ohne Ziele und Visionen zu leben. Wenn wir als göttliche Rebellen etwas Sinnvolles bewegen und wirklich unsere Spuren hier auf dieser Erde hinterlassen wollen, brauchen wir die Nähe zu unserem Schöpfer. Sonst verlieren wir uns in unserem Drang, etwas zu verändern, und enden aufgrund von Führungslosigkeit irgendwo, wo wir gar nicht sein wollten, allein, ohne Geld und ohne Zukunft.

Doch wir brauchen Menschen, die immer wieder Mut aufbringen, den Status quo zu hinterfragen. Menschen, die weiter und größer denken, die etwas wagen und sich nicht mit dem Mittelmaß zufriedengeben. Gott liebt solche Menschen, ich denke sogar, er wünscht sich von jedem von uns, egal wie wir gestrickt sind, dass wir hin und wieder etwas Neues wagen, über unsere erkennbaren Möglichkeiten hinaus etwas zu bewirken versuchen und auch unsere Traditionen und unseren Status quo hinterfragen lassen. Steve Jobs beschreibt solche Menschen so:

> ***»Das hier geht an die Verrückten, die Außenseiter, die Rebellen, die Unruhestifter, an die, die aus dem Muster fallen, diejenigen, die die Dinge anders sehen – sie halten nichts von Regeln und respektieren den Status quo keineswegs. Du kannst sie zitieren, anderer Meinung sein als sie. Du kannst sie glorifizieren oder herabwürdigen, aber das einzige, was du nicht tun kannst, ist sie zu ignorieren, weil sie die Dinge nämlich verändern. Sie bringen die menschliche Rasse weiter und obwohl sie andere als die Verrückten sehen, sehen wir sie als Genies. Denn diejenigen, die verrückt genug sind, zu denken, dass sie die Welt ändern könnten, werden diejenigen sein, die es tatsächlich tun.«***
> *Steve Jobs, »Think Different«-Kampagne, 1997*

Auch ich wünsche dir, dass du die Welt verändern kannst. Wir brauchen nicht die ganze Welt zu retten, aber was wir alle können, ist, uns der Veränderung in unserer kleinen alltäglichen Welt zu öffnen. Wir alle können ein Leben beginnen, welches von einer göttlichen Vision geprägt ist, und wir sind dazu in der Lage, die kleinen mutigen Schritte zu gehen, zu denen uns Gott tagtäglich herausfordert. Ich wünsche dir und mir immer wieder den Mut, ein kleiner Rebell mit einer großen Vision zu sein.

Wir brauchen nicht die ganze Welt zu retten, aber was wir alle können, ist, uns der Veränderung in unserer kleinen alltäglichen Welt zu öffnen.

EINE NEUE PERSPEKTIVE

»Ich bin von Gott dazu berufen, meinen Besitz, mein Wissen, meine Erkenntnisse, meine Finanzen, meine Möglichkeiten und meine Gaben zu vermehren, indem ich sie aussäe und in andere Menschen wie auch in meine Kirche investiere.«

Cottonbro, Pexels

In einer Geschichte von Jesus lesen wir, wie er, während er gerade predigt, erkennt, dass seine Zuhörer sehr hungrig sind. So geht er zu Philippus, einem seiner Jünger, und sagt zu ihm:

> ***»Wo können wir so viel Brot kaufen, dass all diese Leute zu essen bekommen?« Jesus wollte ihn mit dieser Frage auf die Probe stellen; er selbst wusste genau, was er tun wollte. Philippus entgegnete: »Selbst für zweihundert Denare würde man nicht genug Brot bekommen, um jedem auch nur ein kleines Stück zu geben.«*** Johannes 6,5–6 NGÜ

Spannend an dieser kleinen Begebenheit finde ich, wie Philippus antwortet. Er sagt zu Jesus, dass er zu wenig Geld habe, um so viel Brot zu kaufen. Er macht, ohne Jesu Frage zu beantworten, sofort seine Finanzen zum Thema. Doch Jesus hatte eine ganz andere Frage gestellt, das Geld von Philippus interessierte ihn nicht im Geringsten. Er fragte: »Wo können wir so viel Brot kaufen?« Jesus wollte einfach wissen, wo das Brot herkommen könnte, und nicht, wie es bezahlt würde. Sinngemäß sagte er zu Philippus: »Philippus, ich habe einen neuen Auftrag. Zusammen können wir heute die Welt von diesen über 5000 Menschen verändern. Wie wäre es, wenn wir ihnen hier, fernab jeglicher Zivilisation, weit weg von jedem Tankstellenshop oder Supermarkt, etwas Großartiges zeigen? Wir wirken ein Wunder, indem wir allen hier zu essen geben – und führen ihnen dadurch die Größe und Allmacht Gottes vor Augen. Bist du dabei? Wo könnte der Ausgangspunkt für dieses Wunder liegen?« Doch Philippus ignorierte das »Wo« und wechselte, ohne viel zu überlegen, den Fokus auf seine Finanzen, das »Wie«. Doch zum Glück gab es in dieser Geschichte noch Andreas, der dann sagte:

> ***»Hier ist ein Junge, der hat fünf Gerstenbrote und zwei Fische. Aber was ist das schon für so viele Menschen?« »Sorgt dafür, dass die Leute sich setzen«, befahl Jesus. Der Ort, an dem sie sich befanden, war dicht mit Gras bewachsen. Als alle sich gesetzt hatten, nahm Jesus die Brote, dankte Gott dafür und ließ sie unter die Menge austeilen. Mit den Fischen machte er es genauso, und jeder aß, so viel er wollte. Als die Leute satt waren, sagte er zu seinen Jüngern: »Sammelt auf, was übriggeblieben ist, damit nichts verdirbt.« Die Jünger sammelten die Resten auf, die von den fünf Gerstenbroten übriggeblieben waren, nachdem alle davon gegessen hatte und füllte zwölf Körbe damit.«***
> *Johannes 6,9–13 NGÜ*

Jesus brauchte das Geld von Philippus nicht. Er brauchte seinen Glauben. Er wollte das Denken seiner Jungs sprengen, ihnen helfen, größer und weiter, über ihre Möglichkeiten hinaus zu denken und sich nicht von ihren Ressourcen ablenken zu lassen. Auch uns fragt Jesus:

»Wo? Wo hast du Glauben für etwas Größeres? Wo schaust du dein Leben aus einer anderen Perspektive an und glaubst daran, dass ich aus deinen wenigen Möglichkeiten etwas Geniales entstehen lassen kann?«

Jesus will immer wieder Wunder tun, wenn wir den Mut finden, auf seine Fragen einzugehen, und uns von unseren begrenzten und oftmals viel zu kleinen Möglichkeiten lösen. Wo ist es an dir, mehr zu glauben, mehr zu erwarten und dein Leben aus einer anderen, göttlichen Perspektive anzuschauen?

Als die Leute begriffen, was für ein Wunder Jesus getan hatte, sagten sie: »Das ist wirklich der Prophet, von dem es heißt, dass er in die Welt kommen soll!«
Johannes 6,14 NGÜ

DENKE AUFTRAGSORIENTIERT, NICHT KOSTENORIENTIERT

»Ich denke auftrags-, nicht kostenorientiert. Ich will mir die Erfüllung meiner Träume, Visionen und Ziele, die Gott mir gab, nicht entgehen lassen, nur weil ich mich von meinen begrenzten Möglichkeiten ausbremsen lasse.«

In der gestrigen Geschichte sehen wir, wie Jesus seinen Jünger Philippus herausfordert, größer zu denken und eine andere Perspektive einzunehmen. Denn Philippus lebte bis dahin ein kostenorientiertes Leben. Auf die eigentliche Frage von Jesus ging er gar nicht erst ein. Seine Antwort war negativ, weil er auf seine Möglichkeiten schaute. Doch Jesus forderte ihn heraus – und das macht er auch mit uns immer wieder –, auftragsorientiert zu denken. Statt Ausreden zu bringen wie »Die Kosten sind zu hoch, der Preis zu krass, der Glaube ist zu klein, der Mut ist nicht vorhanden, und es ist mit den jetzigen Möglichkeiten einfach nicht zu machen«, sollten wir beginnen, größer zu denken. Wir sind Menschen des Glaubens. Menschen des Glaubens lassen sich nicht von den begrenzten Mitteln im Jetzt davon abbringen, immer wieder vertrauensvolle Schritte auf das Ziel zuzugehen, welches Gott in unser Herz hineingelegt hat. Menschen des Glaubens betrachten das Leben aus einer anderen Perspektive, sie sehen »göttlich«, sie erkennen die Möglichkeiten, und wenn es scheinbar keinen Weg mehr gibt, finden sie einen – besser und größer als jemals gedacht.

Was würdest du tun, wenn dir einfach alles möglich wäre? Was würdest du mit deinem Leben anstellen, wenn die Kosten absolut keine Rolle spielten? Warum machst du es nicht? Warum gehst du nicht erste Schritte auf das zu, was du in deinem Herzen spürst? Unsere momentanen begrenzten Möglichkeiten sollten uns nie daran hindern, etwas Großartiges für unseren Gott zu bewegen.

Klar, Gott wird dir nie alle nötigen Ressourcen von Anfang an zur Verfügung stellen, aber wenn wir beginnen, Schritte im Glauben auf unser Ziel zuzugehen, wird er uns immer wieder die erforderlichen Mittel zukommen lassen. Denn wenn Gott uns einen Traum in unser Herz gelegt hat, versetzt er uns immer in die Lage, diesen auch wahrzumachen. Wenn du tief in dir den Traum hast, die ultimativen Familienferien zu machen, ein Haus zu besitzen, in der Kirche zu arbeiten, ein Unternehmen aufzubauen oder einfach mal etwas Schräges und Neues zu wagen, dann werden dir die Mittel dafür immer folgen, falls es Gottes Wille für dich ist. Wenn nicht, dann ist es nicht Gottes Plan für dein Leben und du kannst getrost etwas Neues suchen, wodurch Gott Wunder tun und groß herauskommen kann.

SEI KLUG UND WEISE

»Ich fälle weise und kluge Entscheidungen. Ich habe Gott auf meiner Seite, der mir hilft, den richtigen Weg zu finden, Zerbrochenes wieder zusammenzusetzen und verlorengegangene Momente in meinem Leben wieder zu finden.«

Wer von uns möchte nicht kluge und weise Entscheidungen treffen, das Beste aus dem einzigartigen Leben herausholen und erkennen, wo der beste und segensreichste Weg wartet? Jesus gibt uns diesbezüglich in der Bibel einen einfachen Tipp, wie wir zu weisen und klugen Menschen werden. Er sagt Folgendes:

> ***»Darum gleicht jeder, der meine Worte hört und danach handelt einem klugen Mann, der sein Haus auf felsigem Grund baut. Wenn dann ein Wolkenbruch niedergeht und die Wassermassen heranfluten und wenn der Sturm tobt und mit voller Wucht über das Haus hereinbricht, stürzt es nicht ein; es ist auf felsigem Grund gebaut.«*** *Matthäus 7,24–25* NGÜ

Jesus sagt uns durch diese Bibelstelle, dass wir einen Gott auf unserer Seite haben, der uns helfen will, die Dinge im Leben einfacher zu machen. Willst du ein gesegnetes Leben? Ein überfließendes Leben? Ein erfülltes und sinnvolles Leben? Dann – so sagt Jesus zu uns – baue dir ein gesundes Fundament. Lebe nach dem, was ich dir rate, und egal was passiert, du wirst den Boden unter deinen Füßen nicht verlieren. Doch wie sieht so ein göttliches Fundament aus? Dazu fallen mir drei Dinge ein:

1. Dienen

Wenn wir anderen Menschen dienen, ihnen helfen, ihnen zur Seite stehen, wenn wir Menschen in verschiedenen Nöten begegnen und unser Leben der Sache Gottes zur Verfügung stellen – auch durch unseren Dienst in der Kirche –, dann investieren wir in ein stabiles Fundament für unser Leben.

2. Großzügigkeit

Wenn wir uns entscheiden, ein großzügiges Leben zu leben, uns verschenken mit unseren Gaben, Möglichkeiten, Finanzen, unserer Zeit und unseren Ressourcen, dann säen und investieren wir zudem in ein gesundes und stabiles Fundament in unserem Leben.

3. Göttliche Werte

Wenn wir zudem versuchen, unser Leben nach göttlichen Werten zu leben, anderen vergeben, obwohl sie es nicht verdient haben, die Bibel als Leitfaden für unser Leben gebrauchen und hier und da auch bereit sind, gegen den Strom zu schwimmen, bauen wir auch damit ein gutes Fundament.

Mit einem gesunden Fundament werden wir zu Menschen, die sich schlussendlich in andere Menschen investieren, die weitergeben von dem, was Gott ihnen anvertraut hat, und zu stabilen Vorbildern werden, von denen andere wiederum lernen und profitieren können. Baue ein robustes Fundament und du wirst fähig sein, weise Entscheidungen zu treffen und immer wieder den richtigen Weg zu finden. Außerdem wirst du zum Segen für deine Mitmenschen.

GESEGNET, WEIL WIR GESÄT HABEN

»Sehr gut«, erwiderte der Herr, »du bist ein tüchtiger Diener. Weil du im Kleinsten treu gewesen bist, sollst du Verwalter von zehn Städten werden.«
Lukas 19,17 NGÜ

Gott liebt es, uns zu segnen, wenn wir gut mit dem umgehen, was er uns anvertraut. Wenn wir uns entscheiden, stets unser Bestes zu geben, an dem, was er uns in der Bibel sagt, festzuhalten, und zu tun, was er von uns verlangt, dürfen wir damit rechnen, gesegnet zu werden. Interessant finde ich, dass Gott uns nicht nur eins zu eins zurückgibt, was wir durch unsere Zeit, unsere Finanzen und unser Herz in sein Reich investiert haben, sondern Jesus spricht hier von einem zehnfachen Segen. Ist das nicht genial? Weil wir immer treu weitergegeben haben von dem, was Gott uns anvertraut hat, weil wir uns um andere Menschen gekümmert und uns um das Reich Gottes gesorgt haben, segnet Gott uns mindestens zehnfach.

Ich liebe die göttliche Logik, die so gar nicht weltlich ist. Die Welt sagt uns: »Wenn du von deinen Finanzen etwas weggibst, wenn du deine Zeit verschenkst und dich um andere kümmerst, dann kannst du höchstens erfahren, wie es dir seelisch etwas zurückgibt, aber rechne ja nicht damit, dass es dir irgendwie materiell angerechnet wird.« Doch Gott sagt an vielen Stellen in der Bibel das Gegenteil. Gott verspricht uns, dass wir davon ausgehen dürfen, dass es uns angerechnet wird – seelisch und materiell –, wenn wir unser Bestes am Arbeitsplatz geben, integer und treu unsere Arbeit verrichten, von unseren Finanzen geben, ins Reich Gottes investieren und uns um die Sache Gottes kümmern. Nicht nur eins zu eins, nein, immer wenn wir ins Reich

Gottes, in seine Gedanken, seine Kirche und seine Träume investieren, kommt es mindestens zehnfach zurück. Deshalb:

Gib dein Bestes, lebe ein großzügiges Leben, lebe auch mit deinen Finanzen nach den biblischen Prinzipien, und du wirst gesegnet werden, weil du gesät hast.

Gott liebt treue Verwalterschaft und sieht dein Herz sowie deine exzellente Haltung. Darum wird er dir zurückgeben, was du gesägt hast. Doch ich habe auch schon Menschen kennengelernt, die erwarten, dass Gott sie segnet, obwohl sie ein katastrophales Leben mit ihren Ressourcen, Gaben, Finanzen, Möglichkeiten und ihrer Zeit führen. Es gibt Menschen, die sich von Moment zu Moment treiben lassen. Auf sie ist kein Verlass. Rechnungen zahlen sie stets zu spät und sie verursachen ständig Chaos. Sie leben weder ein großzügiges noch selbstloses Leben und erwarten dann noch, dass Gott sie segnet. Doch warum sollte Gott ihnen zum Beispiel mehr Geld anvertrauen, wenn sie nicht einmal treu und biblisch mit dem leben, was er ihnen bereits gegeben hat? Gott liebt es, durch und mit uns sein Reich zu bauen. Darum vertraut er denjenigen Menschen mehr Geld, Möglichkeiten, Segen und Ressourcen an, die ihm bewiesen haben, dass sie damit umgehen können. Sie werden ihre Mittel nicht für nutzlose Dinge verschwenden. Sie werden mit ihren Finanzen, ihrer Zeit, ihren Beziehungen und ihren Gaben gut haushalten. Darum: Säe, und du wirst ernten. Gehe gut, treu und biblisch mit dem um, was Gott dir anvertraut hat, so wird er dir wieder mehr anvertrauen können. Gott wird dich segnen, weil du gesät hast.

> ***Macht euch nichts vor! Gott lässt keinen Spott mit sich treiben. Was der Mensch sät, das wird er auch ernten.*** *Galater 6,7* NGÜ

»Bringt den zehnten Teil eurer Erträge unverkürzt zu meinem Tempel, damit meine Priester nicht Hunger leiden. Habt keine Sorge, dass ihr dann selber in Not kommt! Stellt mich auf die Probe«, sagt der Herr, der Herrscher der Welt, »macht den Versuch, ob ich dann nicht die Fenster des Himmels öffne und euch mit Segen überschütte!«

Maleachi 3,10 GNB

Jonathan Borba, Unsplash

GESEGNET, WEIL WIR TREU SIND

»Wer in den kleinsten Dingen treu ist, ist auch in den großen treu, und wer in den kleinsten Dingen nicht treu ist, ist auch in den großen nicht treu.«
Lukas 16,10 NGÜ

Wenn wir in den kleinen Dingen treu sind, Gott damit ehren und gute Haushalter sind, kann und wird Gott uns Größeres anvertrauen. Darum warte nicht mehr auf den Moment, in dem du gesegnet wirst, sondern beginne mit dem, was du heute hast, ein Segen für andere zu sein, und Gott wird dir mehr und Neues anvertrauen. Ich bin sogar der Meinung, dass Gott nach Menschen Ausschau hält, denen er mehr anvertrauen kann, die er überfließend segnen und reich beschenken kann. Es sind Menschen, die sich entschieden haben, großzügig weiterzugeben von dem, was sie haben. Gott weiß, dass ein Mensch, der mit Wenigem unrecht, unehrlich und unseriös umgeht, auch bei größerer Verantwortung nicht ehrlich sein wird. Wollen wir also erleben, wie wir überfließend gesegnet werden, dann geben wir unser Bestes mit dem, was wir in unseren Händen haben.

Wenn wir dann erleben, wie wir gesegnet werden, wie sich die Schleusen des Himmels öffnen und wir immer wieder reich beschenkt werden, kann es gut sein, dass sich eine von zwei Haltungen einschleicht, die uns davon abhält, weiterhin gesegnet zu werden. Die eine ist die Haltung der Armut und die andere die des Hochmuts. Ich möchte die beiden hier kurz skizzieren:

Hochmut sagt: »Das hast du dir verdient. Du hast es durch harte Arbeit, Intelligenz und Talent erreicht. Deswegen solltest du jetzt stolz sein auf deinen Segen, deinen Reichtum und deinen Überfluss, den du erhalten hast!«
Armut hingegen flüstert dir zu: »Warum hast du dir jetzt wieder diese Schuhe, Ferien usw. geleistet? Das wäre doch jetzt nicht nötig gewesen! Das können nicht alle. Bist du sicher, dass du es verdient hast?« Dann haben wir das Gefühl, wir sollten uns für unseren Segen rechtfertigen, entschuldigen oder ihn erklären, und wir vergessen dabei so schnell, dass er einfach ein Geschenk Gottes an uns ist.

Wenn wir weitergeben von dem, was Gott uns anvertraut hat, wird dies automatisch zu Segen führen. Darum fühle dich weder schuldig noch schreibe dir selbst den Erfolg zu. Vergiss nie, wo die Quelle des Segens liegt und wer dich gesegnet hat, und Gott wird dir mehr und Neues anvertrauen.

GESEGNET, WEIL WIR DANKBAR SIND

Seid euch vielmehr bewusst, dass der Herr, euer Gott, euch die Kraft gab, mit der ihr dies alles erreicht habt. Und er hat es getan, weil er zu den Zusagen steht, die er euren Vorfahren gegeben hat, wie ihr das heute sehen könnt. *5. Mose 8,18* GNB

Wenn Gott dich segnet, weil du nach seinem Willen lebst, dann höre auf, dich schuldig zu fühlen. Schäme dich nicht dafür, dass du ein Herz hast, das Gott segnen kann und will. Es gibt nichts Schöneres und Kraftvolleres, als zu erleben, wie die Gunst Gottes sich einem zuwendet und Türen sich einfach öffnen, Situationen sich positiv für uns verändern und Menschen scheinbar grundlos für uns sind.

Gottes Segen wartet immer wieder auf uns. Gott liebt es, uns zu beschenken, weil wir mit dem, was wir haben, gut, redlich und ehrlich umgegangen sind und auch immer wieder aus unserem Überfluss gegeben haben. Gerade wenn wir Segen erleben und Gottes Gunst sich über uns ausbreitet, prüft er damit auch unser Herz, um zu schauen, ob wir für noch mehr Segen, mehr Durchbrüche und mehr Reichtum bereit sind. Doch woher wissen wir, wie es um unser Herz steht? Wir sollten immer wieder – egal, wie sehr wir gesegnet sind – unser ganzes Vertrauen auf Gott und seine Versorgung setzen und nicht auf weltliche Kräfte. Das hilft auch dabei zu erkennen, ob sich Hochmut oder Armut in uns regt, wenn wir gesegnet werden. Denn schlussendlich sollten wir weder vom einen noch vom anderen bestimmt werden.

Der Schlüssel, um immer wieder zu erleben, wie Gott mehr für uns bereithält, liegt in einer Haltung der Dankbarkeit. Prüfen wir uns selbst, aus welchem Geist heraus wir reagieren, wenn wir gesegnet werden.

Wenn du an deine Lebenssituation denkst …

… **sagt der Stolz:** »Ich habe mehr verdient!«

… **sagt die Armut:** »Ich sollte mich eigentlich schuldig fühlen.«

… **sagt die Dankbarkeit dagegen:** »Danke Gott, dass ich so ein geniales und erfülltes Leben haben darf. Danke für all die Möglichkeiten, die du mir gegeben hast. Danke für meine Gesundheit, für mein Leben, für meine Familie, für meinen Beruf. DANKE!«

Wenn jemand sagt: »Du hast aber ein schönes Haus!« …

… sagt der Stolz: »Das habe ich mir auch verdient. Immerhin habe ich hart dafür gearbeitet.«

… sagt die Armut: »Es war ein Schnäppchen. Ein Glücksgriff. Eigentlich hat es gar nicht so viel gekostet, wie es scheint.«

… sagt die Dankbarkeit: »Dank Gott und seinem Segen konnte ich mir dieses Haus kaufen!«

Wenn jemand sagt: »Das ist aber ein schönes Auto!« …

… sagt der Stolz: »Ich habe noch mehr davon!«

… sagt die Armut: »Das ist nur ein Firmenwagen, gehört nicht mir!«

… sagt die Dankbarkeit: »Dank Gott und seinen Möglichkeiten konnte ich mir dieses Auto leisten.«

Der Stolz reagiert immer so, als hätten wir den Erfolg allein uns zuzuschreiben. Die Armut schämt sich und versucht, den Segen zu erklären, zu relativieren und entschuldigt sich sogar noch dafür. Doch Dankbarkeit weiß, von wo der Segen kommt, und egal, was die Leute denken, der Dankbarkeit ist nur wichtig, was Gott denkt und gibt ihm jegliche Ehre dafür. Darum: Vergiss nie, von wem du den Segen hast, verliere nie deine Dankbarkeit, und Gott kann und wird dir mehr und Neues anvertrauen.

Der Schlüssel,
um immer wieder zu erleben,
wie Gott mehr für uns bereithält,
liegt in einer Haltung der
Dankbarkeit.

Freut euch, was auch immer geschieht! Lasst euch durch nichts vom Gebet abbringen! Dankt Gott in jeder Lage! Das ist es, was er von euch will und was er euch durch Jesus Christus möglich gemacht hat.
1. Thessalonicher 5,16–18 NGÜ

GESEGNET, WEIL WIR GROSSZÜGIG SIND

»Er macht arm und er macht reich, er bringt die einen zu Fall und andere erhöht er. Die Armen holt er aus der Not, die Hilflosen heraus aus ihrem Elend; er lässt sie aufsteigen in den Kreis der Angesehenen und gibt ihnen einen Ehrenplatz. Denn die Grundpfeiler der Erde gehören dem Herrn; auf ihnen hat er die Erde errichtet.« 1. Samuel 2,7–8 GNB

Gesegnet,
weil wir geben.
Gesegnet,
um zu geben.

Priscilla du Prez, Unsplash

Gott liebt es, Menschen aus dem Nichts hervorzuholen, sie an Plätze zu führen, von denen sie nicht einmal geträumt hatten und sie an Positionen zu setzen, die sie sich nie aus eigener Kraft hätten verdienen können. Gott wird auch dich immer wieder ehren, erheben und weiterführen, wenn du einen Lebensstil des Gebens lebst. Menschen, die sich entschieden haben, weiterzugeben von dem, was Gott ihnen anvertraut hat, werden automatisch Segen erleben.

Ich weiß, wir haben in unserer Kultur eher das Bild, dass Menschen, die reich und gesegnet sind, ihren Segen nur durch Lügen, Betrug und Hinterhältigkeit erreicht haben. Doch wenn wir in der Bibel lesen, sehen wir, dass viele Personen, die wir als Glaubenshelden verehren und die unsere Vorbilder sind, von Gott finanziell unglaublich gesegnet wurden. Sie waren reich. Sie waren Könige. Sie waren Großgrundbesitzer. Sie waren Geschäftsmänner. Sie verfügten über viele Ressourcen und Reichtümer. Warum waren sie so gesegnet? Sie waren gesegnet, weil sie gute Verwalter waren und weil Gott wusste, dass er ihnen Wohlstand anvertrauen konnte. Gott wusste, dass sie ihren Segen für andere einsetzen und seine Pläne damit ausführen würden.

So ist es auch bei uns, wenn wir uns entscheiden, Geber zu sein. Wenn wir uns mit unseren Ressourcen, Gaben und Finanzen ins Reich Gottes einbringen, dann wird Gott uns mehr anvertrauen. Eigentlich ist es sehr einfach: Gott gibt denen mehr, die sich als vertrauenswürdig erweisen. Umgekehrt wird Gott niemandem mehr geben, der verantwortungslos mit seinen Gaben, seiner Zeit und seinen Finanzen umgeht.

Interessant finde ich die Haltung der Menschen, die meinen, sie müssten nicht über gute Verwalterschaft nachdenken, weil sie ja eh nicht viel hätten. Dabei vergessen sie, dass die Treue im Kleinen dazu führt, dass einem mehr anvertraut wird. Wenn dann in den Nachrichten bekanntgegeben wird, dass jemand im Lotto gewonnen oder viel Geld geerbt hat, sagen sie Sätze wie: »Mensch, wenn ich fünf Millionen erben würde, würde ich eine Million davon meiner Kirche schenken. Ehrlich!« Wirklich? Warum meinen Menschen, sie würden Gott 20 Prozent von einem unerwarteten Geldsegen überlassen, wenn sie Gott nicht mit dem ehren, was sie heute haben? Gute Verwalter sagen: »Mit dem, was ich jetzt habe, ehre ich Gott.« Darum ermutige ich dich: Warte nicht mehr auf den Moment, wenn du mehr zum Geben hast, sondern gebe heute weiter von dem, was du in deinen Händen hast. Ehre Gott mit deinen Finanzen, mit deiner Zeit, mit deinen Gaben, und Gott wird es vermehren. So werden wir immer wieder erleben, wie wir gesegnet werden. Immer und immer wieder. Gesegnet, weil wir geben. Gesegnet, um zu geben.

Wenn du mit anderen teilst, wirst du selbst beschenkt; wenn du den Durst anderer stillst, lässt man dich auch nicht verdursten.
Sprüche 11,25 GNB

GESEGNET, WEIL UNSER HERZ AM RICHTIGEN ORT IST

Denkt daran: Wer wenig sät, wird auch wenig ernten. Und wer reichlich sät, wird reichlich ernten. Jeder soll für sich selbst entscheiden, wie viel er geben möchte, und soll den Betrag dann ohne Bedauern und ohne Widerstreben spenden. Gott liebt den, der fröhlich gibt. *2. Korinther 9,6–7* NGÜ

Überfließender Segen wartet immer wieder auf jeden von uns. Gott will uns neue Türen öffnen, uns an Plätze führen, von denen wir nicht einmal zu träumen gewagt haben, uns neue Freude, neue Leidenschaft, neue Ideen und neue Möglichkeiten aufzeigen und schenken. Gott liebt es, seinen Überfluss mit uns zu teilen und ihn an uns weiterzugeben. Es ist der Charakter Gottes, überschwänglich, verschwenderisch und grenzenlos von seinem Segen, seiner Gunst und seiner Güte an uns Menschen weiterzugeben. Ein Leben geprägt von überfließendem Segen ist eine natürliche Folge, wenn wir Menschen sind, die fröhlich von dem weitergeben, was Gott ihnen anvertraut hat.

Gott liebt fröhliche Geber. Gott liebt es, wenn wir mit unseren Ressourcen in sein Reich investieren und damit unsere Kirche, andere Menschen und Gottes Pläne unterstützen.

Leider vergessen wir so schnell, dass alles, was wir haben, ein Geschenk Gottes ist. Gott wartet nur darauf, uns Neues und mehr anzuvertrauen, doch das kann er nur, wenn wir begreifen, dass nichts, rein gar nichts, was wir haben, können und wissen, uns selbst zu verdanken ist. Es ist alles der Gnade, Führung und Gunst Gottes zu verdanken. Wenn wir dies begreifen, hängen wir unser Herz nicht an unseren Besitz, unser Können oder unser Wissen, sondern an Gott. Und wenn wir alles, was wir haben, mit Gott zusammen verwalten, weitergeben und in seinem Sinn investieren, kann er uns wieder Neues anvertrauen. Damit dies geschehen kann, müssen wir uns immer wieder fragen: »Woran hänge ich mein Herz?«

Der natürliche Zustand des menschlichen Herzens ist Egoismus. Wir wollen alles für uns behalten. Wir suchen nur unseren Vorteil. Wir sehnen uns nach mehr, weil es uns um uns geht. Doch Gott möchte uns ein neues Herz schenken. Er möchte uns eine neue Sicht von ihm, seiner Gnade, seinen Gedanken und seinen Plänen zeigen. Und je mehr wir lernen, unser Herz von Gott prägen zu lassen, desto mehr erleben wir seinen überfließenden Segen. Wir werden dankbarer, selbstloser und großzügiger. Wir werden erleben, welch Freude es macht, etwas zu geben und in andere zu investieren, und wir erleben automatisch die Folgen davon: Gottes Gnade, seine Gunst und sein Segen überraschen uns immer und immer wieder. Und: In uns macht sich die Gewissheit breit, dass Gott uns immer mit allem versorgen wird, was wir brauchen.

Mehr noch, Gott wird uns mehr geben, als wir benötigen. Warum? Weil wir fröhliche Menschen sind, die fröhlich von dem weitergeben, was sie haben!

> ***Ehre den Herrn mit deinen Opfergaben; bringe ihm das Beste vom Ertrag deiner Arbeit.*** *Sprüche 3,9* GNB

Gott möchte uns ein neues Herz schenken!

Ashkan Forouzani, Unsplash

Woche 7
GIB DEIN BESTES

Woche 7 – Montag

EXZELLENZ

»Gott segnet nicht Mittelmäßigkeit, Gott segnet Qualität und Integrität.«
Joel Osteen, »Lebe jetzt!«, S. 367

Wir haben in unserer Kirche ein Motto: »Wir wollen unser Bestes geben mit den Mitteln, die wir zur Verfügung haben.« Ich staune immer wieder, was daraus schon alles entstanden ist und immer wieder neu entsteht. Menschen, die sich entscheiden, mit den Möglichkeiten, die sie haben, ihr Bestes zu geben, ehren Gott durch ihre Entscheidung zur Exzellenz. Doch leider geben sich viele Menschen mit der Mittelmäßigkeit zufrieden. Sie tun nur so viel, wie gerade nötig ist, um durchzukommen. Doch Gott hat uns nicht dazu geschaffen, dass wir »gerade so« über die Runden kommen, oder einfach das tun, was sowieso alle tun.

Gott möchte, dass wir uns durch unsere Entscheidung zur Exzellenz von den Menschen in unserem Umfeld, die sich mit ihrer Mittelmäßigkeit zufriedengeben, unterscheiden.

Was bedeutet das? Menschen, die jederzeit ihr Bestes geben und sich entschieden haben, ein integres Leben zu führen, sind Menschen, die die zweite Meile gehen. Sie halten ihr Wort, ihr Ja ist ein Ja, und man kann sich auf sie verlassen. Sie erscheinen pünktlich an ihrem Arbeitsplatz und zeigen vollen Einsatz, weil sie ja auch einen vollen Lohn von ihrem Arbeitgeber erhalten. Sie gehen nicht unbegründet früher nach Hause, melden sich nicht krank, wenn sie es nicht sind, und ihre Geisteshaltung spiegelt sich in der Qualität ihrer Arbeit und ihrer Einstellung wider, mit der sie diese erledigen.

Paulus beschreibt dies in der Bibel folgendermaßen:

Worin auch immer eure Arbeit besteht – tut sie mit ganzer Hingabe, denn letztlich dient ihr nicht Menschen, sondern dem Herrn. Ihr könnt sicher sein, dass ihr von ihm einen Lohn bekommt – das Erbe, das er im Himmel für euch bereithält.
Kolosser 3,23–24 NGÜ

Gott verspricht uns, dass er uns belohnen wird, wann immer wir unser Bestes geben mit den Möglichkeiten, die wir haben. Gott wird uns für unsere Entscheidung zur Exzellenz ehren und hervorheben, mehr noch, wir werden auffallen und an uns wird Gottes Größe sichtbar. Wo könntest du heute dein Bestes geben? Wo hast du dich mit der Mittelmäßigkeit in deinem Leben abgefunden und möchtest dies bewusst ändern? Pack es an, Schritt für Schritt, und erlebe, wie du dadurch zu einem Menschen wirst, den Gott sichtbar und überfließend segnet!

»Sehr gut«, erwiderte der Herr, »du bist ein tüchtiger und treuer Diener. Du bist mit dem wenigen treu umgegangen, darum will ich dir viel anvertrauen. Komm herein zum Freudenfest deines Herrn!«
Matthäus 25,21 NGÜ

BRINGE DAS BESTE IN ANDEREN ZUM VORSCHEIN

»Ich will die Menschen in meinem Umfeld ermutigen, sie unterstützen und ihnen helfen. Ich nehme die Not, die Bedürfnisse und die Anliegen anderer wahr und werde so zu einem Menschen, mit dem man gern zusammen ist.«

Vince Fleming, Unsplash

Täglich begegnen wir Menschen, die Gott uns über den Weg laufen lässt. Menschen, die wir ermutigen, die wir inspirieren und denen wir eine Hilfe sein können. Wir brauchen einander, nur dann werden wir unser volles Potential ausschöpfen und den Lauf, den Gott mit uns gehen will, erfolgreich vollenden. Das heißt, überall, wo wir hinkommen, sollten wir die Menschen in unserem Umfeld ermutigen, sie dazu herausfordern, dranzubleiben und an der Hoffnung, an Gott und dem Guten für ihr Leben festzuhalten.

»Wenn andere mit uns zusammentreffen, sollte es ihnen nach dieser Begegnung besser gehen als davor. Statt mutlos oder niedergedrückt zu sein, sollten sich unsere Mitmenschen sich jedes Mal, wenn sie etwas Zeit mit uns verbracht haben, ermutigt und inspiriert fühlen.«
Joel Osteen, »In dir steckt mehr!«, S. 163

Wir lesen, wie Paulus in der Bibel sagt:

»Liebe ist geduldig, Liebe ist freundlich. Sie kennt keinen Neid, sie spielt sich nicht auf, sie ist nicht eingebildet. Sie verhält sich nicht taktlos, sie sucht nicht den eigenen Vorteil, sie verliert nicht die Beherrschung, sie trägt keinem etwas nach.« *1. Korinther 13,4–5* NGÜ

Die Liebe Gottes will immer wieder das Beste in uns hervorbringen. So sollten auch wir, die wir uns doch seine Kinder nennen, immer wieder das Beste in den Menschen in unserem Alltagsleben sehen. Wir sollten aufhören, uns immer wieder zu fragen, wie wir unser Leben vorwärtsbringen können. Stattdessen sollten wir versuchen, das Leben der Menschen in unserem Umfeld zu verbessern und sie weiterzubringen. Immer, wenn es uns gelingt, jemanden höher zu achten, als wir uns selbst, die Träume eines Mitmenschen zu verwirklichen helfen und unsere eigenen zurücknehmen, wird sich Gott um uns kümmern. Mit Gott an unserer Seite hat unsere großzügige und dienende Haltung keine Grenze. Je mehr wir uns für andere einsetzen, ihnen dienen und sie ermutigen, desto mehr wird Gott unser Gebiet vergrößern. Du und ich, wir haben etwas zu geben, was kein anderer geben kann. Gott wird dir Menschen über deinen Weg schicken, die deine Ermutigung brauchen. Es gibt immer Menschen in deinem Alltag, denen du zeigen kannst, dass da jemand ist, der an sie glaubt, der hinter ihnen steht und sie unterstützt. Ich möchte dich ermutigen: Hör auf, um dich selbst zu kreisen, und frage dich stattdessen: »Wen könnte ich heute ermutigen? Wessen Alltag könnte ich heute verbessern? Wem könnte ich helfen, Selbstbewusstsein aufzubauen?« Tue, was Gott dir vor deine Füße legt, und du wirst staunen, wie dein Leben an Qualität gewinnt.

Haltet daher unbeirrt am Glauben fest, meine lieben Geschwister, und lasst euch durch nichts vom richtigen Weg abbringen. Setzt euch unaufhörlich und mit ganzer Kraft für die Sache des Herrn ein! Ihr wisst ja, dass das, was ihr für den Herrn tut, nicht vergeblich ist.
1. Korinther 15,58 NGÜ

WARTE NICHT AUF EINEN TITEL

»Ich will mein Bestes geben, ich kann mit Gott die Welt verändern und anderen Menschen helfen. Dazu brauche ich nicht eine Extra-Einladung, eine Ausbildung oder einen Titel. Gott will mich gebrauchen, und zwar dort, wo ich jetzt bin, mit dem, was ich in meinen Händen habe.«

Viele sagen zu sich: »Wenn ich diese Position erhalte, diese Ausbildung abgeschlossen oder einen passenden Titel habe, dann werde ich mich gut fühlen und das Beste aus meinem Leben herausholen!« Das klingt gut und es ist sicher nicht falsch, auf der Karriereleiter nach oben zu streben und sich Wissen und Erfahrung anzueignen. Doch wir brauchen keine Titel, um etwas für Gott zu bewegen.

Gott will uns heute, dort, wo wir jetzt stehen, in der Position, in der wir uns gerade befinden, gebrauchen, um seine Liebe zu den Menschen zu bringen.

Warte nicht mehr darauf, bis andere Menschen dich bestätigen, bis sie anerkennen, was du machst, oder dich hervorheben und herausfordern, etwas für Gott zu bewegen. Steh auf, beginne dort, wo du jetzt bist, für Gott etwas zu machen. Warte nicht mehr darauf, bis dich jemand bittet, in der Kirche mitzuarbeiten, sondern setze die Zeit ein, die du jetzt hast. Diene anderen, diene in deiner Kirche und diene mit deinen Finanzen und deiner Zeit.

Hätte David, auf einen Titel gewartet, um etwas für Gott zu bewegen, würde heute niemand von David sprechen. Damals als er Goliat gegenübertrat, das ganze Volk auf ihn blickte und er im Rampenlicht der Geschichte stand, hatte er keine würdige Position dafür. Er war weder General noch Soldat. Er hatte keine Ausbildung in der Kriegsführung und wusste nicht, wie man mit einem Schwert umgeht. So nahm er das, was er hatte – seine Steinschleuder –, und besiegte als einfacher Hirte den Riesen Goliat. Und dies ohne Titel, ohne Ausbildung und ohne Position. Er hätte aber auch gut zu sich selbst sagen können: »Ich mache das nicht. Ich stelle mich nicht Goliat zum Zweikampf. Ich habe nicht die Ausbildung dazu, geschweige denn einen passenden Titel.« Doch er tat genau das Gegenteil, obwohl ihn die anderen Soldaten noch ausdrücklich daran erinnerten, dass er nicht geeignet war für diesen Kampf und dass er es doch besser sein ließe und nicht noch sein Leben aufs Spielt setzte. Eine solche Einstellung zum Leben, wie sie David besaß, brauchen auch wir. David sagte nämlich zu sich selbst:

»Ich brauche weder einen Titel noch eine Position, um etwas Geniales und Großes für meinen Gott zu bewegen. Wenn Gott mich ruft, etwas zu tun, dann will ich es tun. Auch wenn ich nicht die Ausbildung oder die erwarteten Ressourcen dazu zur Verfügung habe. Gott hat mich gerufen, er wird mir auch den Sieg schenken. Auch wenn es klein und bedeutungslos aussieht, was ich in meinen Händen habe, wird Gott es doch nehmen und ein Wunder damit vollbringen. Ich lebe nicht, um die Menschen um mich herum mit meinem Titel zu beeindrucken, sondern um meine göttliche Bestimmung auszuleben.«

David besiegte Goliat auf dem Schlachtfeld nur mit einer einfachen Steinschleuder. Jahre später bekam er dann seinen Titel und wurde König von Israel, aber nicht, weil er nur darauf gewartet hätte, sondern weil er sein Bestes gab und sich von Gott schon als einfacher Hirte gebrauchen ließ. Auch dich will Gott gebrauchen. Immer, wenn wir auf seine Herausforderungen mit einem Ja antworten, führt uns dies Schritt für Schritt näher an die Aufgabe, die Gott von Anfang an für uns vorbereitet hat. Lass dich heute gebrauchen, egal wer und was du bist, und du darfst erleben, wie Gott dir neue Türen für dich und dein Leben öffnen wird.

Doch David antwortete: »Du trittst gegen mich an mit Säbel, Spieß und Schwert. Ich aber komme mit dem Beistand des Herrn, des Herrschers der Welt, des Gottes, dem das Heer Israels folgt und den du verhöhnt hast. Er wird dich heute in meine Hand geben. Ich werde dich töten und dir den Kopf abschlagen, und die Leichen der übrigen Philister werde ich den Vögeln und Raubtieren zu fressen geben. Dann wird die ganze Welt erkennen, dass das Volk Israel einen Gott hat, der es beschützt.«
1. Samuel 17,45–46 GNB

HINTERLASSE EIN ERBE

David sagte sich: »Eines Tages werde ich doch noch Saul in die Hände fallen. Es gibt für mich keinen besseren Schutz, als dass ich schleunigst ins Gebiet der Philister fliehe. Dann bin ich vor Saul sicher. Solange ich in Israel bin, wird er nicht aufhören, überall nach mir zu suchen.«
1. Samuel 27,1 GNB

Saul konnte es nicht lassen, David immer wieder nach dem Leben zu trachten. Statt David als einen Segen zu sehen, sah er ihn als Fluch. Doch stellen wir uns mal vor, wie die Geschichte hätte sein können, wenn Saul sein Herz gegenüber der Eifersucht und dem Hass nicht geöffnet hätte. Saul hätte ein Erbe hinterlassen. Nicht direkt in seinem eigenen Sohn, aber in David, der ja seine Tochter geheiratet hatte. David war zudem der beste Freund von Jonathan, Sauls Sohn. Betrachten wir die Geschichte aus diesem Blickwinkel, sehen wir, dass Saul nicht nur ein Erbe hinterlassen hätte, sondern auch ein geniales, gemütliches und siegreiches Leben als König hätte führen können. Er hätte die besten Voraussetzungen dafür gehabt. Er hätte den besten Schwiegersohn, der den Segen Gottes für den zukünftigen Königstitel in sich trug, und einen Sohn, der der beste Freund des zukünftigen Königs gewesen wäre. »Hätte«, ja, »hätte« …

Vielleicht wäre auch unser Leben im Nachhinein einfacher und besser, wenn wir all unsere Möglichkeiten umgesetzt hätten. Doch so oft schauen wir später auf eine Situation zurück und denken: »Warum nur habe ich so stolz, so egoistisch und selbstsüchtig reagiert?« Wir setzen Freundschaften aufs Spiel, Beziehungen gehen kaputt und wir verirren uns in unserem Stolz, was zu Einsamkeit und Leere führt. Und dies alles nur, weil wir in jenem Moment eine zu kleine Sicht auf das Leben hatten. Hätten wir doch stattdessen unserem Gott vertraut! Hätte Saul doch seine Zukunft Gott überlassen! Saul hätte ein schönes Leben gehabt und wir hätten manche Fehler nicht gemacht …

Wollen wir ein gutes Erbe hinterlassen? Wollen wir, dass unser Leben positive Kreise zieht? Dann müssen wir lernen, Gott zu vertrauen, und zwar in allen Bereichen. Auch da, wo wir zu kurz kommen, ungerecht behandelt, übergangen und nicht verstanden werden. Oftmals machen viele Situationen erst im Nachhinein Sinn. Es ist wie bei einer Schnitzeljagd – wir jagen von einem Hinweis zum nächsten. Verletzungen und unverständliche Situationen sind Teil des Lebens. Fragen bleiben darin offen, Gebete unbeantwortet und oft ist Schmerz ein langwieriger Begleiter. Doch wenn wir unterwegs bleiben und an Gott festhalten, ihm weiterhin vertrauen, werden wir im Nachhinein sehen, dass alles seinen Sinn hatte, dass Gott einen Plan hat und er diese Situationen nur dazu gebrauchte, um uns weiterzuführen und seinen gewaltigen Plan mit uns zu Ende zu bringen. Am Schluss ergibt so manches Sinn, und wenn wir es schaffen, dem Zorn, dem Stolz und Egoismus immer weniger Raum zu geben, werden auch unsere »Hätten« immer weniger und wir hinterlassen ein gutes Erbe. Mach es nicht wie Saul, der sich nicht von seiner Eifersucht lösen konnte.

Suche Gott in deinen Fragen, deinen unverständlichen Situationen und finde Hoffnung. Vertraue ihm und finde einen neuen Weg.

Beschreite den Weg der Vergebung, den Weg der Liebe, und hinterlasse statt einem Scherbenhaufen ein göttliches Erbe!

ES GEHT NICHT UM DICH

»Ihr sollt so beten: Unser Vater im Himmel! Dein Name werde geheiligt, dein Reich komme, dein Wille geschehe auf der Erde, wie er im Himmel geschieht.« Matthäus 6,9–10 NGÜ

Zu Beginn des Vaterunsers – das Gebet, welches Jesus uns in der Bibel lehrt – sagen wir: »Dein Wille soll geschehen!« Denken wir diesen Satz weiter, können wir eigentlich anfügen: »… und nicht unser Wille!« Wenn wir ehrlich sind, dreht sich in unserem Leben jedoch vieles um uns selbst. Wir fragen uns: »Wie komme ich auf meine Kosten? Wie kann ich erfolgreich sein? Wie kann ich leben, um gesegnet zu werden? Wie kann ich weiterkommen? Was brauche ich? Was steht mir zu?« Wenn wir nicht vorsichtig sind, geht es schnell und wir drehen uns wieder um uns selbst. Doch lesen wir das Vaterunser, sehen wir sehr schnell, dass es in unserem Leben eigentlich nicht um uns geht! Es geht um die anderen. Es geht um Gott. Es geht darum, dass Gott uns gebrauchen will, um ein Segen für die Welt und unsere Mitmenschen zu werden. Wir sind eigentlich dazu bestimmt, von uns wegzuschauen und Gott stärker zu gewichten als unsere egoistischen Wünsche.

Diese Erkenntnis umzusetzen ist gar nicht immer so einfach – und doch ist sie ein kraftvoller Schlüssel, um herauszufinden, was Gott alles in uns hineingelegt hat. Denn wenn wir uns von unseren selbstsüchtigen Gedanken lösen und uns stattdessen um Gottes Gedanken drehen, uns für andere interessieren und den Menschen in unserem Umfeld dienen, wird sich Gott uns zuwenden und alles daransetzen, herauszuholen, was er in uns hineingelegt hat. Je mehr wir es schaffen, uns von unseren Erwartungen, unserer Menschenfurcht, unseren Wünschen, unserem Harmoniestreben zu lösen und einfach versuchen, das zu tun, was Gott mit uns tun will, desto mehr wird Gott uns segnen. Ich weiß, das ist ein täglicher Kampf. Doch es lohnt sich, diesen Kampf immer und immer wieder zu führen und sich täglich dafür zu entscheiden und zu sagen:

»Lieber Gott, heute geht es nicht um mich! Dein Wille, und nicht meiner, soll geschehen. Ich will den Menschen dienen, die du mir über den Weg schickst, ich will die Chancen wahrnehmen, die du mir zeigst. Ich will auf das hören, was du mir aufs Herz legst. Ich will auch heute versuchen, mich ein bisschen weniger wichtig zu nehmen und mich stattdessen auf dich zu konzentrieren.«

In dieser Haltung liegt ein tiefes Geheimnis. Je mehr wir uns von den Erwartungen an uns selbst lösen und tun, was Gott uns aufs Herz und vor unsere Füße legt, umso mehr kommt die Größe Gottes durch uns zum Leuchten und wir erleben, wie Gott unser Leben segnet. Ich ermutige dich, gerade heute von dir wegzuschauen, und stattdessen deinen Fokus auf Gott und die Gelegenheiten zu richten, die er in dein Leben gestellt hat. Du wirst erleben, wie Gott dich segnen und dir begegnen wird.

> ***Es soll euch zuerst um Gottes Reich und Gottes Gerechtigkeit gehen, dann wird euch das Übrige alles dazugegeben. Macht euch keine Sorgen um den nächsten Tag! Der nächste Tag wird für sich selbst sorgen. Es genügt, dass jeder Tag seine eigene Last mit sich bringt.***
> *Matthäus 6,33–34* NGÜ

»LIEBER GOTT,
HEUTE GEHT ES NICHT UM MICH!
DEIN WILLE, UND NICHT MEINER,
SOLL GESCHEHEN. ICH WILL DEN MENSCHEN
DIENEN, DIE DU MIR ÜBER DEN WEG
SCHICKST. ICH WILL DIE CHANCEN
WAHRNEHMEN, DIE DU MIR ZEIGST.
ICH WILL AUF DAS HÖREN, WAS DU MIR
AUFS HERZ LEGST. ICH WILL AUCH HEUTE
VERSUCHEN, MICH EIN BISSCHEN
WENIGER WICHTIG ZU NEHMEN
UND MICH STATTDESSEN AUF DICH
ZU KONZENTRIEREN.«

Woche 8

FREIHEIT

Woche 8 – Montag

LASS LOS

»Und wenn ihr beten wollt und etwas gegen jemand habt, dann vergebt ihm, damit euer Vater im Himmel euch eure Verfehlungen auch vergibt.«
Markus 11,25 NGÜ

Jeder von uns wird früher oder später mal verletzt, hintergangen, betrogen oder sogar missbraucht. Manchmal sind die Wunden klein und heilen sehr schnell. Doch manchmal hinterlassen gewisse Verletzungen tiefgehende Risse in unserer Seele und wir tragen fortan einen tiefen Schmerz mit uns herum. Das göttliche Potential in diesen Situationen besteht darin, dass wir uns entscheiden können, zu vergeben, und damit eigentlich den ersten und wichtigsten Schritt Richtung Heilung machen. Doch oftmals denken wir, dass die Person unsere Vergebung nicht verdient habe. Dieses Denken ist kontraproduktiv. Vielleicht denken wir: »Ich vergebe dieser Person nicht und strafe sie noch ein bisschen mit meiner Haltung.« Am Ende aber strafen wir uns selbst. Denn wenn wir einen Schritt in Richtung Vergebung gehen, gehen wir auch einen in Richtung Heilung: Heilung für unsere Seele, für unsere Verletzungen, für unser Herz. Gott kann unser Herz erst heilen und wiederherstellen, wenn wir uns entscheiden, den anderen zu vergeben.

> Anderen zu vergeben ist etwas unglaublich Kraftvolles.

Wenn wir uns entscheiden, die Schmerzen, das Recht auf Vergeltung und Rache loszulassen und das Unrecht, welches wir erlebt haben, zu vergeben und

nicht weiter nachzutragen, bringt uns dies nicht nur Heilung für unsere Seele, es bringt uns auch näher zu Gott. Es öffnet die Schleusen des Himmels über unserem Leben. Willst du wieder Gottes Segen empfangen? Willst du offene Türen sehen? Willst du neue Möglichkeiten entdecken und Wunder erleben? Dann öffne Gott dein Herz, und noch bevor du ihn um irgendwas bittest, frage ihn, ob da noch Angelegenheiten sind, in denen es deine Vergebung braucht. Ohne ein weiches Herz, welches vergibt und loslässt, kann keine Freiheit entstehen und können schlussendlich auch keine neuen Wunder passieren, die dein Leben bereichern und erfrischen.

Ich bin überzeugt, dass Gott vieles für dich bereithält. Unglaubliches wartet auf dich und viele schöne Momente, die gelebt und ausgekostet werden wollen, sind in deiner Zukunft bereits an dich adressiert. Doch wenn wir mit einem Herzen, welches noch Schmerz und Bitterkeit in sich hat, weitergehen, dann werden wir viele Wunder nicht sehen und erleben.

Folgendes Gebet könnte dir helfen, Abhilfe zu schaffen:

»Unser Vater im Himmel, ich bete dich an und will dich mit meinem Leben ehren. Danke, dass du mir vergibst und mir meine Schwächen und Sünden nicht weiter anrechnest. Ich lade dich jetzt ein und frage dich: Wo in meinem Leben muss ich anderen noch vergeben? Zeige mir die Situationen. Ich möchte sie dir hinlegen und entscheide mich, all die Bitterkeit, Wut, Rachsucht und Verletzungen loszulassen. Ich entscheide mich, zu vergeben. Ich will wieder offen sein für die Wunder, Möglichkeiten und Momente, die du für mich in meiner Zukunft bereithältst. Ich glaube daran, dass ich alles voll auskosten und erleben kann! Danke für deine Güte und Gnade. AMEN!«

Geht vielmehr freundlich miteinander um, seid mitfühlend und vergebt einander, so wie auch Gott euch durch Christus vergeben hat.
Epheser 4,32 NGÜ

NACH VORNE SCHAUEN

Geschwister, ich bilde mir nicht ein, das Ziel schon erreicht zu haben. Eins aber tue ich: Ich lasse das, was hinter mir liegt, bewusst zurück, konzentriere mich völlig auf das, was vor mir liegt, und laufe mit ganzer Kraft dem Ziel entgegen, um den Siegespreis zu bekommen – den Preis, der in der Teilhabe an der himmlischen Welt besteht, zu der uns Gott durch Jesus Christus berufen hat. *Philipper 3,13–14* NGÜ

Wir alle erleben Enttäuschungen, Rückschläge und Schicksalsschläge, die wir nicht verstehen. Du betest für Heilung und nichts passiert. Eine Beziehung ging in die Brüche und die Selbstzweifel und Schmerzen nagen an deiner Seele. Du kämpfst mit Verletzungen in deinem Herzen oder erlebst eine Enttäuschung nach der anderen. Wir alle kennen solche Zeiten. Zeiten, in denen es nicht so läuft, wie wir uns vorstellen, erträumen oder planen. Zeiten, in denen das Schicksal gegen uns zu sein scheint. Zeiten, in denen Menschen uns nicht verstehen und man uns allein lässt. Zeiten, in denen wir verletzt werden. Und jetzt stehen wir da und fragen uns: »Was mache ich jetzt? Wie geht mein Leben weiter?«

Das Beste, was wir tun können, ist wieder nach vorne zu schauen, loszulassen und uns erneut auf das einzulassen, was Gott für uns in Zukunft bereithält.

Wenn wir nicht bereit sind, negative Erlebnisse und Verletzungen loszulassen, bleiben wir stehen. Wir verpassen das Leben und all die Verheißungen und Wunder Gottes, die auf uns warten. Wenn wir an unseren Verletzungen, Missgeschicken und Zweifeln festhalten, öffnen wir immer weiter die Tür der Bitterkeit in unserem Herzen. Irgendwann werden wir aufhören zu glauben, die Hoffnung auf ein gutes Ende verlieren und unser Herz wird von Bitterkeit schleichend und langsam erobert. Wir versinken in Selbstmitleid, Hass, Groll und in einer Schwere, die kein Ende mehr zu kennen scheint. Statt loszulassen geben wir anderen, uns selbst oder sogar Gott die Schuld für unser Leid. Klar, es kann vorkommen, dass wir gewisse Dinge nicht verstehen und dass Situationen, die wir erleben, einfach nicht fair sind. Doch wenn wir nicht lernen, loszulassen und unseren Groll, unsere Fragen und Verletzungen Gott hinzugeben, wird das alles immer mehr zu einer Last, die uns Schritt für Schritt die Freude am Leben, den Segen Gottes und den Glauben raubt.

Darum ermutige ich dich: Lass los! Übergib Gott das Negative, das du mit dir herumträgst. Vertraue ihm, dass er für dein Recht sorgen wird und dass er jegliche Verletzungen und negative Umstände in deinem Leben nehmen und sie zu einem Segen für dich verwandeln wird. Ich weiß, das klingt einfacher, als es ist. Keine Vergebung ist einfach, keine Verletzung ist einfach so vergessen. Je größer das Leid, das uns angetan wurde, desto länger ist der Weg zur Heilung. Doch ich möchte dir sagen, dass Gott uns Schritt für Schritt aus all dem herausführen wird, zurück ans Licht. Wir brauchen nur den Mut, diese Dinge, die unser Leben erschweren, Gott im Gebet hinzugeben, sie loszulassen und uns zur Vergebung zu entscheiden. Gott führt uns zur Freude, zur Freiheit und in eine Zukunft, in der Segen, Gutes, neue Wunder und Beziehungen auf uns warten. Deshalb lass los und beginne, den Weg der Heilung zu gehen. Dann wirst du erleben, wie Gott dich aus deiner Asche emporhebt und zurück auf den Weg des Segens bringt!

Herr, wo sonst gibt es einen Gott wie dich? Allen, die von deinem Volk übrig geblieben sind, vergibst du ihre Schuld und gehst über ihre Verfehlungen hinweg. Du hältst nicht für immer an deinem Zorn fest; denn Güte und Liebe zu erweisen macht dir Freude. *Micha 7,18* GNB

GOTT IST FAIR

Statt dich auf das Vergangene zu konzentrieren, schaue nach vorne. Es ist matchentscheidend für unser Leben, dass wir uns auf die Zukunft fokussieren. Denn ohne eine Sicht nach vorne bleiben wir dort, wo wir sind, einfach stehen.

Enttäuschungen, Rückschläge, Fragen und schwierige Situationen gehören zu unserem Leben. Das meiste davon passiert einfach so, vieles haben wir weder selbst verschuldet noch verdient. Das Leben kann manchmal recht unfair sein, und oft verstehen wir es nicht. Darum ist es einfach, bitter, verletzt und traurig durchs Leben zu gehen, unsere Träume aufzugeben und nichts Gutes mehr zu erwarten. Doch ich möchte dir sagen, dass wir mit Gott auf unserer Seite eine andere Option haben. Wir können uns entscheiden, was wir stärker gewichten: die Umstände, die Probleme, die Fragen, die Verletzungen – oder Gott. Gott arbeitet ständig an uns und egal, was wir erleben, erlebt haben und vielleicht noch mit uns herumtragen, Gott will unsere Schritte in die richtige Richtung lenken und hält für jeden Rückschlag, jedes Leid und jede Ungerechtigkeit eine Antwort bereit. Darum steh auf, löse dich von deinem Selbstmitleid, schüttle deine Enttäuschung ab und sage zu Gott:

»Hier bin ich. Ich bin bereit für das Neue, das du für mich bereithältst. Auch wenn ich noch offene Fragen habe, ungelöste Probleme mein Leben bestimmen und Verletzungen meine Seele quälen, stehe ich auf und sage zu dir: Ich will mich nicht von meinem Jetzt und meiner Vergangenheit prägen lassen. Ich schaue auf dich, weil ich weiß, du kannst mein Leben wieder in die richtige Richtung lenken und mich zurück auf die Straße des Segens bringen.«

Gott ist immer fair, auch wenn dein Leben nicht danach aussieht. Gott wird dir alles Unfaire, was dir widerfahren ist, mit seiner Gerechtigkeit rückvergüten. Lass los und mach dich bereit für Neues in deinem Leben. Neuer Segen, neue Möglichkeiten und neue Wunder warten auf dich.

Wahre Größe bedeutet, sagen zu können: »Ich verstehe weder, was passiert ist, noch finde ich eine Erklärung für mein Leid. Ich habe weder die Antwort auf all meine Fragen noch das Wissen, alles zu rechtfertigen. Aber ich habe Gott. Gott ist Gott, und ich bin es nicht. Seine Wege sind nicht immer meine Wege. Aber er wird meine Schritte in die richtige Richtung lenken. Ich kann ihm vertrauen, auch wenn ich nicht auf alles eine Antwort habe.«

Eine solche Haltung wird dich wieder in die richtige Richtung bringen. Darum entscheide dich, Gott zu vertrauen. Denn Gott ist gut, Gott will unser Bestes,

Gott ist fair. Gott sieht unser Leid und unsere hoffnungslose Situation, Gott sieht unsere Verletzungen, und doch strebt seine Liebe stets nach dem Besten für uns.

> ***»Der Herr, euer Gott, ist voll Güte und Erbarmen! Er wird sich gewiss nicht länger von euch abwenden, wenn ihr zu ihm zurückkommt.«***
> *2. Chronik 30,9b* GNB

»Hier bin ich.

Ich bin bereit für das Neue, das du für mich bereithältst.«

Du hast zu mir gesagt:
»Ich will dich unterweisen
und dir den Weg zeigen,
den du gehen sollst.
Ich will dich beraten
und immer meinen Blick
auf dich richten.«

Psalm 32,8 NGÜ

Nick Bondarev, Pexels

LASS ALTES HINTER DIR

Auch füllt man nicht jungen Wein in alte Schläuche. Er gärt ja noch, und die Schläuche würden platzen; der Wein würde auslaufen, und auch die Schläuche wären nicht mehr zu gebrauchen. Nein, jungen Wein füllt man in neue Schläuche; dann bleibt beides erhalten. *Matthäus 9,17* NGÜ

Zu der Zeit von Jesus wurde der Wein nicht in Flaschen, sondern in ledernen Schläuchen aufbewahrt. Wenn diese Schläuche neu waren, waren sie weich und biegsam, aber wenn sie älter wurden, wurden sie hart und steif und konnten sich nicht mehr ausdehnen. Darum füllte man keinen neuen Wein in alte Schläuche, da diese platzen konnten. So ist es auch in unserem Leben: Gott will uns Neues geben, neue Ideen schenken, neue Möglichkeiten zeigen, neue Türen öffnen und neue Gedanken offenbaren. Doch damit er dies tun kann, müssen wir lernen, Altes hinter uns zu lassen.

Als wir uns vor vielen Jahren zusammen mit etwa 15 Leuten entschieden, in unserer ländlichen Gegend eine neue, pulsierende und lebendige Kirche zu starten, glaubten nur wenige an uns. Gute Freunde schüttelten den Kopf, als sie unsere Idee hörten, andere dachten, dass wir jetzt wohl abgehoben seien, und viele lachten hinter unserem Rücken über unseren Plan. Es gebe doch genug Kirchen. Da brauche es doch nicht noch eine weitere. Es sei doch gut, wie es ist!

Schon vor unserem offiziellen Startschuss wusste ich, dass wir unser altes Denken, alte Traditionen und alte Vorgehensweisen ablegen und uns voll auf Gott und seine neuen Ideen einlassen mussten, wollten wir eine neue Kirche bauen. Ich denke, dass viele Menschen Träume haben und Vorstellungen, wie ihre Zukunft aussehen könnte, sie dann jedoch über alte Bilder, Prägungen und Vorgehensweisen stolpern. Um zu erleben, wie Gott mit uns seine Visionen wahrmachen kann, müssen wir lernen, loszulassen und uns auf Gott und nicht auf Althergebrachtes zu verlassen. Wir müssen lernen, neue Ideen auszuprobieren und unser Denken immer wieder nach vorne zu richten.

Gott hält noch so viel mehr für dich bereit. Beginne, in deinem Denken Raum dafür zu schaffen. Stelle es dir innerlich vor. Male es dir aus. Wirf die alten Schläuche weg. Löse dich von Aussagen wie: »So haben wir es schon immer gemacht, darum machen wir es auch heute noch so!«, und probiere mal etwas anderes aus. Wage Neues. Sei frech. Lass dein Denken von Gott erweitern und lass dir eine neue Sicht und neue Träume für dich und dein Leben geben. Lass die Vergangenheit los, lass Verletzungen los und vergib den Menschen, die dich verletzt haben. Das Leben hält mehr für dich bereit. Gott will Großes durch dich und in deinem Leben tun.

GERETTET

Noch einmal: Durch Gottes Gnade seid ihr gerettet, und zwar aufgrund des Glaubens. Ihr verdankt eure Rettung also nicht euch selbst; nein, sie ist Gottes Geschenk. Sie gründet sich nicht auf menschliche Leistungen, sodass niemand vor Gott mit irgendetwas großtun kann. Denn was wir sind, ist Gottes Werk; er hat uns durch Jesus Christus dazu geschaffen, das zu tun, was gut und richtig ist. Gott hat alles, was wir tun sollen, vorbereitet; an uns ist es nun, das Vorbereitete auszuführen. Epheser 2,8–10 NGÜ

Dank der unendlichen und unbeschreiblichen Gnade unseres Gottes sind wir gerettet. Nicht unsere Leistung, sondern unser Glaube macht den Unterschied. Und genau diese Wahrheit bringt mich immer wieder zum Staunen. Dankbar, weil ich es definitiv nicht verdient habe, Gottes Gnade zu erleben, versuche ich dies immer wieder zu fassen, zu verstehen und anzunehmen.

Gott liebt uns. Gott vergibt uns. Gott rettet uns aus unserer Verlorenheit, von Süchten, Krankheiten, Nöten, Problemen, Ängsten, Depressionen.

Gottes Gnade ist grenzenlos und gratis verfügbar für jeden Menschen, der glaubt.

Darum ermutige ich dich heute: Glaube daran, dass Gott einen Plan für dich hat, dass Gott dich retten will, dass Gott dich liebt und mehr für dich bereithält. Glaube, und du wirst sehen und ernten.

Doch gerade »glauben« fällt uns oftmals so schwer. Wir glauben, und erleben trotzdem Rückschläge, wir beten, und die Gebete bleiben unbeantwortet, wir träumen und hoffen, und trotzdem scheint nichts vorwärts zu gehen. Und doch, oder gerade deswegen, ermutige ich dich: Bleib nicht stehen. Auch wenn alles gegen dich zu sein scheint, Gott hat dich und deine Situation noch nicht aufgegeben. Er hat noch ein Ass im Ärmel, und sein Versprechen, dass er für diejenigen, die ihn lieben, immer das Beste suchen wird, gilt auch dir. In den dunklen Zeiten, den Zeiten der Orientierungslosigkeit, des Versagens und der Leere, kommt Glaube so richtig zur Geltung und zum Vorschein.

Wenn wir es schaffen, trotzdem an den Zusagen Gottes festzuhalten und ihn nicht aufzugeben, werden wir früher oder später immer wieder das Licht am Ende des Tunnels sehen. Glaubst du? Glaubst du, dass Gott dich liebt, dich nicht vergessen hat und du gerettet bist? Gerettet von deinen Ängsten, Nöten und Begrenzungen? Verlass dich darauf, halte an den Zusagen Gottes fest, und ich bin überzeugt: Du wirst erleben, wie sich dein Glaube früher oder später auszahlen wird. Klar, oftmals kommt alles anders als gedacht. Doch durch unseren Glauben an einen Gott, der uns liebt und unser Leben bis ins kleinste Detail geplant und vorbereitet hat, werden wir immer wieder den neuen Weg sehen und erkennen. Indem wir an Gott festhalten, kann er uns Neues zeigen, neue Türen öffnen und an Scheidewegen in unserem Leben klar aufzeigen, welche Richtung wir einschlagen sollen.

Ich wünsche dir heute einen Tag, an dem du dich wieder einmal für den Glauben, für das Gute, für Gott entscheidest und erleben kannst, wie schon heute diese Entscheidung zu einem Segen für dich wird.

Das ist das Fundament der Liebe: nicht, dass wir Gott geliebt haben, sondern dass er uns geliebt und seinen Sohn als Sühneopfer für unsere Sünden zu uns gesandt hat.

1. Johannes 4,10 NGÜ

Woche 9
LEBENDIG

Woche 9 – Montag

GOTT IST NICHTS UNMÖGLICH

Abraham war damals fast hundert Jahre alt und konnte keine Kinder mehr zeugen; in dieser Hinsicht war sein Körper gewissermaßen schon tot. Nicht anders war es bei seiner Frau Sara, denn auch sie konnte keine Kinder mehr bekommen. Und obwohl Abraham seine Augen nicht vor dem allem verschloss, ließ er sich in seinem Glauben nicht entmutigen. Statt die Zusage Gottes in Frage zu stellen, wie es der Unglaube tun würde, ehrte er Gott, indem er ihm vertraute, und wurde dadurch in seinem Glauben gestärkt. Er war fest davon überzeugt, dass Gott die Macht hat, das, was er zugesagt hat, auch zu tun. Römer 4,19–21 NGÜ

Abraham fand Gottes Anerkennung, weil er unerschütterlich daran glaubte, dass Gott ihm geben würde, was er ihm versprochen hatte. Er glaubte, dass seinem Gott nichts unmöglich ist und er trotz widriger Umstände erleben würde, wie die Verheißung einträfe. Er hielt im Glauben daran fest.

Ich finde diese Stelle genial, weil sie zeigt, dass auch wir, wenn die Verheißung noch nicht eingetroffen ist, das Wunder noch weit weg ist, die Heilung auf sich warten lässt, trotzdem am Glauben festhalten sollten. Mehr noch, Abraham ließ es sich nicht nehmen, seinen Gott zu ehren, ihn anzubeten und Gottes Größe zu preisen, auch wenn er selbst noch nichts davon gesehen hatte. Wie sieht das bei uns aus? Wie gehen wir mit unserem Glauben um, wenn das Wunder auf sich warten lässt? Beten wir Gott trotzdem an? Gehen wir weiterhin in die Kirche? Dienen wir weiterhin den Menschen in unserem Leben? Sind wir immer noch großzügig? Oder sagen wir: »Solange Gott nichts in meinem Leben tut, warte ich mal ab. Ich werde mein Leben Gott schon wieder widmen, aber zuerst soll er mal ein Wunder tun.« Das ist eine sehr unreife Haltung und leider verbaut sie uns den Weg zum Wunder. Wenn wir

mit dieser Haltung durchs Leben gehen, werden wir nie erleben, wie Gott ein Wunder tut.

Abraham sah noch gar nichts von seiner Verheißung. Mehr noch, eigentlich war es gar nicht mehr möglich, dass seine Frau noch schwanger würde. Und trotzdem hielt er an diesem Versprechen fest und ehrte Gott. Diese Haltung sucht Gott auch in uns. Auch wenn alles gegen uns zu sein scheint und das Wunder noch auf sich warten lässt, bete Gott trotzdem an. Lobe ihn schon jetzt für den Durchbruch, freue dich schon jetzt an allem, was Gott in der Zukunft tun wird. Wann immer wir Gott ehren, ihn anbeten, ihm dienen, gut zu den Menschen sind, Gott in der Kirche durch unseren Lobpreis, unser Mitarbeiten und unsere Finanzen Ehre erweisen, machen wir damit ein Statement des Glaubens. Wir sagen: »Auch wenn in meinem Leben noch lange nicht alles so läuft, wie es sollte, ich noch Herausforderungen habe, mit Anfechtungen ringe, eine schwere Krankheit habe oder gegen eine Sucht ankämpfe, ich höre nicht auf, Gott zu ehren, ihn anzubeten und meine Stimme für ihn zu erheben.« Denn unsere Anbetung macht den Unterschied aus. Sie bezeugt unseren Glauben, bringt in der unsichtbaren Welt Dinge, die gegen uns sind, ins Wanken, und Dingen, die noch auf uns warten, wird Leben eingehaucht. Durch Anbetung trotz Nöten und unerfüllten Wünschen wird unser Glaube lebendig, und wir werden früher oder später sehen, wie sich die Umstände zu unseren Gunsten wenden. Vielleicht nicht immer genau so, wie wir uns vorstellen, aber definitiv zu unserem Besten. Darum ermutige ich dich, bete Gott heute, morgen und auch am nächsten Sonntag in einer bibeltreuen Kirche an, und du wirst sehen, wie durch deine Haltung der Anbetung Glauben für deine Zukunft freigesetzt wird.

> ***»Und noch etwas sage ich euch: Wenn zwei von euch hier auf der Erde darin eins werden, um etwas zu bitten – was immer es auch sei – , dann wird es ihnen von meinem Vater im Himmel gegeben werden. Denn wo zwei oder drei in meinem Namen versammelt sind, da bin ich in ihrer Mitte.«*** *Matthäus 18,19–20* NGÜ

SAAT

Als Jakob aufblickte, sah er Esau kommen und hinter ihm seine vierhundert Mann. Da stellte er die Kinder zu ihren Müttern, zu Lea und zu Rahel und zu den beiden Nebenfrauen. Dann ließ er die Nebenfrauen mit ihren Kindern vorangehen, dahinter ging Lea mit ihren Kindern, und zum Schluss kam Rahel mit Josef. Jakob selbst ging an der Spitze des Zuges und warf sich siebenmal auf die Erde, bis er zu seinem Bruder kam. Esau aber lief ihm entgegen, umarmte und küsste ihn. Beide weinten vor Freude.
1. Mose 33,1–4 GNB

Was wir hier lesen, ist echt ganz großes Kino! Jakob bittet seinen Bruder vor all seinen Frauen und Kindern um Vergebung. Alle bekommen mit, wie ihr Jakob früher einen großen Fehler gemacht hat und sich jetzt dafür entschuldigt. Und es gibt ein Happy End: Sie erleben, wie Esau seinem Bruder vergibt.

Durch diese Entscheidung hat Jakob seine zukünftige Geschichte neu geschrieben. Es ist interessant, dass in obigem Bibeltext nur ein Kind namentlich erwähnt wird: Josef! Und damit will uns der Schreiber etwas sagen, nämlich dass dieser entscheidende Moment im Leben von Jakob Spuren bei Josef hinterließ. Jahre später wird Josef von seinen Brüdern verraten und steigt vom Sklaven und Gefängnisinsassen zur rechten Hand des Pharaos auf. Oben, an der Spitze der Karriereleiter angekommen, bitten ihn seine Brüder um Nahrung, da eine Hungersnot ihr Land überrascht. Jetzt endlich wäre doch der Moment der Rache gekommen. Doch statt sich dieses Recht herauszunehmen, vergibt Josef seinen Brüdern. Was wäre wohl passiert, wenn Josef als kleiner Junge nicht miterlebt hätte, wie sein Vater öffentlich seinen Fehler bekannte und wie ihm sein Bruder vergab? Dieses Ereignis hinterließ eine Saat, die im Leben von Josef aufging und Jahre später Frucht brachte. Ich kann mir gut vorstellen, dass Josef dank dem Vorbild seines Vaters fähig war, seinen Brüdern zu vergeben.

Auch unser Leben zieht Kreise, oftmals viel weiter und größer, als wir uns im Moment vorstellen können. Darum ermutige ich dich, in wichtigen Momenten und Entscheidungen deines Lebens nicht nur an dich und ans Jetzt zu denken, sondern auch daran, dass deine Tat Spuren hinterlassen wird, die sich auf deine Nachkommen auswirken werden. Deine Taten im Glauben, die Art, wie du mit deinen Mitmenschen umgehst, deine Entscheidung, göttliche Werte zu pflegen, deine Großzügigkeit, deine Haltung der Vergebung – all dies hinterlässt Spuren. Auch wenn wir im Moment nicht viel von unserem Glauben, unseren Gebeten und unseren gutgemeinten Entscheidungen sehen, gibt es Leute, die uns beobachten, die unser Leben anschauen. Darum denk daran, dein Leben zieht Kreise, auch wenn du dir vielleicht sagst: »Ob ich hier vergebe, interessiert doch keinen, und warum sollte ich göttliche Werte leben, wenn keiner es von mir verlangt …« Auch wenn wir es im Moment nicht sehen, haben solche Entscheidungen doch Auswirkungen auf unsere Zukunft und auf die Menschen in unserem Umfeld oder unserer Familie.

Anastasia Taioglou, Unsplash

Darum ermutige ich dich:

Lebe ein gottgefälliges Leben.

Versuche täglich, dein Bestes zu geben.
Suche die Gnade Gottes.
Vergib den Menschen in deinem Umfeld.
Lass dir nichts zuschulden kommen
und erlebe, wie du dadurch eine Saat
aussäen wirst, die über dein Leben
hinaus Spuren hinterlässt.

Ich wünsche dir heute den Mut, die Kraft und die nötige Disziplin, Gott zu suchen, damit du erleben kannst, wie du durch deine richtigen Entscheidungen positive und kraftvolle Spuren über dein Leben hinaus hinterlassen wirst. Dadurch werden wir die Geschichte unseres Lebens auf neue Weise fortschreiben.

> ***Lass den Herrn über dein Tun entscheiden, dann werden sich deine Pläne erfüllen!*** *Sprüche 16,3* GNB

Cottonbro, Pexels

ERBE

»Ich entscheide mich heute dafür, durch meinen Glauben ein positives Erbe für meine Nachkommen zu hinterlassen. Durch mein vorbildlich gelebtes Leben will ich Segen für die zukünftigen Generationen anhäufen. Mein Leben soll von Exzellenz und Integrität gekennzeichnet sein. Weil ich richtige Entscheidungen treffe und immer wieder Schritte im Glauben mache, folgt mir ein Segen, der sich auf meine Nachkommen auswirken wird. AMEN!«

Woran denkst du, wenn du das Wort »Erbe« hörst? Ich kann mir gut vorstellen, dass du an materielle Dinge wie Land, Finanzen oder ein Haus denkst. Oder du stellst dir vor, wie du deinen Nachkommen in Erinnerungen bleiben wirst. Doch es gibt noch einen weiteren Bereich, den wir in diesem Zusammenhang beachten sollten. Die Bibel schreibt davon, dass wir alle ein geistliches Erbe für unsere Kinder und die kommende Generation anhäufen können. Wir können Segen und die Gunst Gottes für unsere Nachkommen ansammeln, indem wir ein integres und exzellentes Leben führen.

Wir Menschen denken oft nur in einer Lebensspanne, doch Gott denkt in Generationen. Sein Denken geht über ein Menschenleben hinaus. Wenn nicht diese Generation die gottgegebene Bestimmung ausleben kann, dann wird Gott Möglichkeiten schaffen, damit es die nächste oder sogar die übernächste tun kann. Wir lesen dies auch in der Bibel, als Paulus zu Timotheus sagt, dass dieser eigentlich alles seiner Großmutter und Mutter zu verdanken habe. Paulus sagt zu Timotheus nichts anderes als: »Alles, was ich in dir sehe, hat eigentlich gar nicht mit dir angefangen. Dein Glaube und dein Leben sind so unglaublich inspirierend, weil deine Großmutter und deine Mutter mit ihrem Leben ein entsprechendes Fundament gelegt haben. Diese Frauen ehrten Gott und häuften so Segen und Glauben für dich an!«

Es kann gut sein, dass dir niemand in deiner Familie bekannt ist, der Gott mit seinem Leben die Ehre gab. Doch wenn du lange genug forschst und das Leben deiner Ahnen anschaust, findest du darunter sicher jemanden, der zu Gott betete und ihn mit seinem Leben ehrte, der anderen half, der ein ehrliches und aufrichtiges Leben führte und der einen Samen des Glaubens in deine Familie säte. Wenn nicht, dann kannst du heute beginnen, die zukünftige Geschichte deiner Familie neu zu schreiben.

Ein weiteres Beispiel dafür, wie wir im Leben von anderen etwas Positives bewirken, lesen wir in der biblischen Geschichte über Josua. Josua ist auf dem Schlachtfeld in einen Kampf gegen einen weiteren Feind Israels verwickelt. Mose, der Leiter von Josua, befindet sich auf einer Anhöhe und beobachtet den Kampf aus der Distanz. Hier fordert Gott Mose heraus, die Hände betend in die Höhe zu halten. Das tut er und Josua beginnt die Schlacht zu gewinnen. Doch jedes Mal, wenn Mose müde wird und die Hände sinken lässt, gibt es auf dem Schlachtfeld eine tragische Wende und Josuas Heer unterliegt dem Gegner. Doch Mose ist clever. Er motiviert ein paar Männer, ihm die Hände in die Höhe zu halten. Als dies passiert, hat Josua wieder die Oberhand und gewinnt den Kampf. Das Interessante an der Geschichte ist, dass Josua gar nicht wusste, was sich auf dem Hügel abspielte und dass der Krieg eigentlich dort entschieden wurde.

So ist es auch in unserem Leben. Unsere Herausforderung ist es, unser Leben so zu leben, dass andere gewinnen können. Mit jeder richtigen Entscheidung, die wir fällen, halten wir die Hände in die Höhe. Auf diese Weise machen wir es unseren Nachkommen einfacher, ein göttliches Leben zu leben. Jedes Mal, wenn wir einer Versuchung widerstehen, haben wir für unsere Kinder einen Sieg errungen. Jedes Mal, wenn wir anderen ehrlich, respektvoll und zuvorkommend begegnen, jedes Mal, wenn wir jemandem in einer Not helfen, jedes Mal, wenn wir in die Kirche gehen und den Menschen dort dienen, jedes Mal, wenn wir von unserem Überfluss weitergeben und ein großzügiges Leben führen, jedes Mal, wenn wir uns an göttlichen Prinzipien orientieren, jedes Mal, wenn wir unser Bestes geben, häufen wir Segen und Glauben für unsere Kinder und deren Kinder an. Sie werden dank unseren göttlichen Entscheidungen Gottes Gnade und Größe erleben.

> ***Voller Dankbarkeit erinnere ich mich an deinen Glauben, der so völlig frei ist von jeder Heuchelei. Es ist derselbe Glaube, der bereits deine Großmutter Lois und deine Mutter Eunike erfüllte; und auch in dir – davon bin ich überzeugt – ist dieser Glaube lebendig.***
> *2. Timotheus 1,5* NGÜ

HEUTE

»Maria!«, sagte Jesus. Da wandte sie sich um und rief: »Rabbuni!« (das bedeutet »Meister«; Maria gebrauchte den hebräischen Ausdruck). Jesus sagte zu ihr: »Halte mich nicht fest!» Johannes 20,16–17a NGÜ

Maria steht vor dem leeren Grab von Jesus. Sie sucht Jesus und er begegnet ihr als der Auferstandene. Jesus ist von den Toten zurück ins Leben gekommen und motiviert Maria, seine Botschaft der Liebe, der Gnade und der Kraft Gottes in die Welt hinauszutragen! Endlich sieht Maria ihren Jesus wieder. Logisch, dass sie ihn umarmen will. Jetzt ist Jesus wieder da. Jetzt wird wieder alles sein wie früher. Jetzt, da er zurückgekommen ist, werden sie wieder zusammen Zeit verbringen, zusammen am See über dem Feuer Fische braten und sich über das Leben austauschen. Jetzt wird alles wieder gut.

Doch Jesus schaut sie an und sagt: »Halte mich nicht fest.«

Anders ausgedrückt sagt Jesus zu Maria: »Ich bin nicht zurückgekommen, damit es wieder so ist wie früher. Ich bin nicht zurückgekommen, um an alte Geschichten anzuknüpfen. Ich bin gekommen, um alles neu zu machen! Halte mich nicht fest, halte dich nicht an alten Geschichten fest. Die Geschichte wird jetzt neu geschrieben! Maria, nichts wird mehr so sein, wie es mal war! Halte mich nicht fest. Heute ist ein neuer Tag. Ich will jetzt, hier und heute, deine Geschichte neu weiterschreiben.« Dann sagt Jesus zu ihr:

> ***»Ich bin noch nicht zum Vater in den Himmel zurückgekehrt. Geh zu meinen Brüdern und sag ihnen, dass ich zu ihm zurückkehre – zu meinem Vater und eurem Vater, zu meinem Gott und eurem Gott.« Da ging Maria aus Magdala zu den Jüngern zurück. »Ich habe den Herrn gesehen!«, verkündete sie und erzählte ihnen, was er zu ihr gesagt hatte.***
> *Johannes 20,17b–18* NGÜ

Auch wir werden Gott sehen, neue Hoffnung finden, neue Freude entdecken, den Sinn und Zweck unseres Lebens entdecken und eine neue Sicht für unser Leben bekommen, wenn wir loslassen. Wenn wir uns nicht an alten Geschichten festhalten und Vergangenes aufwärmen.

Ich wünsche dir, dass du die Vergangenheit so annehmen und akzeptieren kannst, wie sie ist. Dass du durch deinen Glauben an Jesus die Kraft findest, loszulassen, zu vergeben, wo es Vergebung braucht, und nach vorne zu schauen.

Ich wünsche dir, dass du erkennen kannst, wie sehr Gott dich liebt, dass er einen Plan für dein Leben hat und immer dein Bestes im Sinn hat.

Ich wünsche dir den Mut, dich auf Jesus einzulassen.

Ich wünsche dir, dass du erlebst, wie du deinen Sinn, deine Bestimmung und deine Träume für dich entdecken und ausleben kannst.

Ich wünsche dir ein Leben in Fülle, voll mit Wundern, Gottes Nähe und seinem Segen.

Ich wünsche dir, dass auch du mit deinem Leben etwas bewirken kannst, Geschichte schreiben wirst und Menschen durch das, was Gott mit dir tut, positiv beeinflusst.

Ich wünsche dir, dass du feiern kannst, was zu feiern ist und um das trauern kannst, was Trauer benötigt.

Ich wünsche dir auch, dass du jeden Tag von Neuem in deinem Heute, Hier und Jetzt, Gott finden und begegnen kannst, sodass auch du wie Maria sagen kannst:

»Ich habe den Herrn gesehen!« *Johannes 20,18* NGÜ

GOTTES GEGENWART – HEUTE ERFAHRBAR!

Ja, Gott hat ihm alles unter die Füße gelegt, und er hat ihn, den Herrscher über das ganze Universum, zum Haupt der Gemeinde gemacht. Epheser 1,22 NGÜ

So viele Menschen sehnen sich nach Weisung, Hoffnung und Orientierung in ihrem Leben. Zudem ist es oftmals sehr schwierig, in all dem Stress, den Fragen und unseren Aufgabenlisten die nötige Ruhe zu finden. In uns allen ist die tiefe Sehnsucht, Gott zu finden; manchmal schreit sie zu uns, immer treibt sie uns an. Es ist die Sehnsucht, das Göttliche zu sehen, herauszufinden, warum wir hier sind, was der Sinn und Zweck unseres Lebens ist. Wir möchten wissen, was unsere nächsten Schritte sind oder spüren ganz einfach den Wunsch, Gott zu begegnen. Genau diese Sehnsucht will Gott stillen. Er will uns Antworten geben. Zu diesem Zweck hat Gott einen genialen Ort geschaffen: die Kirche. Eine Kirche im Sinne Gottes ist eine bibeltreue Gemeinschaft, deren Teilnehmer im Namen Gottes zusammenkommen, um Gott anzubeten, ihn zu ehren, sich wieder auf ihn auszurichten und sich dieser Sehnsucht zu stellen. Ich weiß, keine Kirche, keine christliche Gemeinschaft ist perfekt. Warum? Weil dort Menschen zusammenkommen. Trotzdem hat Gott uns versprochen, dass er mitten unter uns ist, wenn wir uns in seinem Namen versammeln. Dort, wo Menschen mit Ängsten, Zweifeln, Sünden, Problemen, Fragen, Nöten und Sehnsüchten im Namen Gottes zusammenkommen, Gott suchen, ihn anbeten, sich auf seine Gnade ausrichten, ist er anwesend. Mehr noch, Gott ist durch Christus das Haupt der Gemeinde und wird uns dort immer und immer wieder begegnen.

Darum liebe ich die Kirche so sehr – eine bibeltreue Gemeinschaft von Menschen, die Gott suchen. Es ist der Ort, wo ich neu motiviert werde. Dort kann ich Gott anbeten, ihm danken, ihm dienen, meine Finanzen und Ressourcen segnen lassen, und ich darf erleben, wie ich immer wieder erfüllt, gesegnet, hoffnungsvoll und mit einem größeren Glauben nach Hause gehe. Kirche, ein Ort, wo Gott mitten unter uns ist. Ein Ort, wo Wunder geschehen. Ein Ort, wo Liebe praktisch wird und Vergebung gelebt wird. Suchst du neue Hoffnung? Suchst du neue Kraft? Schreit die Sehnsucht in dir, Gott zu finden und ihm zu begegnen? Dann ermutige ich dich: Suche dir eine bibeltreue und lebendige Kirche in deiner Nähe, öffne dich Gott und erlebe, wie er nach und nach dein Leben erfrischen, verändern und weiterbringen wird. Gottes Gegenwart wartet auf dich. Ich ermutige dich: Bringe den Mut auf, eine solche Gemeinschaft zu besuchen, und du wirst staunen, was Gott dadurch in deinem Leben bewegen wird und wie er dich segnen kann.

Sie ist sein Leib, und er lebt in ihr mit seiner ganzen Fülle – er, der alles und alle mit seiner Gegenwart erfüllt.

Epheser 1,23 NGÜ

HOPE & LIFE CHURCH

Woche 10

JA

Woche 10 – Montag

GOTT HAT EIN JA FÜR DICH

»Ich glaube daran, dass Gott gute Pläne mit mir und meinem Leben hat. Er führt mich Schritt für Schritt in die richtige Richtung. Auch dann, wenn ich durch einen Prozess gehe, dessen Sinn und Zweck ich nicht verstehe, weiß ich, dass für Gott meine Herausforderung oder meine Situation, in der ich mich befinde, keine Überraschung ist. Er arbeitet an jedem Detail meines Lebens mit seinen guten Ideen. In seinem perfekten Zeitplan wird sich alles früher oder später zu meinem Besten wenden! Das ist meine Überzeugung und daran glaube ich!«

Gott hat ein fettes JA über deinem Leben! Nicht ein »Eventuell« oder ein »Ja«, das an ein »Aber« gebunden ist. Nein, Gott sagt laut und deutlich **JA** zu dir!

Gottes Zusage, seine Gnade, seine Liebe und seine Gunst für dich sind nicht an Bedingungen, Leistungen oder ein gutes Leben geknüpft. Nein, sie hängen einzig und allein nur von unserem Glauben ab. Glauben wir Gott? Glauben wir, dass er in unserem Leben zum Ziel kommen und erfüllen wird, was er zugesagt und versprochen hat? Glauben wir, dass sein JA, seine Zusage und seine Bestätigung über allem stehen? Glauben wir, dass wir trotz unserer Fehler, unseres Versagens, unserer Begrenzungen erleben dürfen, wie sich Gottes Pläne für unser Leben erfüllen werden? Glauben wir das? Der Schlüssel, um zu erleben, wie Gott Großes mit uns bewegen wird, ist unser Glaube.

Die Bibel spricht davon, dass alle deine Tage in Gottes Buch aufgeschrieben sind. Er hat jeden Abschnitt deines Lebens darin festgehalten. Gott kennt jede Enttäuschung, die du durchmachst oder noch durchmachen musst. Gott kennt jeden Verlust und jede deiner Herausforderungen. Das Geniale ist, dass jedes Leben, egal, was wir alles durchmachen, mit Gott zusammen im Sieg endet.

Mit Gott beenden wir unser Leben als Sieger! Der Schlüssel dazu ist: Bleib in Bewegung mit deinem Glauben an Gott. An einen Gott, der ein JA hat, dem nichts unmöglich ist und der immer dein Bestes will. Egal, wie schlimm und hoffnungslos deine Situation auch scheinen mag, Gott ist unablässig am Werk und wird dich dadurch weiterführen, in ein neues Kapitel deines Lebens.

Doch leider bleiben viele Menschen stehen und fokussieren sich auf das, was in ihrem Leben, ihrer Ehe, an ihrem Arbeitsplatz, in ihren Freundschaften, ihren Finanzen und ihrer Situation nicht gut läuft. Wenn du zu diesen Menschen gehörst, möchte ich dich ermutigen, wieder aufzustehen und nach vorne zu blicken. Sicher, es gibt Situationen, die du vielleicht nie verstehen wirst, aber wenn du wieder nach vorne und auf Gott schaust, kann er dir jegliche Bitterkeit, Verzweiflung, Angst und Hoffnungslosigkeit nehmen und dir eine neue Vision und neue Hoffnung schenken. Irgendwann erreichst du ein Level in deinem Leben, in dem plötzlich alles Sinn macht und du sogar dankbar wirst für das, was du jetzt erlebst.

Du kannst es vielleicht noch nicht sehen und verstehen, aber Gottes JA bleibt bestehen, er hat dich nicht vergessen und seine Zusage ist da, denn er hat den perfekten Plan für dein Leben in seiner Hand.

> ***So wahr Gott treu ist: Was wir euch sagen, ist nicht Ja und gleichzeitig Nein. Denn der Sohn Gottes, Jesus Christus, den wir in eurer Mitte verkündet haben – ich selbst und Silvanus und Timotheus –, hat nicht Ja und Nein zugleich verkörpert; in ihm ist vielmehr das Ja Wirklichkeit geworden. Was immer Gott an Zusagen gemacht hat – in seiner Person finden sie alle ihre Erfüllung. Er ist das Ja, und deshalb sprechen wir auch unter Berufung auf ihn zur Ehre Gottes das Amen.***
> *2. Korinther 1,18–20* NGÜ

GOTT GLAUBT AN DICH

»Ich bin fest davon überzeugt, dass sich Gottes Träume für mein Leben erfüllen werden. Ich werde mein volles Potential ausschöpfen. Die Träume, die Gott mit meinem Leben hat, werden nicht von Menschen, Enttäuschungen oder Missgeschicken gestoppt. Gott hat die Lösung für jedes Problem in seiner Hand. Jede Herausforderung, der ich begegne, kann ich mit Gottes Hilfe überwinden. Gott wird mir die richtigen Leute zur richtigen Zeit zur Seite stellen. Die Durchbrüche für mein Leben liegen in meiner Zukunft. Ich werde meine Bestimmung erfüllen.«

»Gemäß unseren menschlichen Maßstäben hätte Carly es nie zu etwas bringen können. Sie war übergewichtig, und infolge eines Unfalls in ihrer Kindheit war eines ihrer Beine etwas kürzer als das andere. Sie war als einzige Frau in einem weitgehend von Männern dominierten Bereich beschäftigt und musste fast täglich neu darum kämpfen, Gehör zu finden. Manche lachten über ihr Äußeres oder über ihren schleppenden Gang, andere machten hinter ihrem Rücken abfällige Bemerkungen, und wieder andere behandelten sie offensichtlich rücksichtslos. Aber Carly ließ sich dadurch nicht beirren. Sie wusste, wer sie ist, und sie wusste, dass sie gute Arbeit leistete. Wenn andere versuchten, sie runterzumachen, war sie der Ansicht, dass diese Menschen ein Problem hatten. »Sie sind emotional gehandicapt«, sagte sie oft augenzwinkernd über solche Nervensägen. Obwohl die Umstände gegen sie sprachen, erhielt Carly eine Beförderung nach der anderen und wurde schließlich Generaldirektorin ihres Unternehmens und eine gefragte Expertin ihres Fachgebietes.« (Aus »Lebe jetzt!«, S. 79, Joel Osteen)

Was war Carlys Geheimnis? Carly verfügte über ein sehr positives und gesundes Selbstbild. Als Kind Gottes war sie davon überzeugt, dass sie nach dem Bild Gottes erschaffen und somit ein einzigartiges, perfektes Meisterwerk ist, und zwar genau so, wie sie war. Dieses Selbstbild verlieh ihrem Leben Sinn und Wert, nicht die Meinungen anderer. Sie kämpfte weder um Anerkennung noch um Akzeptanz. Sie wurde von ihrem Schöpfer akzeptiert und dies gab ihr die Kraft, das Beste aus ihrem Leben herauszuholen – trotz weltlicher Behinderungen.

Wie ist es bei uns? Wie oft geben wir den Stimmen der Menschen um uns herum mehr Aufmerksamkeit, anstatt uns auf die Wahrheiten Gottes zu besinnen? Entwickle auch du ein gesundes Selbstbild. Baue dein Bild von dir auf dem auf, was Gott über dich sagt, und nicht auf die Umstände, andere Menschen, die Werbung oder weltliche Werte. Denn unser Selbstbild, so wie wir über uns denken, wie wir uns wahrnehmen, hat sehr viel damit zu tun, wie weit wir es in unserem Leben bringen werden. Willst du das Beste aus deinem Leben herausholen? Wenn ja, dann beginne, die Wahrheiten Gottes zu entdecken, über deinem Leben auszusprechen und dich daran zu orientieren. Lass die Welt ruhig reden, denn du und ich, wir sind Kinder des höchsten Gottes, ausgestattet mit allem, was wir brauchen, um unser bestes Leben zu leben!

Du bist es ja auch, der meinen Körper und meine Seele erschaffen hat, kunstvoll hast du mich gebildet im Leib meiner Mutter. Ich danke dir dafür, dass ich so wunderbar erschaffen bin, es erfüllt mich mit Ehrfurcht. Ja, das habe ich erkannt: Deine Werke sind wunderbar! Dir war ich nicht verborgen, als ich Gestalt annahm, als ich im Dunkeln erschaffen wurde, kunstvoll gebildet im tiefen Schoß der Erde.

Psalm 139,13–15 NGÜ

Rahab: »Deshalb haben wir allen Mut verloren. Keiner von uns wagt, gegen euch zu kämpfen. Denn der Herr, euer Gott, hat die Macht im Himmel und auf der Erde. Ich bitte euch, schwört mir bei ihm, dass ihr an meiner Familie genauso handelt, wie ich an euch gehandelt habe. Und gebt mir ein zuverlässiges Zeichen, dass ihr es ernst meint und meinen Angehörigen das Leben retten wollt, meinem Vater und meiner Mutter, meinen Brüdern und meinen Schwestern und meinem ganzen Hausgesinde!«

Josua 2,11–13 GNB

GOTT KOMMT ZUM ZIEL MIT DIR

Egal, was dich abzulenken droht, bleib auf dem Weg zum Ziel! Bleib dran und gib nicht auf!

Wenn wir an Gott festhalten, wird er mit uns zum Ziel kommen. Keine Schwäche, keine Angst, keine noch so großen Sünden oder Probleme hindern Gott daran, mit uns das Ziel unseres Lebens zu erreichen. Der Schlüssel, um unser Ziel zu erreichen, zu sehen, wie sich unsere Träume verwirklichen und sich die Zusagen Gottes in unserem Leben bewahrheiten, liegt in unserer Entscheidung, mit Gott unterwegs zu bleiben. Dies sehen wir so schön in der Geschichte von Rahab, einer Prostituierten im Alten Testament. Sie hatte viele falsche Entscheidungen getroffen und ich kann mir gut vorstellen, dass die Leute hinter vorgehaltener Hand schlecht über sie sprachen oder vielleicht sogar die Straßenseite wechselten, wenn sie sie kommen sahen. Doch Gott hatte trotz ihrer Fehler einen Plan für Rahab und gab sie nicht auf. Rahab lernte zwei Kundschafter kennen, die ausgesandt wurden, um ihre Stadt auszuspionieren. Dank ein paar Zufällen konnte sie ihnen das Leben retten. Dies wurde wiederum zu ihrer Lebensrettung. Als nämlich die Israeliten später die Stadt eroberten, wurde Rahab dank ihrer guten Tat verschont. Das Interessante an der ganzen Geschichte ist, dass Rahab danach einen Israeliten heiratete – Salomon. Zusammen bekamen sie einen Sohn, Boas. Dieser wiederum heiratete Ruth, und aus dieser Ehe entstand Obed. Auch Obed heiratete, und sein Sohn war Jesse. Jesses achter Sohn war David. Das heißt, dass Gott aus der Familienlinie Rahabs, einer ehemaligen Prostituierten, letztendlich seinen eigenen Sohn Jesus Christus – der auch Sohn Davids genannt wird – hervorbrachte.

Was will ich dir damit sagen? Egal, was Leute über uns sagen, egal, was in unserem Leben alles falsch gelaufen ist und was uns ausgebremst hat, wenn wir es schaffen, an Gott festzuhalten, ihn zu suchen und ihm unser Herz zu öffnen, dürfen auch wir erleben, wie er trotz allem mit uns das Ziel erreichen wird. Gott war sich nicht zu fein, in den Stammbaum seines Sohnes eine ehemalige Prostituierte zu integrieren, ebenso wenig hindern Gott deine Fehler daran, das Ziel mit dir zu erreichen. Egal, was in deinem Leben falsch lief, orientiere dich neu an Gott und erlebe, wie er all die negativen Aussagen in Bezug auf dein Leben auslöscht. Glaube wieder und gehe vom Besten aus, kehre um und halte an Gott fest und erlebe auch du, wie Gott aus deinem Leben das Beste herausholen wird.

ENTDECKE DIE PERLE IN DIR

Jesus vergleicht den Himmel mit einer Perle – also mit etwas Wunderschönem. Das Geniale ist, dass Gott in jeden von uns Perlen hineingelegt hat, die er hervorholen möchte.

Gaben,
Talente,
Möglichkeiten,
Freude,
Barmherzigkeit
und Schönheit
ruhen in dir
und warten
nur darauf,
von dir entdeckt
und freigesetzt
zu werden.

In den Augen Gottes sind wir einerseits bereits ein Meisterwerk, andererseits arbeitet er noch an uns, um das, was bereits in uns angelegt ist, hervorzuholen. Er gebraucht alles in unserem Leben, um das Schöne, Göttliche und Einzigartige, das in uns schlummert, freizulegen.

Kürzlich besuchte ich einen Mann, der in seiner Freizeit Kunstwerke aus Holz schnitzt. Er zeigte mir sein neustes Werk. Unfertig. Man erkannte, wohin es sich entwickelt, aber er war noch nicht fertig. Und trotzdem erklärte er mir freudig und mit leuchtenden Augen, wie das Kunstwerk einmal aussehen würde. So ist es auch in unserem Leben: Gott ist am Werk. Er arbeitet an uns und sieht das fertige Kunstwerk bereits. Solange wir ihm vertrauen, ihn ehren und ihn immer wieder suchen, kann er sein Werk an uns vollenden, das Wunderschöne und Göttliche in uns hervorholen und die Perlen in uns hervorbringen.

Wie entsteht eine Perle? Durch eine Schutzreaktion der Muschel, wenn Fremdkörper in sie eindringen. Das heißt, wenn sie verletzt wird und Schmerz erleidet. Durch Unannehmlichkeiten entsteht eine Perle. So ist es auch in unserem Leben: Gott gebraucht all den Schmerz, die Herausforderungen, die Fragen und das Hoffnungslose, um daraus etwas Wunderschönes und Göttliches zu kreieren, ja, um eine göttliche Perle daraus entstehen zu lassen. Doch wie entdecken wir unsere Perlen? Wie kann die ganze Schönheit in uns zum Leuchten kommen? Indem wir trotz schmerzvoller Erfahrungen, trotz Leid und Fragen Gott nicht loslassen, sondern ihn darin finden und tiefer erfahren. Dies stärkt unseren Charakter und verleiht uns eine Schönheit, die die Welt uns niemals geben könnte. Wenn wir Zerbruch erleben und dabei an Gott festhalten, werden wir für ihn wertvoll. Wir werden zu Vorbildern, weil wir trotz Not in unserem Leben Gott weiterhin angebetet haben. Wir werden zu Säulen im Glauben, weil wir trotz ungelöster Fragen und Situationen anderen Menschen gedient und Gottes Liebe weitergegeben und so zu wahrer Schönheit gefunden haben.

Gott formt uns. Gott arbeitet an uns. Gott will mehr aus uns herausholen.

Und dazu gebraucht er manchmal Situationen, die wir nicht verstehen und nicht nachvollziehen können. Situationen, die uns schmerzen und uns den Atem zu rauben drohen. Doch wenn wir in genau diesen Zeiten Gott weiterhin suchen und ihn erst recht anbeten, dann kommt wahre Schönheit ans Licht und unser Charakter wird zu Gold. Stolz verschwindet und stattdessen kommen Demut und Selbstlosigkeit hervor und nehmen Platz in unserem Leben ein – und wir legen die Perlen in uns frei.

> ***»Mit dem Himmelreich ist es auch wie mit einem Kaufmann, der schöne Perlen suchte. Als er eine besonders wertvolle fand, verkaufte er alles, was er besaß, und kaufte dafür diese eine Perle.«*** *Matthäus 13,45* NGÜ

ES IST IN DIR

Du bist eine unglaublich wertvolle Schöpfung unseres Vaters im Himmel. Ich bin überzeugt, dass Gott immer wieder das Beste für dein Leben sucht. Gott hat es bis ins kleinste Detail geplant und vorbereitet.

Er hat nichts in deinem Leben dem Zufall überlassen. Wo du auf die Welt gekommen bist, deine Hautfarbe, deine Größe, das, was dich ausmacht und auszeichnet, nichts ist Zufall. Gott hat einen Plan. Du bist ein Meisterwerk, geschaffen von unserem Gott im Himmel. Du bist die Krönung seiner Schöpfung.

Wenn dir also Menschen oder Stimmen in dir sagen, dass du untalentiert, unschön, unintelligent seist, hör nicht auf sie. Denke stattdessen an das, was Gott über dich sagt. Denke daran, wie er dich geschaffen hat. Dass er Freude hat, wenn er an dich denkt und dass er dich mit einem unglaublichen Potential ausgestattet hat. Ein Potential, das nur du ausleben kannst. Du bist kein Fließbandprodukt, kein Unfall und auch keine Massenware, geschweige denn durchschnittlich. Nein, du bist im Ebenbild unseres Gottes im Himmel geschaffen. Gott schaut dich an, jeden Tag von Neuem, und er jubelt über dich. Er ist begeistert von dir, er ist dein größter Fan. Darum ermutige ich dich heute:

Steh auf, entdecke die Pläne, die Gott für dich bereithält, und beginne, dein bestes Leben zu leben. Denn du hast alles, was du dazu benötigst, in dir!

Doch anstatt zu entdecken, wer sie in den Augen Gottes sind, verschwenden viele Menschen ihre Energie, indem sie versuchen, jemand anderes zu sein. Insgeheim denken sie: »Könnte ich doch nur so reden wie sie! Wäre ich doch nur so groß wie er! Oder wäre ich so beliebt, so talentiert, so schön, so gesegnet wie jene Person!« Und ehe sie es bemerken, versuchen sie statt ihr eigenes das Leben einer anderen Person zu leben. Verändere dein Denken und beginne, dein Leben aus einer neuen Perspektive zu sehen. Wenn du größer sein müsstest, dann hätte Gott dich größer geschaffen. Wenn du eine andere Persönlichkeit haben solltest, dann hätte Gott dich anders gestrickt. Wenn du eine andere Nationalität, ein anderes Geschlecht, eine andere Haarfarbe oder ein anderes Talent haben solltest – dann hätte dir Gott dies auch gegeben.

Doch du bist so, wie du bist. Und das ist gut so. Du bist kein Fehler. Nein, du und ich, wir sind perfekt geschaffen so, wie wir sind. Wir alle sind Meisterwerke unseres Gottes. Darum hör auf, dich mit anderen zu vergleichen und zu versuchen, das Leben eines anderen zu leben, und beginne stattdessen wieder zu entdecken und zu sehen, was alles in dir steckt. Denn wir haben alles in uns, was wir brauchen, um unser bestes Leben zu leben. Sei die Person, die Gott geschaffen hat. Sei das Original, das Gott kreiert hat. Du trägst Liebe, Gaben und Möglichkeiten in dir, die darauf warten, von dir an die Welt verschenkt zu werden. Es ist alles in dir! Und je eher wir dies erkennen, desto eher erleben wir Gottes Freude, seinen Segen und ganz viele neue geniale Möglichkeiten, die darauf warten, von uns entdeckt zu werden.

> ***Gott ist es, von dem alles kommt, durch den alles besteht und in dem alles sein Ziel hat. Ihm gebührt die Ehre für immer und ewig. Amen.***
> *Römer 11,36* NGÜ

Woche 11
TRÄUME GROSS

Woche 11 – Montag

TRÄUME GROSS – GLAUBE GROSS – BETE GROSS

Ihm, der mit seiner unerschöpflichen Kraft in uns am Werk ist und unendlich viel mehr zu tun vermag, als wir erbitten oder begreifen können, ihm gebührt durch Jesus Christus die Ehre in der Gemeinde von Generation zu Generation und für immer und ewig. Amen. Epheser 3,20–21 NGÜ

Es kann schnell passieren, dass wir aufhören, zu glauben, und aufhören, mehr von Gott zu erwarten, nur weil es im Leben nicht immer so gelaufen ist, wie wir es uns vorgestellt, erhofft oder erträumt hatten. Doch ich möchte dir heute sagen: Gib die Hoffnung nicht auf, denn Hoffnung brauchen wir. Ohne Hoffnung entsteht kein Glaube und ohne Glauben werden wir auch keine Wunder erleben.

Es kann gut sein, dass du vielleicht mal ein Buch schreibst, einen Film drehst oder einen Song schreibst, der die Welt berühren wird. Die Idee dazu wird einfach kommen. Sie wird dich überraschen. Einige von uns werden ein Unternehmen gründen, mit dem sie die Umgebung oder sogar die ganze Welt beeinflussen und verändern werden. Andere werden ein Kind großziehen, das der nächste Staatschef bzw. die nächste Staatschefin wird oder das zu einer Leiterpersönlichkeit heranreift, die Menschen mit ihren Ideen, ihrem Charisma oder ihren Talenten prägen wird. Oder du wirst ganz einfach erleben, wie deine Träume, die tief in dir verborgen sind, an die Oberfläche kommen und real werden. Wunder passieren. Immer und immer wieder. Bei dir und bei mir. Wenn wir nicht aufhören, zu glauben, zu hoffen und mehr von unserem Gott zu erwarten, werden wir Zeugen von Gottes Segnungen in unserem Leben.

Darum ermutige ich dich heute: Gib deine Träume nicht auf. Träume groß, glaube groß und bete groß. Egal, was die Menschen, deine Umstände, deine Zweifel oder deine Gedanken dir sagen, lass dir die Hoffnung nicht nehmen.

Mach immer wieder Platz in deinen Gedanken für die Träume, die tief in dir auf ihre Erfüllung warten. Hole sie hervor, hauche ihnen Leben ein und gib sie nicht auf. Male sie vor dein inneres Auge und halte an der Heilung, dem Wunder, dem Durchbruch, dem Haus, dem neuen Job, der Beförderung, dem zukünftigen Partner, dem Kinderwunsch, deinen Ideen und Wünschen fest. Gott wird und will Wunder tun. Gott kann unsere Träume erfüllen, mehr noch, er kann viel mehr tun, als wir uns jemals vorstellen können. Doch damit er etwas tun kann, müssen wir wieder beginnen, groß zu träumen, zu glauben, zu hoffen und zu beten.

> ***»Wegen eures Kleinglaubens«, antwortete er. »Ich sage euch: Selbst wenn euer Glaube nur so groß ist wie ein Senfkorn, könnt ihr zu diesem Berg sagen: ›Rücke von hier nach dort!‹, und er wird dorthin rücken. Nichts wird euch unmöglich sein.«*** *Matthäus 17,20* NGÜ

ERWARTE MEHR!

Ein Mann namens Jabez war der angesehenste unter seinen Brüdern. Bei seiner Geburt hatte seine Mutter gesagt: »Ich habe ihn mit Schmerzen geboren«, und deshalb hatte sie ihn Jabez genannt. Er selbst aber hatte zum Gott Israels gebetet: »Segne mich und erweitere mein Gebiet! Steh mir bei und halte Unglück und Schmerz von mir fern!« Diese Bitte hatte Gott erhört. 1. Chronik 4,9–10 GNB

Jabez, ein Mann aus dem Alten Testament, hatte sehr schlechte Startbedingungen. Unter Schmerzen wurde er geboren, deshalb gab ihm seine Mutter diesen speziellen Namen. Jabez bedeutet nämlich »Er macht Schmerzen« oder »traurig, kummervoll«. Wann immer die Mutter nach ihm rief, sagte sie damit: »Mein Sohn, der mir Kummer macht, komm zum Essen.« Oder: »Sohn, der mir Schmerzen bereitet, mach dies oder jenes.« Jedes Mal, wenn er bei seinem Namen gerufen wurde, hörte Jabez, dass er ein hoffnungsloser Fall war. Doch statt sich diesem Schicksal zu ergeben, stand Jabez auf und betete zu Gott. Er bat Gott nicht nur darum, dass er ihn bewahren und ihm ein gutes Leben schenken möge, nein, er war frech. Er betete ein großes Gebet und bat Gott darum, dass er Unglück und Schmerz von ihm fernhalten solle. Zudem bat er Gott, dass er ihn nicht nur segnen, sondern ihm auch noch sein Gebiet erweitern möge. Wir lesen in der Bibel, wie Jabez zum angesehensten unter seinen Brüdern heranwuchs. Gott hatte sein Gebet erhört. Jabez wurde weit über seine Möglichkeiten und Umstände hinaus gesegnet. Warum? Weil er den Mut hatte, mehr von Gott zu erwarten und große Gebete zu beten.

Das gilt auch für uns. Wenn wir uns gegen unsere Umstände und gegen die Stimmen wehren, die uns sagen, dass wir dies oder jenes nicht können, es nie schaffen werden, nie heiraten oder nie eine Familie haben werden, und uns stattdessen auf Gott und seine Zusagen konzentrieren und den Mut haben, große Gebete zu beten, dann werden wir erleben, wie Gott sich unserer annimmt. Gott liebt es, wenn wir große Gebete beten und das Unmögliche erwarten. Gott liebt es, wenn wir ihm zutrauen, dass er unsere Umstände, die gegen uns sind, nehmen und sie zu unseren Gunsten verändern kann, mehr noch, dass er uns sogar weit über unsere Möglichkeiten hinaus segnen kann.

»Gott, erweitere mein Gebiet. Gott, gebrauche meine Gaben vielfältiger, als ich für möglich halte. Gott, sprenge mein Denken und meine Erwartungen.« Solche und ähnliche Gebete bete ich ständig, und ich darf seit Jahren immer wieder erleben, wie Gott mein Denken und meine Erwartungen tatsächlich sprengt und mein Gebiet unglaublich erweitert. Wenn Gott es bei Jabez, bei mir und bei vielen anderen, die dies glauben und beten, tun kann, kann er es auch bei dir tun. Darum erwarte wieder mehr von deinem Gott!

> ***Nichts ist mir unmöglich, weil der, der bei mir ist, mich stark macht.***
> *Philipper 4,13* NGÜ

Gott liebt es, wenn wir große Gebete beten und das Unmögliche erwarten.

William Topa, Unsplash

ENTWICKLE EINE NEUE VISION

Was siehst du, wenn du deine Augen schließt? Siehst du, wie deine Träume Wirklichkeit werden? Siehst du, wie deine Ehe wiederhergestellt wird? Siehst du den nächsten Erfolg in deinem Alltag? Siehst du, wie Gott dir mit seinem Segen begegnet und dir eine Tür nach der anderen öffnet? Siehst du ein Bild deines Sieges?

Ashton Mullins, Unsplash

Kürzlich las ich die Geschichte von Tara Holland. Tara träumte, seit sie ein kleines Mädchen war, davon, eine Tages »Miss America« zu werden. 1994 nahm sie am »Miss-Florida«-Wettbewerb teil und wurde Zweite. Sie beschloss, es im nächsten Jahr nochmals zu versuchen und wurde wieder Zweite. Sie war kurz davor, den Mut zu verlieren und aufzugeben, doch sie tat es nicht. Sie hielt an ihrem Ziel fest. Statt die Flinte ins Korn zu werfen, beschloss sie, dass sie ihr Umfeld verändern müsse und zog nach Kansas. 1997 gewann sie den Miss-Kansas-Titel. Noch im selben Jahr wurde sie zur »Miss America« gekrönt. Tara Holland erlebte, dass ihr Traum Wirklichkeit wurde.

Nach dem Wettbewerb wurde sie in einem Interview nach dem Geheimnis ihres Erfolges gefragt. Sie gab zu, dass sie kurz davor gewesen war, aufzugeben. Doch stattdessen hatte sie die Initiative ergriffen und sah sich Dutzende von Videoaufzeichnungen verschiedenster Wettbewerbe an. Sie studierte und reflektierte die Shows immer und immer wieder. Jedes Mal, wenn sie zusah, wie eine junge Frau zur Siegerin gekrönt wurde, sah sie sich selbst in dieser Situation. Sie stellte sich vor, wie sie die Krone empfing. Sie stellte sich vor, wie sie als Siegerin über den Laufsteg schritt. Wieder und wieder sah sie sich selbst als Siegerin. Und genau dies, sagte Tara, war der Schlüssel zu ihrem Erfolg. Ein anderer Reporter fragte sie, ob sie nervös gewesen sei, als sie vor Millionen von Fernsehzuschauern über den Laufsteg schreiten musste, während der Moderator den berühmten »Miss-America«-Song sang. Ihre Antwort: »Nein, ich war überhaupt nicht aufgeregt. Wissen Sie, ich war schon tausendmal über diesen Laufsteg geschritten.«

Seit wir unsere Kirche gegründet haben, sehe ich vor meinem inneren Auge immer wieder, was Gott noch alles für Wunder tun wird und was wir noch alles zusammen mit unserem Gott erleben werden. Ich sehe, wie Menschen aus der ganzen Region, ja, aus der ganzen Schweiz in unsere Kirche kommen, um Gott anzubeten. Ich sehe neue Möglichkeiten, neue Ideen und neue Beziehungen, die auf uns warten. Ich sehe, wie Kranke durch den Besuch unserer Kirche gesund werden. Ich sehe, wie Beziehungen wiederhergestellt werden, Identitäten gefestigt werden, Menschen neue Hoffnung finden und ihr Selbstvertrauen sowie ihr Glaube größer werden. Ich sehe, wie Menschen ihre von Gott gegebenen Träume entdecken. Ich sehe, wie Jugendliche ihr Potential entfalten und ihre Talente zur Ehre Gottes einsetzen. Ich sehe, wie Kinder in einem gesunden, von positiven Werten geprägten Umfeld aufwachsen, und ich sehe, wie Gott durch unsere Kirche seine Größe zeigt.

Was du vor deinem inneren Auge siehst, die Bilder, die du dir von deiner Zukunft machst, beeinflussen dich. Schlussendlich werden wir in unserem Leben erreichen, was wir über unser Leben denken. Gehst du immer vom Schlechten aus, wird dein Leben von Niederlage und Versagen geprägt sein. Hast du jedoch ein Bild des Sieges, des Durchbruchs, der Wunder und eines Gottes, dem nichts unmöglich ist, in dir, wirst du die Wunder und den Segen Gottes erleben – in einem so unglaublichen Ausmaß, dass deine Gedanken und Vorstellungen gesprengt werden. Darum, male dir wieder ein Bild des Sieges, des Durchbruchs und der Sicht Gottes über deinem Leben. Entwickle eine neue, größere und positivere Vision.

> ***Denn Gott hat uns nicht einen Geist der Ängstlichkeit gegeben, sondern den Geist der Kraft, der Liebe und der Besonnenheit.***
> *2. Timotheus 1,7* NGÜ

BLEIB EIN TRÄUMER

Der Herr führte Abram nach draußen und sprach zu ihm: »Schau hinauf zum Himmel. Kannst du etwa die Sterne zählen?« Dann versprach er ihm: »So zahlreich werden deine Nachkommen sein!« Und Abraham glaubte dem Herrn und der Herr erklärte ihn wegen seines Glaubens für gerecht.
1. Mose 15,5–6 NLB

»Abraham – schau hinauf zum Himmel!« Abraham schaute nach oben. Er sah die Sterne und glaubte der Zusage Gottes, dass seine Nachkommen so zahlreich sein würden wie die Sterne am Himmel, obwohl er zu diesem Zeitpunkt nicht ein einziges Kind hatte und es ganz danach aussah, als würde sich dieser Zustand auch nicht mehr ändern, da Abraham und seine Frau beide alt waren. Doch Abraham glaubte der Zusage Gottes. Wegen dieses Glaubens erklärte Gott ihn für »gerecht«. Abraham wurde in den Augen Gottes nicht gerecht, weil er eine gewisse Leistung vollbrachte oder ein perfektes Leben führte, sondern weil er ein Träumer mit großem Glauben war. Er schenkte dem Traum Gottes Glauben. Dies sagt uns, dass auch wir träumen können und auch sollen. Beginne wieder, auf Gott zu schauen und entdecke all die Zusagen und Träume, die Gott für dein Leben bereithält. Dann beginne, diesen Träumen Glauben zu schenken, und dein Glauben wird das Herz Gottes berühren.

Leider verlieren viele Menschen ihre Träume. Sie beerdigen sie, sie geben sie auf, sie haben aufgehört, zu glauben, dass Gott noch etwas Geniales mit ihnen bewegen kann und möchte. Sie haben der Realität mehr Glauben geschenkt als den Zusagen Gottes, und dies betrübt das Herz unseres Vaters im Himmel. Darum ermutige ich dich:

Werde ein Träumer! Finde heraus, wofür Gottes Herz in deinem Leben schlägt. Finde heraus, was er noch für Ideen und Träume für dein Leben bereithält. Schaue hinauf in den Himmel und beginne wieder, an die Zusagen Gottes zu glauben.

Glaube daran,

... dass du deinen Lauf mit Gott zusammen
erfolgreich vollenden wirst.

... dass diese Not in deinem Leben nicht deine Endstation ist.

... dass neue Türen mit neuen Möglichkeiten auf dich warten.

... dass deine besten Tage noch vor dir liegen.

... dass deine Ehe noch einen neuen Schwung an Freude,
Liebe und Leidenschaft bekommt.

... dass deine Kinder zurück zu Gott kommen.

... dass du mal eine Familie haben wirst.

... dass du ein erfolgreiches Leben führen kannst.

... dass Gott dich noch mehr segnen möchte.

Glaube daran.

Träume davon. Verschenke dein Herz an die Träume Gottes für dein Leben, und du wirst erleben, wie Gott dir eine Tür nach der anderen öffnen und dich mit seinem Segen überraschen wird. Sollte dies nicht geschehen, dann träumst du möglicherweise einen falschen Traum. Halte kurz inne, fokussiere dich wieder auf Gott, suche sein Herz und seine Zusagen für dich. Entdecke wieder, was er dir sagen will, und fang wieder an, seine Träume zu träumen. Du wirst staunen, was Gott noch alles aus dir, deinem Leben und auch aus diesem Jahr herausholen wird – weil du dich entschieden hast, wieder zu träumen.

Der Gott aber, der euch seine Gnade auf jede erdenkliche Weise erfahren lässt und der euch durch Jesus Christus dazu berufen hat, an seiner ewigen Herrlichkeit teilzuhaben, auch wenn ihr jetzt für eine kurze Zeit leiden müsst – dieser Gott wird euch mit allem versehen, was ihr nötig habt; er wird euch im Glauben stärken, euch Kraft verleihen und eure Füße auf festen Boden stellen. Ihm gehört die Macht für immer und ewig. Amen. *1. Petrus 5,10–11* NGÜ

Ferner wollen wir unbeirrbar an der Hoffnung festhalten, zu der wir uns bekennen; denn Gott ist treu und hält, was er zugesagt hat.
Hebräer 10,23 NGÜ

ERINNERE DICH AN DEINE TRÄUME

Nun traten die Männer des Stammes Juda zu Josua; alle waren noch im Lager in Gilgal. Mit ihnen kam Kaleb, der Sohn von Jefunne aus der Sippe Kenas. Er sagte zu Josua: »Du weißt, was der Herr in Kadesch-Barnea durch Mose, den Bevollmächtigten Gottes, uns beiden zugesagt hat.« Josua 14,6 GNB

Kaleb hatte einen Traum. Er sah eine Stadt auf einem Berg und im selben Moment spürte er, dass er diese Stadt eines Tages für sich erobern würde. Doch er musste 40 Jahre darauf warten. Hast du auch schon mal 40 Jahre auf eine Gebetserhörung gewartet? Falls du gerade auf etwas wartest, mach dir keine Sorgen – Gott hat dich nicht vergessen. So wie er nach 40 Jahren des Wartens Kalebs Traum erfüllte, wird er auch unsere Träume erfüllen, wenn der richtige Zeitpunkt gekommen ist. Doch das Interessante an der ganzen Geschichte ist, dass Kaleb zu Josua sagte: »Erinnere dich! Weißt du noch? Damals, vor langer Zeit …« Man hätte diese Zusage leicht vergessen können, doch Kaleb behielt sie in seinem Herzen. 40 Jahre lang erinnerte er sich an die Zusage Gottes. Vielleicht sagte er jeden Tag zu sich selbst: »Eines Tages werde ich in dieser Stadt auf den Bergen wohnen und die Aussicht genießen, den Lohn meiner Treue ernten und mich freuen an all dem Segen, den Gott mir schenkt.«

Wir alle haben Träume in uns. Wünsche, Sehnsüchte oder Dinge, die wir verändern möchten. Wenn wir tief in uns hineinhorchen, entdecken wir sie wieder. All die Träume, die uns motiviert haben, eine Extrameile zu gehen. Die Träume, die eine unglaubliche Energie freisetzten. Doch dann kam das Leben. Da waren die Umstände, die Hindernisse, Menschen, die es uns nicht zutrauten, und wir begruben den Traum nach und nach unter all dem alltäglichen Schutt, der uns zumüllte. Fragen, Ängste, Nöte, Kleinglauben, negatives Denken und Reden, all die weltlichen Umstände wollen unsere Träume zerstören. Ich möchte dich ermutigen, dich wieder an die Zusagen, die Gott dir gegeben hat, zu erinnern. Erinnere dich wieder an seine Wunder, die er getan hat. Denn der Schlüssel, um unser Ziel zu erreichen, liegt darin, dass wir uns an die Versprechen, die Gott uns gegeben hat, erinnern. Denn mit Gott zusammen kann niemand dich ausbremsen, stoppen oder dir deinen Traum rauben. Glaube nicht länger den Lügen, die dir sagen, dass du deine Träume eh nie erreichen kannst, dass du sowieso nie heiraten, eine Familie gründen, ein neues Geschäft starten, einen Durchbruch erzielen, gesund werden, diese Sucht oder diese Not überwinden wirst etc. Erinnere dich stattdessen wieder an all das, was Gott dir versprochen und zugesagt hat, und du wirst neue Freude und neues Durchhaltevermögen bekommen.

Woche 12
LEBE DEIN LEBEN

VERPASSE NICHT DAS LEBEN

»Ich lasse es nicht zu, dass Bitterkeit Wurzeln in mir schlägt. Ich vergeude keine Minute meines Lebens, um mich dem Selbstmitleid, der Traurigkeit, der Selbstanklage und der Hoffnungslosigkeit hinzugeben. Ich lebe mein Leben.«

Wir alle sehnen uns danach, jemanden zu haben, der sich zu 100 Prozent für uns einsetzt und uns alles gibt, was wir benötigen. Doch solange wir diese Person unter den Menschen in unserem Umfeld suchen, werden wir immer wieder enttäuscht werden. Unsere Eltern werden uns nie alles geben, was wir benötigen. Auch wenn sie es sich wünschten, haben sie Grenzen, machen sie Fehler, und in unserer Seele bleibt eine unbefriedigende Leere. Auch unsere Freunde, unser Ehepartner und unser Umfeld können uns nicht alles geben, was wir eigentlich an Liebe, Anerkennung, Erfüllung, Zufriedenheit und Befriedigung benötigten. Jemand hat mal gesagt:

> »Falls du jemanden suchst, der dir zu 100 Prozent geben kann, wonach du dich sehnst, dann sieh dich nicht um, sondern schaue nach oben!«

Gott ist der Einzige, der uns wirklich zu 100 Prozent geben kann, wonach wir uns sehnen. Doch wenn wir Bestätigung, hundertprozentige Liebe und Erfüllung bei den Menschen in unserem Umfeld suchen und uns zu holen versuchen, werden wir immer wieder enttäuscht werden. Und jede Enttäuschung birgt die Gefahr in sich, dass wir früher oder später aufgeben und unser Herz für Selbstmitleid, Selbstanklage und alle anderen möglichen negativen Ge-

danken öffnen. Wir sagen dann, dass wir es nicht wert sind, dass wir nicht schön genug oder gut genug sind, um geliebt zu werden, nur weil niemand all unsere seelischen Bedürfnisse nach Liebe, Annahme und Erfüllung stillen kann. Und genau auf diesen Moment wartet der Feind Gottes. So kann er unsere Gedanken und unser Herz so richtig vergiften, und früher oder später enden wir in Bitterkeit und Traurigkeit.

Darum möchte ich dich ermutigen: Suche deine Bestätigung nicht mehr bei den Menschen, sondern kümmere dich um Gottes Bestätigung für dich. Schon bei deiner Geburt hat der Himmel gejubelt und Gott hat sogar deinen Namen in sein Herz eintätowiert. Gott kann dich nicht vergessen, so verliebt ist er in dich. Tag und Nacht überlegt er, wie er dir immer wieder seine Liebe, seine Annahme und seine guten Gedanken und genialen Pläne für dich zeigen kann.

Doch wenn wir uns nur auf die Menschen in unserem Umfeld fokussieren, dann werden wir früher oder später immer wieder enttäuscht werden und verpassen so das Leben. Hebe deinen Kopf, schau zum Himmel, öffne dein Herz jeden Tag neu für Gott, und du wirst Wunder erleben. Du wirst sehen, wie Gott dich mit seinem Segen überraschen wird, und du wirst immer wieder spüren, wie sich ein Friede in deinem Herzen ausbreiten wird. Ein Friede und eine Ruhe, die dich fähig machen, dein Leben zu leben. Du bist erfüllt und hast sogar noch zu viel Liebe, Freude und Zufriedenheit, um dich damit an andere zu verschenken. Verpasse das Leben nicht, lebe es, indem du dein Herz immer wieder Gott gegenüber öffnest und ihn in dein Leben integrierst.

> ***Deshalb kann nichts und niemand uns unsere Zuversicht nehmen. Wir wissen zwar: Solange dieser Körper noch unser Zuhause ist, sind wir fern vom Herrn, denn unser Leben hier auf der Erde ist ein Leben des Glaubens, noch nicht ein Leben des Schauens.*** *2. Korinther 5,6–7* NGÜ

GENIESSE DEN MOMENT

»Ich freue mich an dem, was Gott mir heute gegeben hat und schaffe Momente des Segens, an die ich mich noch lange erinnern werde. Gott hat mir heute alles gegeben, er hat alles bereitgestellt und vorbereitet, was ich brauche, um einen genialen und erfüllenden Tag zu erleben.«

Verpasse nicht die etwas kleinen heiligen und erfüllenden Momente deines Alltags, nur weil du auf etwas Besseres wartest. Die echte Freude am Leben ist in den kleinen Wundern zu finden, die du tagtäglich kreieren und erleben kannst. Entscheide dich bewusst dazu, den Moment zu nutzen, um dich an dem, was du hast, zu freuen und schöne Erinnerungen für dein Leben zu kreieren. Mache eine Kissenschlacht, nachdem du von der Arbeit nach Hause kommst, kitzle deinen Ehepartner oder deine Kids wieder mal so richtig durch, lacht zusammen über kleine Missgeschicke, macht ein Versteckspiel im Haus oder genießt zusammen einen Kaffee und sinniert über das, wofür ihr dankbar seid. Hast du niemanden, der zu Hause auf dich wartet, schaffe kleine heilige Momente in der Kaffeepause auf der Arbeit, indem du deine Kollegen fragst, wofür sie dankbar sind oder ihnen erzählst, was du alles an Gutem erlebt hast. Auch eine gute Tat oder ein harmloser Scherz kann zu einem Lachen oder dankbaren Momenten beitragen. Nutze die Momente, die du hast.

Wir müssen keinen tollen Urlaub oder krasse Abenteuer erleben, damit heilige Momente entstehen. Lerne die kleinen Dinge in deinem Leben zu genießen. Sei dankbar und finde jeden Tag etwas Neues, wofür du dankbar sein kannst. Doch statt das Leben im gegenwärtigen Augenblick zu genießen, denken viele an den Moment, wenn sie dieses Ziel erreicht oder jene Sache angeschafft haben und besitzen, und glauben, dass sie dann glücklich sein werden. »Sobald ich die Lehre beendet habe, … Sobald ich die nächste Woche überlebt habe, … Sobald ich verheiratet bin und eine Familie habe, … Sobald ich dieses Zwischenziel erreicht habe, … Ja, dann bin ich glücklich!« So mag es in manchen Köpfen tönen. Klar werden wir von Glücksgefühlen erfüllt sein, wenn wir ein Ziel oder einen Zwischenschritt erfolgreich gemeistert haben. Doch ganz ehrlich: Wenn wir nicht auch lernen, uns an dem zu freuen, was wir heute haben und Momente zu nutzen, um etwas Wunderbares zu schaffen, das unser Leben bereichert, werden wir nie längerfristiges Glück erleben. Ist ein Ziel erreicht, werden neue Sehnsüchte in uns wach, und schon wieder streben wir nach dem Neuen, welches uns glücklich machen soll. Wir sollen immer wieder nach mehr, Neuem und weiteren Möglichkeiten streben, doch sie sollten nicht zu unserem Ort des Glücks werden. Wir können uns heute, an dem Ort, wo wir sind, glücklich fühlen, Segen erleben und Momente erschaffen, an die wir uns noch lange mit einem Lächeln erinnern werden. Wenn wir offen sind für das, was Gott uns gegeben hat, die Möglichkeiten wahrnehmen, die uns das Leben schenkt und mit einer dankbaren Haltung in den Tag starten, erleben wir heilige Momente mitten im Alltag. Ich wünsche dir gerade heute kleine und große göttliche Gelegenheiten, in denen du Freude, Zufriedenheit, Wunder und echtes Glück erfahren und erleben kannst.

Ich bin zu der Erkenntnis gekommen: Das Beste, was der Mensch tun kann, ist, sich zu freuen und sein Leben zu genießen, solange er es hat. Wenn er aber zu essen und zu trinken hat und genießen kann, was er sich erarbeitet hat, dann verdankt er das der Güte Gottes.

Prediger 3,12–13 GNB

Sebastian Frohlich, Unsplash

LASSE DICH ÜBERRASCHEN

»Ich bin dort, wo ich stehe, glücklich und zufrieden. Ich muss nicht nach mehr, nach Neuem, nach dem Segen Gottes suchen, weil mir Gott immer zur richtigen Zeit geben wird, was mir zusteht.«

Wir brauchen uns nicht um den Segen Gottes in unserem Leben zu kümmern.

Warum?
Weil der Segen Gottes sich um uns kümmern wird.
Immer wieder.

Daria Shevtsova / Pexels

Doch leider denken wir sehr oft, dass wir uns um uns selbst sorgen müssen. Ob wir nun mit Gott unterwegs sind oder nicht, wir sagen Dinge wie: »Ich will alles geben, um diese Beförderung zu erhalten. Ich muss unbedingt diese Person kennenlernen, weil sie mir helfen wird, in ein neues Level meines Lebens zu kommen. Ich muss schauen, dass ich besser und schneller vorwärtskomme in meinem Leben und darf keine Gelegenheit verpassen, keine Chance versäumen, die mir hilft, weiterzukommen.«

Klar, wir sollen unsere Talente nutzen, tagtäglich unser Bestes geben, entschlossen vorwärtsgehen und Schritte im Glauben machen. Doch wir sollten uns nie die Freude am Jetzt nehmen lassen, nur weil wir uns um unser Leben, unsere Zukunft oder unsere Chancen sorgen. Denn an einer göttlichen Wahrheit können wir uns festhalten: Solange wir mit unserem Leben Gott ehren, ihn anbeten und nach seinem Wohl schauen, verspricht er uns, dass er seinerseits nach unserem Wohl schauen wird. Die richtigen Gelegenheiten, offene Türen und die richtigen Menschen werden uns einfach so überraschen, wenn wir unseren Fokus auf Gott nicht verlieren.

Wenn wir es zulassen, dass Gott sich um unsere Zukunft, unser Leben und unseren Segen sorgen darf, dann können wir getrost und fröhlich unser Bestes im Hier und Jetzt geben. Gott wird uns dann immer wieder mit seiner Gunst überraschen, größer, stärker, genialer und besser, als wir es selber je hätten tun können. Hör also auf, Menschen zu manipulieren, Situationen zurechtzubiegen oder Gelegenheiten so zu steuern, dass du »gesegnet« wirst. Gott wird dich segnen, besser, größer und passender, als du jemals selbst dafür hättest sorgen können. Ich habe auch schon Menschen davon reden hören, was sie noch alles brauchen und wofür sie beten. Dann geschieht es oft, dass ein Zuhörer – bewegt von ihrer emotionalen Rede – Mitleid bekommt und das Wunder für sie tut. Ob das dann aber ein Segen Gottes ist, wage ich zu bezweifeln.

Gott kann und wird es Menschen immer wieder aufs Herz legen, großzügig zu sein und in seinem Namen Wunder zu tun. Er wird Menschen gebrauchen, nicht weil wir sie gerufen haben, sondern weil er sie ruft. Deshalb höre auf, selber für deine Segnungen zu kämpfen und andere dazu bringen zu wollen, ein Wunder für dich zu tun. Beginne stattdessen, ein Wunder für andere zu werden! Höre auf die Stimme in deinem Herzen und unterstütze andere. Gott wird es Menschen aufs Herz legen, wenn du an der Reihe bist, darauf können wir uns verlassen. Sorge dich um die Not anderer, und Gott sorgt sich um deine. Vertraue ihm, lass dein eigenes Können los und erlebe, wie Gott zur richtigen Zeit, im richtigen Abschnitt deines Lebens eingreifen wird. Warum tut er das? Weil Gott immer das Beste für diejenigen Menschen wirken wird, die sich zuerst um seine Sache kümmern.

»Denn wer sein Leben retten will, wird es verlieren; wer aber sein Leben um meinetwillen verliert, wird es finden.« *Matthäus 16,25 NGÜ*

KÄMPFE NICHT FÜR DEIN RECHT

Abimelech sagte zu Isaak: »Zieh von uns weg! Du bist uns zu mächtig geworden.« So verließ Isaak das Stadtgebiet und schlug sein Lager im Tal von Gerar auf. *1. Mose 26,16–17* GNB

Isaak wurde in der Bibel so krass von Gott gesegnet, dass er den Neid der ihn Umgebenden auf sich zog. Das ging so weit, dass der König ihn ungerechterweise einfach aus seinem Gebiet wegjagte. Doch Isaak wehrte sich nicht und zog einfach weiter. Er kämpfte diesen Kampf nicht und konzentrierte sich stattdessen auf das, was Gott mit ihm vorhatte. Er wusste, Gott hatte ihn bis hierher gesegnet, somit würde er es auch weiterhin tun. Wann immer wir in demselben Selbstbewusstsein durchs Leben gehen, werden wir unseren neuen Ort des Segens finden. Auch wenn du unfair behandelt wirst, nicht erhältst, was dir zusteht, und die Menschen gegen dich sind, dann denke daran: Deine Zeit wird kommen!

Wie Isaak zu sein lohnt sich! Wir werden so zu einem Menschen, der nicht auf sein vermeintliches Recht beharren muss, der weiterziehen und Kämpfe einfach stehen lassen kann, der auf sein Recht verzichtet im Glauben daran, dass Gott bereits einen neuen Ort des Segens vorbereitet. Wenn wir uns jedoch entscheiden, jeden Kampf zu kämpfen, uns selbst um unser Recht zu bemühen oder eigenmächtig dafür zu sorgen, das versprochene Geld (oder was auch immer) zurückzuerhalten, den verdienten Deal abzuschließen und die uns zustehende Beförderung zu holen, wird Gott sich zurückziehen und zu uns sagen: »Ich hätte für dein Recht gesorgt, ich hätte den Kampf für dich gekämpft, doch wenn du es selber tun willst, dann nur zu.«

Statt immer auf jeden Kampf im Alltag, in Beziehungen und an unserem Arbeitsplatz einzusteigen, stelle dir vorher die folgende Frage: Dient dieser Kampf und der Sieg, den ich möglicherweise davon trage, dazu, dass ich auf dem Weg mit Gott weiterkomme, oder soll er nur dazu dienen, dass ich mich besser fühle? Gewinnen ist nicht immer das Wichtigste! Auch wenn wir solche Aussagen immer wieder hören. All die Energie, all die Zeit und all der Aufwand, den wir investieren, um einen Kampf zu gewinnen … lohnt sich das wirklich? Nicht jeder Kampf ist es wert, gekämpft zu werden.

Ich denke sogar, die meisten unserer Kämpfe ließen wir besser dem Frieden und der Einheit zuliebe sein. So sparen wir Zeit und Energie und können uns stattdessen mehr um Gott und seine Pläne kümmern. Gott hält mehr für uns bereit, doch wenn wir uns dem Wunsch hingeben, überall zu unserem Recht zu kommen, kann es sehr schnell gehen und wir verpassen all das Gute, das Gott vorbereitet hat!

Hör auf zu kämpfen, ziehe weiter, wie Isaak es getan hat, und erlebe, wie Gott dich weiterführt, an einen neuen Ort des Segens.

Manchmal ist es heilsamer, Dinge stehen zu lassen, statt immer Recht haben zu müssen. Vielleicht mögen wir dadurch auf den ersten Blick verlieren oder bekommen nicht jeden Franken oder Euro, der uns zustehen würde. Doch wir haben dafür umso mehr Energie, uns auf Gott und seine Gedanken für uns zu fokussieren.

> … ***und er sagte: Dies ist das Wort des Herrn für Serubbabel: »Nicht durch menschliche Macht und Gewalt wird es dir gelingen, sondern durch meinen Geist! Das sage ich, der Herr, der Herrscher der Welt.«***
> *Sacharja 4,6* GNB

BLEIBE OFFEN FÜR VERÄNDERUNG

»Ich bin bereit, dass Gott mich in ein neues Level im Glauben führen kann. Ich will nicht stehen bleiben und am ›Alten und Bewährten‹ festhalten. Ich bin offen für Veränderung, weil ich weiß, dass Gott noch Besseres in meiner Zukunft bereithält. Neue Türen mit neuen Möglichkeiten werden sich mir öffnen. Neue Ebenen der Gunst Gottes liegen vor mir bereit. Amen!«

Manchmal sind es genau diejenigen Dinge, gegen die wir kämpfen oder bei denen wir meinen, dass sie uns behindern, die Gott schlussendlich gebraucht, um uns in unserem Leben in ein neues Level zu führen. Gott will uns immer wieder aus unseren Komfortzonen herausführen und er gebraucht dazu auch unangenehme Situationen, Herausforderungen, Schwächen oder Ängste, die wir am liebsten meiden würden.

Gott öffnet auf übernatürliche Art und Weise Türen in deinem Leben – oder er schließt sie. Wenn dir ein Mensch Unrecht tut, du einen schweren Schicksalsschlag erlebst oder dich eine geliebte Person verlässt, kannst du dich der Situation mit der Hilfe Gottes stellen. Falls du dich entscheidest, immer wieder Gott und seiner Führung zu vertrauen, egal was passiert, wirst du erleben, wie Schwierigkeiten dich näher zu Gott bringen.

So sollten wir es auch mit den Veränderungen in unserem Umfeld handhaben. Wenn wir uns gegen die Zeit und jeglichen Fortschritt wehren, bleiben wir stehen und versinken in der Mittelmäßigkeit, bis wir keine Stimme mehr haben. Klar, wir müssen nicht jedem neuen Trend nachjagen. Die Bibel gibt uns klare Richtlinien und Werte, an denen wir uns orientieren sollen.

Aber die Art und Weise, wie wir unser Leben führen und diese positiven biblischen Werte der Welt vorleben, sollte unbedingt immer zum Puls der Zeit passen. Wie können wir die Menschen von heute mit dem Evangelium erreichen, wenn wir weder ihre Sprache sprechen noch sie in dem abholen, was sie kennen? Gott fordert uns als Kirchen und Christen durch die Bibel dazu auf, nicht der Schwanz, sondern der Kopf einer Gesellschaft, Familie und der Welt zu sein. Wir sollten prägen. Unsere Stimme sollte man hören. Uns sollte man wahrnehmen, denn die Botschaft Gottes – das Evangelium – ist zu wichtig und zu kraftvoll, als dass irgendwo in verschlossenen Räumen von Menschen gepredigt werden sollte, die ihre Stimme in der Gesellschaft verloren haben. Bleiben wir daher offen für Veränderung, durch die Gott uns nicht nur in unserem Leben, sondern auch als Kirche weiterführen will und wird.

Gott wird es nie zulassen, dass die Veränderung oder Herausforderung mehr Schaden als Segen bringen. Gott will und wird sie immer gebrauchen, um uns in eine neue Dimension des Lebens und des Einflusses zu bringen.

Darum beurteile deine Situation nie von der negativen Seite her. Es ist viel zu einfach, bitter und negativ zu werden und zu Gott zu sagen: »Gott, warum passiert das immer mir? Gott, warum muss ich durch diese Herausforderung? Warum geht der ganze Prozess nicht schneller?« Diese Fragen kann jeder stellen. Doch im Leid, im Warten, in dem Veränderungsprozess, den Gott initiiert hat, ihm treu zu bleiben, das Gute darin zu sehen und sich dem Neuen zu stellen, das ist eigentlich das, was Gott in uns sucht. Diese Haltung wird uns schlussendlich weiterbringen.

> ***Doch der Herr hat zu mir gesagt: »Meine Gnade ist alles, was du brauchst, denn meine Kraft kommt gerade in der Schwachheit zur vollen Auswirkung.«*** *2. Korinther 12,9* NGÜ

Gott weiß immer, was gut für uns ist.

Gott hat immer unser Bestes im Sinn.

Egal, was wir durchmachen oder erleben: Hören wir auf, Gott anzuklagen und ihm zu sagen, wie groß unser Leid sei.

Sagen wir stattdessen unseren Herausforderungen und unserem Leid, wie groß unser Gott ist!

Woche 13
WUNDER

Woche 13 – Montag

GOTT TUT ES NOCHMAL

»Ich glaube, dass Gott mit allem, was er in meinem Leben tut, mein Bestes bewirken will. Er hat den Masterplan für mein Leben in der Hand. Es mag Dinge geben, die ich nicht verstehe. Trotzdem will ich mich nicht sorgen. Eines Tages ergeben auch diese Herausforderungen Sinn. Ich will glauben und sehen, wie Gott mich an Orte führt, von denen ich nicht einmal zu träumen gewagt hätte. Zusammen mit Gott werde ich mein bestes Leben leben. Dies ist meine Überzeugung, und die lasse ich mir nicht mehr nehmen!«

Gott hat dich nicht geschaffen, um etwas Unbedeutendes mit dir auf dieser Erde zu tun. Du und ich, wir sind von Gott dazu gemacht, mit ihm zusammen das Ziel unseres Lebens zu erreichen. Wir sind kreiert, um Großartiges zu erleben, zu tun und zu bewegen, und wir werden sehen, wie Unmögliches wieder möglich wird, wie wir mit Gott zusammen die Welt verändern und positive Spuren mit unserem Leben hinterlassen. Wir sind dazu bestimmt, zusammen mit Gott ein erfülltes Leben zu leben. Auch wenn alles gegen dich zu sein scheint, denk daran, dass es nur eine vorübergehende und nicht eine endgültige Situation ist. Gott wird mit uns zum Ziel kommen. Das ist sein Versprechen an uns. Alles wird uns am Ende zum Besten dienen.

Wenn du in deinem Leben vor Mauern stehst, die nicht fallen wollen, und alles zum Stillstand kommt, dann erinnere dich daran: Gott hat noch nie versagt, und er wird dir auch in diesem Fall die Veränderung schenken, den Durchbruch geben, den Kampf mit dir gewinnen und die Mauern in sich zusammenfallen lassen. Gottes Versprechen gilt auch dir! Wir sind in der Hand des Gottes, der das ganze Universum geschaffen hat. Er wird solche Wunder wieder und wieder tun. Er wird den Durchbruch schenken, das Licht am Horizont aufleuchten lassen und alles zum Besten wenden. Lass das Vertrauen

in Gott nicht los und halte im Glauben daran fest, dass Gott mit dir zum Ziel kommen wird, in den kleinen Situationen, aber auch den großen. Ein Glaube, nur so groß wie ein Senfkorn, kann Berge versetzen. Gott wird Wege schaffen, wo keine sind, und dir Ideen geben, wo momentan Leere herrscht. Und Gott wird es wieder tun. Er lässt uns nicht im Stich, weil wir einen Gott haben, der unser Bestes sucht, immer und immer wieder.

Aber alle, die auf den Herrn vertrauen,
bekommen immer wieder neue Kraft,
es wachsen ihnen Flügel wie dem Adler.
Sie gehen und werden nicht müde, sie laufen
und brechen nicht zusammen.
Jesaja 40,31 GNB

TRAUE GOTT ALLES ZU

»Ich glaube, dass Gott – wenn ich ihm vertraue und an ihn glaube – mein Leben unglaublich beschleunigen kann. Ich will erleben, wie Gott meine Träume schneller Wirklichkeit werden lässt, als ich mir vorstellen kann. Es wird nicht mehr Jahre dauern, um eine Schuld zu tilgen, eine Behinderung zu überwinden, einen Heilungsprozess in Gang zu bringen oder eine neue Hoffnung aufleben zu lassen. Gott bringt Umstände, Dinge oder Situationen schneller in Bewegung als bisher! Er wird mir den Sieg früher als erwartet geben. Gott hat einen Segen für mein Leben, der mich unglaublich vorwärtsbringen wird und Jahre des üblichen Prozesses überspringen lässt.«

Jens Johansson, Unsplash

Wir können keine Abkürzungen im Glauben nehmen, auch wenn wir dies manchmal gerne täten. Jeder Mensch muss durch Prozesse gehen, bis er zum Durchbruch kommt. Doch wenn wir Gott im Kleinen die Treue halten, wird er gelegentlich mit uns eine Abkürzung gehen. Gott kann und wird Prozesse beschleunigen, Wege abkürzen oder uns Menschen zur Seite stellen, die den erwünschten Durchbruch viel früher bringen als erwartet. Gott kann unseren Glaubensprozess immer wieder mit einem Turboschub beschleunigen und uns so die verlorene Zeit zurückerstatten.

Schauen wir uns eines der ersten Wunder von Jesus an (nachzulesen in Johannes 2,1–12). Jesus ist zusammen mit seiner Mutter und ein paar seiner Nachfolger bei einer Hochzeit. Mitten im Fest geht der Wein aus. Dies war und ist in der jüdischen Tradition ein großes Problem. Wein gehört zu jeder richtigen jüdischen Hochzeit, und zwar in reichlichem Maße und genug bis zum Schluss. Die Mutter geht zu Jesus und bittet ihn um Hilfe. Jesus hilft und tut ein Wunder; er verwandelt Wasser zu Wein! Jesus schenkt der Hochzeit damit einen unglaublichen Turboschub. Normalerweise braucht es nämlich viel Zeit, Wein herzustellen. Es beginnt damit, dass man Weinreben pflanzt. Dann dauert es Jahre, bis aus den Reben Weintrauben wachsen. Manche Trauben kann man weiterverarbeiten, andere nicht. Normalerweise dauert es drei bis fünf Jahre, bis man den Wein trinken kann, und das ist dann nur der Durchschnittswein. Jesus machte aber bei seinem Wunder qualitativ sehr guten Wein. Solchen Wein herzustellen dauert fünf bis zwanzig Jahre. Doch Jesus produzierte einen solch edlen Wein im Bruchteil einer Sekunde.

Wenn du dir also bis jetzt Sorgen darüber gemacht hast, zu wenig Zeit zu haben, um deine Träume zu verwirklichen, kann ich dich heute beruhigen. Wenn Jesus den Weinherstellungsprozess so unglaublich beschleunigen kann, kann er auch deinem Leben in ein paar Sekunden eine neue Wende geben. Eine Wende, die normalerweise Jahre brauchen würde. Das Geheimnis dazu ist einfach: Lass Gott den Beschleunigungsprozess einleiten und hör auf, es selbst machen zu wollen. Bleib Gott im Kleinen treu und du wirst erstaunt sein, wie schnell er dann plötzlich dein Leben beschleunigt. Klar, normalerweise würde es Jahre dauern, eine Schuld abzuzahlen oder einen Durchbruch zu erreichen. Vielleicht wartest du schon lange auf eine Lösung und denkst: »Jetzt ist es bald zu spät!« Doch die gute Nachricht ist: Gott ist in der Beschleunigungsbranche tätig. Er kann und wird dir zur richtigen Zeit den richtigen Durchbruch schenken. Er kann dir die Jahre, die du auf eine Lösung wartest, einfach so in einer Sekunde zurückschenken. Er kann Wasser in Wein verwandeln. Umso mehr wird er für dich als seinem Kind deine hoffnungslose Situation in Gold verwandeln. Und dies in nur einem Bruchteil der Zeit.

Sei unbesorgt. Der Gott, dem wir dienen, kann unser Leben viel früher und schneller, als wir uns vorstellen können, mit einem krassen Turboschub beschleunigen.

> ***Sie brachten dem Mann ein wenig von dem Wasser, und er kostete davon; es war zu Wein geworden. Er konnte sich nicht erklären, woher dieser Wein kam; nur die Diener, die das Wasser gebracht hatten, wussten es.*** *Johannes 2,8–9* NGÜ

ERWARTE GUTES

Glücklich sind die, die erkennen, dass sie Gott brauchen, denn ihnen wird das Himmelreich geschenkt. Matthäus 5,3 NLB

Was erwarten wir vom Leben? Was erwarten wir von einem neuen Tag? Wie starten wir tagtäglich in unseren Alltag? Um zu sehen und zu erleben, wie Gott uns jeden Tag von Neuem begegnet und uns mit seiner Gunst überschüttet, müssen wir lernen, mit einer hohen Erwartungshaltung in den Tag zu starten. Sage am Morgen beim Aufstehen zu dir selbst: »Heute wird ein genialer Tag. Viel Gutes wird geschehen. Ich werde viele tolle Begegnungen machen, viele interessante Gespräche führen und weise Entscheidungen treffen. Gott ist auf meiner Seite und ich bin gespannt, was heute alles auf mich wartet!«

Mach es wie ein kleines Kind, das es fast nicht erwarten kann, ein Geschenk zu öffnen. Gehe mit einer aktiven Erwartungshaltung in den Tag und erwarte Gutes! Viel zu viele Menschen schleppen sich von Tag zu Tag und denken: »Mir passiert nie etwas Gutes. Alles ist gegen mich. Wunder? Warum auch nur sollte Gott mir ein Wunder schenken? Warum nur sollte mich Gott mit seinem Segen und seiner Gunst überraschen?« Ja, warum nur? Gute Frage. Ich denke, das ist einfach zu beantworten: Wenn wir nichts mehr von Gott wünschen, aufgehört haben, mehr vom Leben zu erwarten, und uns nicht mehr nach Gutem und nach dem Segen Gottes sehnen, entgeht uns beides.

Halte stattdessen wieder Ausschau nach guten Gelegenheiten und nach Wundern, die auf dich warten. Gehe davon aus, dass du die richtige Person zur richtigen Zeit am richtigen Ort bist und Gott dich genau jetzt in deinem Hier und Heute segnen und dir begegnen will. Erwarte den Segen Gottes. Strecke dich nach dem Guten aus. So setzt du einen Glauben frei, der seine Antwort finden wird. Jeden Tag von Neuem.

Wenn du einen Raum mit vielen neuen Menschen betrittst, erwarte Gutes. Wenn du einkaufen gehst, geh davon aus, dass dich die Aktionen und Sonderangebote nur so anspringen werden. Wenn du auf der Arbeit ein Geschäft abschließen musst, rechne damit, dass du die beste Lösung für beide Parteien finden wirst. Schreibst du eine Bewerbung, erwarte, dass du die richtige Person für diesen Job bist und deine Unterlagen aus der Masse hervorstechen und positiv auffallen werden. Egal, was du machst, erwarte, dass daraus etwas Gutes entstehen wird. Erwarte das Positive und trainiere es, den Segen Gottes in deinem Alltag zu erkennen – dann wirst du ihn auch immer wieder finden, jeden Tag von Neuem!

Herr, von ganzem
Herzen will ich
dir danken,
deine machtvollen
Taten allen verkünden.
Über dich will ich
jubeln und mich
freuen, von dir will
ich singen,
du höchster Gott!

Psalm 9,2–3 GNB

Andrea Piacquadio, Pexels

SEI MUTIG

Gegen Ende der Nacht kam Jesus zu den Jüngern; er ging auf dem See. Als sie ihn auf dem Wasser gehen sahen, wurden sie von Furcht gepackt. »Es ist ein Gespenst!«, riefen sie und schrien vor Angst. Aber Jesus sprach sie sofort an. »Erschreckt nicht!«, rief er. »Ich bin's. Ihr braucht euch nicht zu fürchten.« Da sagte Petrus: »Herr, wenn du es bist, dann befiehl mir, auf dem Wasser zu dir zu kommen!« – »Komm!«, sagte Jesus. Petrus stieg aus dem Boot und ging auf dem Wasser auf Jesus zu. Matthäus 14,25–29 NGÜ

Ich liebe große Geschichten. Geschichten, die das Herz berühren, Geschichten, die einen zum Träumen bringen, die einen in andere Welten tragen und mitten aus dem Alltag herausreißen. Vor Kurzem war ich mit meiner Familie im Kino. Der Film war so gut gemacht, dass er mich von der ersten Sekunde an packte. Ich fieberte mit, weinte und freute mich. Ich war mittendrin. Dies liebe ich auch an der Bibel. Dieses Buch ist voller Geschichten, die mich packen, die mich staunen lassen und die meinen Glauben größer werden lassen. Die folgende Geschichte von Jesus und seinen Jüngern ist eine davon.

Jesus begegnet seinen Jüngern, die in einem Boot sind. Jesus selbst ist aber nicht im Boot. Mitten im Sturm läuft er über das Wasser auf sie zu. Du hast richtig gelesen – er läuft auf dem Wasser. Unglaublich, oder? Doch die Geschichte geht noch weiter. Petrus, der im Boot ist, sieht Jesus und fragt ihn: »Kann ich zu dir kommen?« Über das Wasser, versteht sich. Und Jesus ermutigt ihn, den Schritt auf das Wasser zu wagen. Petrus steigt aus dem Boot und geht Jesus entgegen. Bevor er den Glauben verliert und zu sinken beginnt, geht er tatsächlich ein paar Schritte auf dem Wasser! Mit Ausnahme von Jesus ist das weder vor ihm noch nach ihm jemandem gelungen. Wenn ich mir diese Sekunden so vorstelle, empfinde ich eine unglaubliche Spannung. Die im Boot sitzenden und wie gebannt zuschauenden Jünger werden gedacht haben: »Petrus, was hast du vor? Warum machst du das? Willst du etwas beweisen? Willst du dich beliebter machen? Petrus, das geht doch nicht.« Er macht den Schritt ins Ungewisse, aufs Wasser. Und du fieberst mit. Schafft er es? Klappt es? Er hebt sein Bein, er setzt seinen Fuß aufs Wasser und versucht, darauf zu stehen. Er zieht das andere Bein nach und läuft. Ein, zwei Schritte, ohne unterzugehen. Er geht auf Jesus zu. Er schaut nur auf Jesus. Auf Jesus, der ihn ruft. Er vertraut seinem Meister, seinem Freund, seinem Weggefährten zu 100 Prozent. Doch plötzlich begreift Petrus, was er da tut – dass er auf dem Wasser geht! Sein Verstand schaltet sich ein.

Du als Zuschauer hältst den Atem an und würdest am liebsten schreien: »Petrus, nein, schau einfach auf Jesus! Verlier Jesus nicht aus dem Fokus! Schau nicht nach unten.« Doch ehe du etwas sagen kannst, sinkt er schon. Petrus ist klargeworden, was er da gerade tut. Sein Verstand kommt ihm in die Quere und er sinkt. Und wir sinken mit. Doch dann, wie aus dem Nichts, ist da eine Hand und packt Petrus. Jesus hält ihn fest und rettet ihn. Zusammen erreichen sie das Boot und segeln sicher ans andere Ende des Ufers.

Dies ist die Geschichte von Jesus, der auf dem Wasser geht, und von Petrus, der es auch versucht. Es ist aber auch deine und meine Geschichte. Jesus will immer wieder große Geschichten mit unserem Leben schreiben. Er hat viele Träume und Ideen für uns bereit, die er mit uns zusammen wahr werden lassen will. Auch uns ruft er zu:

»Komm, wage den Schritt ins Ungewisse. Komm auf mich zu, vertraue mir. Glaube mir.«

Und wann immer wir den Schritt aufs Wasser schaffen, den Schritt ins Ungewisse wagen, werden wir Neues sehen, erleben und erfahren. Und falls wir dann das Vertrauen verlieren und sinken, wird Jesus uns retten, aber auch dann sind wir immer noch auf dem Wasser gegangen! Petrus kommt zurück ins Boot. Er ging zwar nicht lange auf dem Wasser, aber er tat es! Er kann bis heute von sich sagen: »Ich bin neben Jesus der Einzige, der auf dem Wasser gegangen ist.«

Ich ermutige dich, immer wieder deine Komfortzone zu verlassen und etwas Neues zu wagen, dich auf Jesus auszurichten und mutige Schritte mit ihm zusammen zu gehen. Wenn du dabei scheiterst, denk daran: Auch du wirst gerettet werden. Gott lässt dich nie im Stich, wenn du mutige Schritte auf ihn zugehst, mit ihm etwas wagst und ihm vertraust. Gott will große Geschichten mit deinem Leben schreiben. Lass es zu, dass er sie zusammen mit dir schreiben kann. Sei ein Petrus, der es wagt, zu gehen. Auch wenn alle anderen sagen, es sei nicht möglich, beweise ihnen das Gegenteil, indem du gehst! Mutig, glaubend und hungrig nach mehr, weil Gott dich ruft!

> ***Doch als er merkte, wie heftig der Sturm war, fürchtete er sich. Er begann zu sinken. »Herr«, schrie er, »rette mich!« Sofort streckte Jesus seine Hand aus und hielt ihn fest. »Du Kleingläubiger«, sagte er, »warum hast du gezweifelt?«*** *Matthäus 14,30–31* NGÜ

SUCHE DIE OFFENE TÜR

Ich weiß, wie du lebst und was du tust: Du hast nur wenig Kraft, aber du hast dich nach meinem Wort gerichtet und dich unerschrocken zu meinem Namen bekannt. Darum habe ich eine Tür vor dir geöffnet, die niemand zuschließen kann. Offenbarung 3,8 NGÜ

Filip Kominik, Unsplash

Egal, ob wir momentan voller Glauben, Kraft und Energie sind oder nicht – solange wir an Gott festhalten, ihn suchen, ihn ehren, uns nach seinem Wort richten und zu ihm stehen, wird er uns immer wieder neue Gelegenheiten schenken und Türen öffnen, die niemand mehr zuschließen kann. Dies ist sein Versprechen an uns. Darum sollte unsere Einstellung sein:

»Gott, ich bin ready für dich. Ich erwarte wieder mehr vom Leben. Auch wenn ich es noch nicht sehe, weiß ich, dass dein Segen auf dem Weg zu mir ist.«

Vielleicht hattest du mal den Traum, ein neues Geschäft zu eröffnen, und bist dabei gescheitert. Wieso es nicht nochmals versuchen? Es kann auch sein, dass du aus einer kaputten Beziehung herauskommst – warum dich nicht für eine neue öffnen? Oder du hattest Pech bei deinem Jobwechsel – gib nicht auf, beim nächsten könnte es klappen. Egal, wie oft du versagt hast, steh wieder auf! Die nächste Gelegenheit könnte deine sein. Heute ist ein neuer Tag. Dinge können und werden sich zu deinen Gunsten verändern.

Es kommt der Tag, an dem Gott zu dir sagt: »Jetzt ist deine Zeit. Jetzt habe ich dir eine Tür geöffnet, und die kann niemand mehr schließen.« Verpasse die Tür nicht, nur weil du dich in deinem Denken begrenzt hast. So ging es nämlich dem Volk Israel. Nach 400 Jahren Gefangenschaft befreite Gott sein Volk durch Mose. 400 Jahre lang waren sie versklavt gewesen und plötzlich waren sie frei! Einfach so. Gott hatte ihnen eine Tür geöffnet. Gott hatte sie gesegnet. Doch Gott hätte noch mehr für sie bereitgehabt, das Land Kanaan. Ein Land, in dem Milch und Honig fließen, wie man so schön sagt. Das Land des Segens. Doch sobald sie vor diesem Land standen, fielen sie in ihr altes Denken zurück und verloren den Glauben daran, dass Gott ihnen das Land geben könnte. Obwohl Gott ihnen nur kurz zuvor eine Tür nach der anderen geöffnet hatte, vergaßen sie plötzlich seine Kraft und Macht. Sie blieben stehen, fielen in ihr altes Denken zurück und sagten: »Das geht nicht. Gott kann uns dieses Land nicht geben, die Feinde sind viel zu stark.«

Wenn wir nicht aufpassen, kann es uns auch so gehen. Wir erleben Wunder um Wunder und plötzlich stehen wir vor einer neuen Herausforderung. Statt das nächste Wunder zu erwarten und dass Gott uns eine neue Tür öffnet, bleiben wir stehen und trauen es Gott angesichts unserer Umstände nicht mehr zu. Das Volk Israel hat sich den Segen der geöffneten Tür verspielt. 40 Jahre mussten sie warten, bis eine neue Generation da war, und erst mit dieser zog Gott dann in das versprochene Land. Gib Gott und das Wunder nicht auf. Erwarte es, bereite dich vor, und wenn Gott dir dann die Tür öffnet, kannst du die Gelegenheit sehen und rocken. Suche die offene Tür, ergreife die Gelegenheit und gehe hindurch.

Woche 14
RUHE

Woche 14 – Montag

ZIEH DEINE SCHUHE AUS

Kommt zu mir, ihr alle, die ihr euch plagt und von eurer Last fast erdrückt werdet; ich werde sie euch abnehmen. Nehmt mein Joch auf euch und lernt von mir, denn ich bin gütig und von Herzen demütig. So werdet ihr Ruhe finden für eure Seele. Denn das Joch, das ich auferlege, drückt nicht, und die Last, die ich zu tragen gebe, ist leicht. Matthäus 11,28–30 NGÜ

Jesus verspricht uns Frieden und eine innere Ruhe. Einen Frieden, den diese Welt nicht kennt, eine Ruhe, in der wir uns niederlassen können. Es ist so ähnlich, wie nach einem harten Arbeitstag nach Hause zu kommen, die Schuhe auszuziehen, die Füße auf den Tisch zu legen, durchzuatmen und zu denken: »So, ich habe es wieder einmal geschafft.« Ich möchte dieses Bild gebrauchen, um den göttlichen Frieden noch näher zu erklären. Unsere verschiedenen Paar Schuhe, die wir tagtäglich tragen, können wir auf unser geistliches Leben übertragen. Denn auch dort tragen wir Schuhe.

Da haben wir zum Beispiel die schönen, glänzenden »Ausgehschuhe«. Diese symbolisieren: »Ich will Gott gefallen!« Nach außen sieht unser Leben perfekt aus. Wir denken, dass wir Gott mit unseren Gebeten, unserem geistlichen Leben, unserem Bibellesen beeindrucken und ihm so ein Lächeln aufs Gesicht zaubern. Doch Gott schaut uns an und sagt: »Zieh deine Schuhe aus, du musst mir nichts vormachen, ich kenne dich. Ich kenne deine Ängste, deine Nöte, deine Sünden. Schon bevor du ein Gebet gesprochen hast, weiß ich über alles Bescheid. Sei du selbst und sei dir bewusst: Egal, wie schmutzig, zerbrochen und zweifelnd du vor mich kommst, ich liebe dich und will nur dein Bestes!«

Dann gibt es unsere Turnschuhe. Sie stehen für unsere Leistung. Wir sagen uns immer wieder, dass wir doch was bewegen und tun wollen. Wir wollen

die Hoffnung für diese Welt sein, und mit großem Tatendrang versuchen wir, den Himmel auf die Erde zu holen. Klar sollen wir was tun, wir sind berufen, etwas zu bewegen und zu verändern. Doch hängt die Rettung der Welt nicht an dir oder mir. Gott sagt zu uns: »Du musst nichts tun, um geliebt zu sein. Ich habe schon alles getan. Ich halte den perfekten Plan für dein Leben, für diese Erde und für die Zukunft in meiner Hand. Zieh deine Schuhe aus und verstehe, dass ich Gott bin. Entdecke, was ich schon alles vorbereitet habe, was für Träume und Ideen ich für dich habe. Tue, was du kannst, aber tue es aus meiner Ruhe heraus!«

Ein anderer Schuh ist der zu kleine Schuh. Dieser symbolisiert unseren Wert. Viele Menschen haben das Gefühl, dass sie nicht gut genug seien. Nicht gut genug, um einmal zu heiraten, um Träume wahr werden zu lassen, tiefe Freundschaften zu haben oder ihr bestes Leben zu leben. Dieser Minderwert prägt ihren Alltag und begleitet sie wie ein Fluch durch jegliche Situationen. Falls du diese Schuhe noch trägst, ermutigt dich Gott, deine Schuhe des Minderwertes auszuziehen, und sagt zu dir: »Egal, wie gut, wie schön, wie genial, wie talentiert du dich fühlst, ich finde dich der absolute Hammer. Ich bin begeistert von dir und habe Freude an dir. Komm zur Ruhe bei mir und entdecke, wie ich dich sehe und was ich alles in dich hineingelegt habe. Aus dieser Ruhe heraus wirst du neue Kraft, neue Selbstsicherheit und neue Freude an dir und dem Leben finden.«

Zieh deine Schuhe aus und komm bei Gott immer wieder zur Ruhe. Dann wirst du einen Frieden finden, aus dem du neue Kraft und Hoffnung schöpfen kannst. Einen Frieden, den dir die Welt nie bieten wird.

> ***In Frieden kann ich mich nun hinlegen und schlafen. Denn du, Herr, gibst mir einen Ort, an dem ich unbehelligt und sicher wohnen kann.***
> *Psalm 4,9* NGÜ

FINDE RUHE

Nachdem wir nun aufgrund des Glaubens für gerecht erklärt worden sind, haben wir Frieden mit Gott durch Jesus Christus, unseren Herrn.
Römer 5,1 NGÜ

Interessant, wie Paulus, der Schreiber dieser Zeilen, uns Frieden verspricht. Echten, tiefen und beständigen Frieden. Mit Gott an unserer Seite finden wir eine Ruhe, aus der wir immer wieder neue Kraft, neue Ideen und Hoffnung schöpfen können. Doch statt aus dieser Ruhe heraus unser Leben zu gestalten, stehen wir immer wieder in Gefahr, unser Leben selber zu managen und verfallen so der Hektik des Alltags. Ich möchte mit dir kurz einen »Stresstest« machen. Versuche die fehlenden Wörter in den nächsten Sätzen zu finden:

»Ich würde am liebsten das ______________________ (a) werfen!«

»Es wächst mir alles über den ______________________(b).«

»Meine Nerven liegen __________________(c).«

»Ich habe mein Leben nicht mehr im __________________(d).«

»Ich bin mit meinem ___________________(e) am Ende!«

»Das Wasser steht mir bis zum _________________(f).«

Falls du diese Sätze ohne Probleme ergänzen konntest, dann hattest du sicher auch schon mal mit Stress-Situationen zu kämpfen. Ich denke, die meisten von uns erreichen zeitweise ihr Limit, kommen an ihre Grenzen und wissen nicht mehr weiter. Bei vielen gehören Stress, die innere Unruhe, das Getriebensein, schlaflose Nächte und sorgenvolle Tage als unangenehme Begleiterscheinungen zu ihrem modernen Leben. Paulus hingegen hat uns etwas anderes versprochen. Er sagt, dass wir immer wieder innere Ruhe und emotionalen Frieden finden werden, wenn wir uns auf Jesus fokussieren.

Gott will unser Ruhepol sein, bei dem wir herunterfahren, uns neu ausrichten und uns wieder auf ihn und seine Zusagen fokussieren können.

Immer wenn es uns gelingt, Gott ins Zentrum unseres Bewusstseins zu stellen, sei es an einem Sonntag in einer lebendigen und inspirierenden Kirche oder in unserem Alltag, sagt Gott zu uns:

»Ich bin dein Gott, ich bin dein Versorger. Sorge dich nicht, ich habe alles vorbereitet, damit du heute keine Not leiden musst. Ich bin dein Heiler, vertraue mir, dass ich trotz deiner Herausforderungen, deiner Not, deiner Krankheit und deines Leids dein Bestes suche! Ich bin deine Hoffnung und halte heute inspirierende Begegnungen, ermutigende Situationen und erfrischende Orte für dich bereit. Ich bin dein Bewahrer und werde meine Engel um dich stellen, die dich beschützen und für dich kämpfen werden. Ich bin deine Ruhe. Komm zu mir, handle aus der Kraft der Ruhe heraus und erkenne, dass ich schließlich alles unter Kontrolle habe!«

Wer unter dem Schutz des Höchsten wohnt, darf bleiben im Schatten des Allmächtigen. Darum sage ich zum Herrn: »Du bist meine Zuflucht und meine sichere Festung, du bist mein Gott, auf den ich vertraue.«
Psalm 91,1–2 NGÜ

Lösung: a: Handtuch / b: Kopf / c: blank / d: Griff / e: Latein / f: Hals

Erfahrt es selbst und seht mit eigenen Augen, dass der Herr gütig ist! Glücklich zu preisen ist, wer bei ihm Zuflucht sucht.
Psalm 34,9 NGÜ

BLEIB RUHIG

»Ich bleibe ruhig und gelassen, auch wenn's nicht so läuft, wie ich es gern hätte. Tief in meinem Herzen weiß ich, dass Gott trotz all meiner Herausforderungen stetig in mir arbeitet. Er wird sein begonnenes Meisterwerk vollenden.«

Bleibe ruhig und gelassen. Gerade in Zeiten, in denen wir herausgefordert werden, alles gegen uns zu sein scheint, wir einen negativen Arztbericht erhalten, der beste Kunde unser Geschäft verlässt, jemand schlecht über uns spricht oder hinter unserem Rücken gegen uns arbeitet, ist es wichtig, die Ruhe zu bewahren. Wenn wir nicht überlegt handeln, stehen wir in Gefahr, nur aus unserer Stärke heraus zu reagieren und zu schnelle Entscheidungen zu treffen. Doch die Bibel rät uns immer wieder, uns auf unseren Schöpfer zu fokussieren, gerade in Stress-Situationen. Es ist besser, zuerst mal eine Nacht über etwas zu schlafen, und dann am nächsten Tag, wenn wir den Fokus wieder auf Gott gerichtet haben, aus der Beziehung zu unserem Schöpfer heraus eine Lösung zu suchen. Anstatt jedoch in die Ruhe zu kommen, fällen wir schnelle und leider oftmals auch übereilte Entscheidungen, die dann meistens ein weiteres Desaster zur Folge haben.

Gott will deinen Kampf kämpfen, wenn du ihn lässt. Nicht wir müssen schauen, dass wir zu unserem Recht kommen, als Kinder Gottes dürfen wir vielmehr wissen, dass Gott für uns sorgen wird. Darum werde ruhig. Ruhig im Sturm, in deinen Fragen und Nöten. In der Ruhe – deiner Beziehung zu Gott – wirst du neue Kraft, die richtigen Antworten und die offenen Türen sehen. Gott enttäuscht uns nie, und wenn wir ihn suchen, werden wir seine Antwort, sein Eingreifen, sein Wirken und seine Wunder in unseren Situationen wahrnehmen. Darum möchte ich dich ermutigen, immer wieder die Ruhe Gottes zu suchen. In seiner Nähe werden wir auch uns selbst wiederfinden und in der Beziehung zu ihm neue Wege entdecken. Gott weiß, was jetzt zu tun ist. Vertrau ihm ruhig, er hat immer eine Lösung, neue Hoffnung und Inspiration bereit, die du in der Ruhe, im Suchen nach ihm finden wirst.

> ***Ich sehne mich sehr danach, deine Weisungen noch besser kennen zu lernen.*** *Psalm 119,20* NGÜ

Sehne dich nach mehr, nach Gott und nach all dem, was er dir versprochen hat, und du wirst es finden, von Tag zu Tag, von Monat zu Monat, von Jahr zu Jahr.

SEI STILL

Lasst euren Aufruhr und erkennt, dass ich allein Gott bin, hoch erhaben über alle Völker, geehrt in aller Welt. Der allmächtige Herr ist mit uns, der Gott Jakobs ist für uns eine sichere Burg! Psalm 46,11–12 NGÜ

In der Welt, in der wir leben, sind wir einer konstanten Berieselung ausgesetzt. Computer, Handy, TV, E-Mails, Videogames usw. Das ist alles okay und wir brauchen das meiste davon, um überhaupt noch unseren Alltag meistern zu können. Aber trotz – oder gerade wegen – dieser konstanten Berieselung müssen wir lernen, uns wieder zurückzuziehen und die Ruhe zu suchen. Ruhe in der Natur, Ruhe am Morgen, bevor es losgeht, Ruhe am Abend, wenn die Kinder im Bett sind, ruhige Minuten in der Mittagspause oder ruhige Momente im Alltag unseres Lebens. Es ist wichtig, dass wir uns hin und wieder zurücknehmen, um in der Ruhe wieder unseren Fokus auf Gott zu richten. Gerade in intensiven Zeiten, in Zeiten, wo alles drunter und drüber zu gehen scheint und unsere To-do-Liste immer länger wird, sollten wir innehalten und sagen: »Gott, ich suche jetzt deine Ruhe. Ich ruhe in dir. Ich weiß, du hast einen Plan für mein Leben und nichts ist dir unmöglich.«

Ich liebe es, gerade wenn viel läuft und der Alltag viel von mir verlangt, frühmorgens meine Laufschuhe anzuziehen und alleine im Wald joggen zu gehen. In der Ruhe, bevor die Welt zu erwachen scheint, alleine in der Dunkelheit, finde ich meine Ruhe in Gott. Lasten fallen einfach so von mir und Glaube wird in meinem Herzen freigesetzt. Ein Glaube, dass an diesem Tag ein Highlight das nächste jagen wird. Erfüllt mit Zuversicht und Stärke starte ich dann den Tag und staune immer wieder, wie Gott schon in vielen Situationen vorgesorgt hat.

Ich denke, wir sollten uns wieder daran erinnern, dass die Schlachten, die wir kämpfen, eigentlich geistlich sind und nicht menschlich. Die Menschen, die gegen uns sind, die Probleme, die sich nicht zu lösen scheinen, die Herausforderungen mit den Kindern oder am Arbeitsplatz, die Nöte, denen wir begegnen, sind nicht der Grund für unseren Stress. Es ist die Unruhe und das fehlende Bewusstsein, dass für unseren Gott keine Herausforderung zu groß ist. Statt Gott zu suchen und von ihm die Lösung für unsere Probleme zu empfangen, versuchen wir, sie selber zu lösen, und am Ende der Woche endet unser Leben in einem großen Durcheinander. Darum ermutige ich dich, immer wieder Momente der Stille in deinem Leben zu suchen. Harre auf Gott, suche ihn, lasse deinen Glauben wieder aufleben und erlebe wieder, wie sich die Hand Gottes täglich in deinem Leben und über deinen Herausforderungen bewegt und dich siegreich aus jeglichen Situationen herausführen wird.

Denn wer an Gottes Ruhe Anteil bekommt, darf von all seiner Arbeit ausruhen, genauso wie Gott ruhte, als er alles erschaffen hatte. Setzen wir also alles daran, an dieser Ruhe teilzuhaben, und lassen wir uns den Ungehorsam jener früheren Generation als warnendes Beispiel dienen, damit wir nicht wie sie zu Fall kommen!

Hebräer 4,10–11 NGÜ

Emre Can, Pexels

GOTT IST IN DER RUHE

Da sprach der Herr zu ihm: »Geh hinaus und stell dich auf den Berg vor den Herrn, denn der Herr wird vorübergehen.« Zuerst kam ein heftiger Sturm, der die Berge teilte und die Felsen zerschlug, vor dem Herrn her. Doch der Herr war nicht im Sturm. Nach dem Sturm bebte die Erde, doch der Herr war nicht im Erdbeben. Und nach dem Erdbeben kam ein Feuer, doch der Herr war nicht im Feuer. Und nach dem Feuer ertönte ein leises Säuseln. Als Elia es hörte, zog er seinen Mantel vors Gesicht, ging nach draußen und stellte sich in den Eingang der Höhle. Eine Stimme sprach: »Was tust du hier, Elia?« 1. Könige 19,11–13 NLB

Elia, ein Mann Gottes, ist unterwegs. Er ist beim Wandern und auf der Suche nach Antworten, auf der Suche nach Gott. Plötzlich ruft Gott nach ihm und will ihm begegnen. Doch Gott ist nicht im Sturm, nicht im Erdbeben und auch nicht im Feuer. Gott begegnet Elia im Säuseln, in der Ruhe. So ist es auch bei uns. Wenn wir es schaffen, uns zurückzuziehen, Ruhe zuzulassen, Gott in der Ruhe zu suchen, dann werden auch wir Gott hören. Wir werden das Säuseln der Stimme Gottes wahrnehmen.

Doch das mit der Ruhe ist gar nicht so einfach. Bernie Krause, ein bekannter Mann, der Töne der Natur für Film und Fernsehen aufnimmt, sagte einmal, dass er 1968 für eine Stunde ungestörte natürliche Töne – also ohne Flugzeuge, Autolärm usw. – ungefähr 15 Stunden Aufnahmezeit benötigte. Heute benötige er 2000 Stunden Aufnahmezeit, um dieselbe Stunde von ungestörten Tönen zu bekommen! Ruhe ist ein Gut, das zunehmend verlorengeht. Und dabei wären Ruhe, Stille, Besinnung und Orte, wo wir nicht abgelenkt werden, so wichtig. Wichtig für unsere Seele, wichtig für unseren Glauben, wichtig für unser Leben. Klar, wir können Gott jeden Tag hören. Gottes Reden ist kreativ, ihm sind keine Grenzen gesetzt. Gott gebraucht Menschen, Predigten, Situationen, unseren Alltag, Gedanken, Ideen, die Bibel, andere Bücher, Träume, lustige Begebenheiten usw., um zu uns zu reden. Aber Gott will und möchte uns hin und wieder auch in der Ruhe, der Stille und der Abgeschiedenheit begegnen.

Ein guter Freund hat mir mal erzählt, dass er sich zwei Wochen in die Wüste zurückgezogen habe. Er hatte nur ein Auto, ganz viel Wasser und die Bibel dabei. Dort in der Wüste, in der Einsamkeit, fastete, betete und suchte er Gott. Er erzählte, dass die ersten paar Tage der Ruhe, in der Einsamkeit, die schlimmsten gewesen seien. Seine Seele war es nicht gewohnt, mit dieser Stille umzugehen. Doch dann, nach dieser »Gewöhnungszeit«, kam seine Seele zur Ruhe. Er entdeckte Neues in der Bibel, er nahm die Stimme Gottes auf eine neue Art wahr und sein Herz konnte die Liebe Gottes in einer neuen Dimension empfangen und aufnehmen.

Ruhe zuzulassen ist schwierig. Klar, nicht jeder braucht dieses zweiwöchige Wüstenerlebnis. Doch wir alle brauchen hier und da Orte der Ruhe. Orte, wo wir mit Gott alleine sind. Orte, wo unsere Seele zur Ruhe kommen kann. Orte, wo wir ungestört sind. Orte, wo Gott uns in seinem Säuseln begegnen kann.

Warum ist es so schwierig, Ruhe zuzulassen? Ich denke, wir kennen die Ruhe nicht mehr. Ruhe gehört nicht mehr zu unserem Alltag. Überall sind wir von Geräuschen, Eindrücken, Lärm, Fragen und Problemen umgeben. Hast du ein Smartphone? Einen Fernseher? Einen E-Mail-Account? Spielt das Radio Musik im Hintergrund? Den ganzen Tag? Während der Arbeit, im Auto, zu Hause? Wir alle sind ständig ganz viel Lärm und auch unbewussten Geräuschen und Eindrücken ausgesetzt. Und je mehr sie selbstverständlich werden, desto schwieriger wird es, Gott zu hören.

Wünschst du dir, die Stimme Gottes wäre lauter in deinem Leben? Ich ermutige dich: Versuch es mal wieder und lass Ruhe zu. Setz dich auf einen Sessel und atme langsam und tief, keine Musik, keine Nebengeräusche, zum Beispiel frühmorgens. Lies in der Bibel, bete ein paar Sätze, schreibe deine Gedanken auf, lass Ruhe zu! Oder gehe spazieren, joggen, wandern, alleine in der Natur. Ohne Gesprächspartner, ohne Kopfhörer in den Ohren, alleine in der Ruhe, und entdecke, was Gott dir sagen möchte.

Wann warst du das letzte Mal alleine in der Stille? War es schwierig für dich, die Ruhe zuzulassen? Warum ist es einfacher, sich mit Geräuschen zu umgeben, statt leise dem Säuseln Gottes zu lauschen? Wie sieht dein Zeitplan, dein Leben aus? Gibt es Orte der Ruhe? Ich ermutige dich, die Ruhe wieder zuzulassen, Gott zu suchen und immer wieder zu erleben, wie Gott dir in der Ruhe begegnet und wie er heilt, verändert, weiterträgt, Ideen schenkt und dir seine Liebe zeigt.

> ***Hört, jemand ruft: »Bahnt für den Herrn einen Weg durch die Wüste, baut eine Straße für unseren Gott! Füllt die Täler auf, ebnet Berge und Hügel ein, räumt alle Hindernisse aus dem Weg! Der Her wird kommen in seiner ganzen Herrlichkeit und alle Menschen werden es sehen. Der Herr selbst hat das gesagt.«*** *Jesaja 40,3–5* GNB

Woche 15
GEFÜHLE

Woche 15 – Montag

WUT

Als Jesus ein anderes Mal in die Synagoge ging, war dort ein Mann mit einer verkrüppelten Hand. Die, die einen Vorwand suchten, um Jesus anklagen zu können, beobachteten aufmerksam, ob er ihn am Sabbat heilen würde. »Steh auf und komm nach vorn!«, sagte Jesus zu dem Mann mit der verkrüppelten Hand. Und den anderen stellte er die Frage: »Was ist richtig – am Sabbat Gutes zu tun oder Böses? Einem Menschen das Leben zu retten oder ihn zu töten?« Sie schwiegen. Er sah sie der Reihe nach an, voll Zorn und zugleich tief betrübt über ihr verstocktes Herz. *Markus 3,1–5 NGÜ*

Jesus will einen Mann am Sabbat heilen, einem für die Juden heiligen Tag. Eigentlich ist dies verboten, ein No-Go. Die religiösen Führer, die ihn beobachten, sind empört. Doch Jesus tut es. Vorher fragt er sie noch: »Was ist besser – Gutes oder Böses zu tun?« Doch die religiösen Führer haben darauf keine Antwort. Sie schweigen einfach. Dann lesen wir, dass Jesus zornig wurde. Ja, du hast richtig gelesen, Jesus wurde zornig! Doch wenn wir Zorn oder Wut tiefer anschauen, sehen wir, dass es sich bloß um ein vergängliches Gefühl handelt. Durch Wut und Zorn sagt uns der Körper, dass etwas, das uns zusteht, das wir uns wünschen oder nach dem wir uns sehnen, vereitelt wurde. Das Problem ist eigentlich nie die Wut an sich, sondern das, was wir aus ihr machen. Denn unsere Wut führt uns immer irgendwohin.

Meistens kommt durch die Wut unser Innerstes zum Vorschein. Wütend reagieren viele egoistisch und engstirnig. Wir verteidigen unsere kleinen Königreiche und holen uns wieder, was uns unserer Ansicht nach zusteht. Doch so war es bei Jesus nicht. Die Wut von Jesus hatte sogar etwas Göttliches. Er regte sich über die harten Herzen der religiösen Führer auf. Er hat sich einer ungerechten Situation angenommen und einem armen, kranken Mann

geholfen. Seine Wut führte zur Heilung, zur Wiederherstellung, zur Rettung eines Menschen. Wohin führt deine Wut? Führt sie zur Heilung und Veränderung – oder zur Zerstörung und zu einem egoistischen Kampf? Wut ist nur ein Gefühl. Die Frage ist: Wo führt sie uns hin?

Ich behaupte sogar, dass ein bisschen Wut gut ist. Gesund und nötig. Wut, Zorn und eine heilige Unruhe können uns in die richtige Richtung führen. Darum machen wir es doch wie Jesus: Benutzen wir die Unruhe in uns, um Ungerechtigkeit zu bekämpfen, um Frieden zu bringen, um Menschen Gottes Liebe näher zu bringen, um Missstände zu bekämpfen, religiöse Mauern zu brechen, Lügen zu bekämpfen, die Welt zu einem besseren Ort zu machen. Wut oder Zorn kann ein unglaublicher Turbo sein, wenn wir lernen, die richtigen Fragen zu stellen und unsere Gefühle in die richtige Richtung zu lenken. Viele Menschen fragen sich: »Was ist der Sinn und Zweck meines Lebens? Was ist meine Berufung?« Man könnte diese Frage auch anders stellen: »Was macht dich wütend?« Wobei denkst du, wenn du es siehst: »Da ist was falsch. Das ist nicht fair. Das sollte man reparieren. Da sollte man helfen. Da sollte man wieder die Wahrheit Gottes hineinbringen«? Reagiere darauf und bringe den Frieden, die Versöhnung und die Liebe Gottes in deine Welt hinein. Gott kann deine Wut gebrauchen, um dir deinen Platz und deine Bestimmung zu zeigen. Klar, wir sollten nicht aus Wut heraus reagieren, das kommt nie gut und führt nur zu einem Kampf, den wir nicht gewinnen können. Doch manchmal gebraucht Gott unsere Gefühle, um uns wieder aufzuzeigen, welchen Kampf wir in der Liebe kämpfen und gewinnen sollten. Wo neue Leidenschaft freigesetzt und Menschenleben verändert werden können. Lerne, für das Gute aufzustehen, gehe für die, die keine Stimme haben, bringe Gottes Liebe und seine Gnade in diese Welt hinein. Werde dir deiner Gefühle bewusst. Lerne sie zu kanalisieren, wie Jesus es tat, und verwandle sie mit der Gnade und Liebe Gottes in etwas Wunderbares, Heilendes und Veränderndes.

Achtet also darauf, Geschwister, dass keiner von euch durch eine rebellische Haltung dem Unglauben Raum gibt und sich von dem lebendigen Gott abwendet. *Hebräer 3,12* NGÜ

SCHMERZ

Sowie Maria an den Dorfeingang kam und Jesus erblickte, warf sie sich ihm zu Füßen und rief: »Herr, wenn du hier gewesen wärst, wäre mein Bruder nicht gestorben!« Beim Anblick der weinenden Frau und der Juden, die sie begleiteten und mit ihr weinten, erfüllten ihn Zorn und Schmerz. Bis ins Innerste erschüttert, fragte er: »Wo habt ihr ihn begraben?« Die Leute antworteten: »Herr, komm mit, wir zeigen es dir!« Jesu Augen füllten sich mit Tränen. *Johannes 11,32–35* NGÜ

Wir alle erleben früher oder später schmerzvolle Situationen und Momente des Verlustes. Menschen, die uns nahestanden, sterben, und in uns breitet sich eine große Leere und Traurigkeit aus. Auch wenn wir dies am liebsten umgehen und den Schmerz ignorieren möchten – er gehört dazu. Tod und Trauer gehören genauso zum Leben wie Geburt und Freude. Schmerz durch Verlust, Schmerz durch kaputtgegangene Beziehungen, Schmerz durch hoffnungslose Situationen. Trauer. Tränen. Leere. Und mitten in all dem finden wir Gott.

Auch Jesus hat geweint. Auch er hat diese Leere gefühlt. Wir lesen in der Bibel, wie Lazarus, ein guter Freund von Jesus, gestorben war. Unerwartet und viel zu früh. Ein paar Tage nach seiner Beerdigung besucht Jesus das Dorf von Lazarus und trifft dort auf dessen Familie und Freunde, die am Grab trauern. Lazarus' Schwestern sehen Jesus und klagen: »Wenn du da gewesen wärst, wäre es vielleicht nicht passiert.« Und Jesus ist mittendrin in all dieser Trauer und Schwere, tief erschüttert. Wir lesen: »Jesu Augen füllten sich mit Tränen.« Er fühlte den Schmerz und Verlust. Er fühlte mit den Hinterbliebenen. Er ließ sich von der vollen Kraft des Moments erschüttern und packen, und er trauerte.

Auch wir sollten uns wie Jesus vom Schmerz »packen lassen«. Wenn wir den Schmerz nicht an unser Herz lassen, dann bleibt er irgendwo tief in uns stecken, wir fressen ihn in uns hinein – und irgendwann schießt er nach oben wie Lava in einem Vulkan. Vielleicht hast du jemanden vor langer Zeit verloren und hast nie richtig getrauert – dann ist er noch da, der Schmerz, tief in dir. Jesus hat den Schmerz herausgelassen und geweint. Dies müssen wir auch tun, damit der Schmerz uns nicht gefangen nimmt, sondern verarbeitet werden kann.

Jesus will uns in unserer Trauer begegnen. Er will mit uns trauern, mit uns weinen und uns in unseren Herausforderungen begleiten. Er sitzt da, mit uns. Willst du reden, kannst du reden, denn Jesus hört dir zu. Willst du weinen, dann weine, und Gott weint mit dir. Willst du trauern, dann trauert Gott mit. Keinen Schmerz, keine Trauer und keine Hoffnungslosigkeit musst du alleine tragen. Gott wird da sein. Er ist an deiner Seite. Er sieht deine Trauer, deinen Schmerz und will dir helfen, ihn zu tragen, ihn zu überwinden und wieder neue Hoffnung und neue Freude zu finden.

Jesus trauert zunächst, doch dann geht er zum Grab und ruft Lazarus zurück ins Leben. Er holt ihn zurück von den Toten. Er weckt ihn auf. Ich weiß, dass so was bei uns normalerweise nicht passiert. Aber Jesus kann uns – nachdem wir zusammen getrauert und den Schmerz geteilt haben – neue Freude schenken und neue Hoffnung zeigen. Er kann uns begegnen. Die Voraussetzung dafür ist, dass wir mit ihm trauern, statt ihn zu hinterfragen. Neues Leben, neue Lebensfreude, neue Lebenskraft kann kommen, weil Gott da ist. Auch inmitten unseres Schmerzes! Ich wünsche dir, dass du Schmerz zulassen kannst. Dass du erlebst, wie Gott neben dir sitzt, und du dadurch wieder neue Kraft, Energie und Lebensfreude entdecken kannst.

> ***»Wälzt den Stein weg!«, befahl Jesus. … Man nahm nun den Stein vom Eingang weg. Jesus richtete den Blick zum Himmel und sagte: »Vater, ich danke dir, dass du mich erhört hast.« … Danach rief er mit lauter Stimme: »Lazarus, komm heraus!« Der Tote trat heraus, Füße und Hände mit Grabbinden umwickelt und das Gesicht mit einem Tuch verhüllt.***
> *Johannes 11,39.41.43–44* NGÜ

BITTERKEIT

Als Noomi sah, dass Rut so fest entschlossen war, gab sie es auf, sie zur Heimkehr zu überreden. So gingen die beiden miteinander bis nach Betlehem. Als sie dort ankamen, sprach es sich sofort in der ganzen Stadt herum und die Frauen riefen: »Ist das nicht Noomi?« »Nennt mich nicht mehr Noomi«, sagte sie, »nennt mich Mara; denn Gott, der Gewaltige, hat mir ein sehr bitteres Schicksal bereitet.« *Rut 1,18–20* GNB

Noomi hat ihren Ehemann und ihre beiden Söhne verloren. Sie entscheidet sich, ihren Namen, welcher »die Liebliche« bedeutet, abzulegen und einen neuen Namen anzunehmen. Sie sagt: »Nennt mich nicht mehr Noomi. Nennt mich Mara.« »Mara« ist das hebräische Wort für »bitter«. Sie hat die Hoffnung aufgegeben. Sie hat die Lebensfreude verloren. Sie entscheidet sich für die Bitterkeit.

Wir alle erleben Situationen, in denen wir herausgefordert sind, zu entscheiden, was für eine Art Mensch wir sein wollen. Wir können uns entscheiden, ob wir unsere Tür für die Bitterkeit öffnen oder nicht. Wenn wir nicht erkennen, dass wir wählen können, lassen wir automatisch ein bisschen Bitterkeit hinein, und nach und nach frisst sie sich wie ein Krebsgeschwür in unser Herz. Ich möchte dich heute ermutigen, dies nicht zuzulassen. Lass die Bitterkeit nicht in dein Herz. Dein Leben ist zu wertvoll, als dass du es damit verbringen solltest, dein Leid zu beklagen. Im Psalm 71 lesen wir, wie der Schreiber zu Gott betet:

> ***Du hast uns Nöte und bitteres Leid erfahren lassen, du wirst uns auch wieder neues Leben schenken und uns aus den tiefsten Abgründen der Erde emporführen.*** *Psalm 71,20* NGÜ

Gott wird uns wieder neues Leben schenken. Gott will und wird uns aus den tiefsten Abgründen der Erde herausführen und uns jegliches Leid mit seinem Segen zurückerstatten. Doch wir müssen uns entscheiden, der Bitterkeit keinen Raum zu geben. Es ist so wichtig, dass wir dies nie vergessen. Denn so schnell geschieht es, dass das, was wir verloren haben, zum Zentrum unseres Lebens wird. Trauer und Schmerz wird zum Lebensinhalt und Bitterkeit bekommt immer mehr Raum in uns. Ich schreibe dies mit tiefem Respekt. Kein Verlust geht spurlos an uns vorbei. Trauer gehört dazu. Doch obwohl das Trauern seinen Platz und seine Bedeutung hat, sollte es trotzdem nicht zum Hauptinhalt unseres Lebens werden. Der Schmerz, wenn wir geliebte Menschen verlieren, ist unerträglich und die Lücke, die sie hinterlassen, riesengroß. Doch unser Herz wird heilen. Klar, es wird nie mehr alles so wie zuvor, aber wir werden uns erholen, weil Gott bei uns ist. Weil Gott uns nahe ist. Weil Gott uns weiterführen will.

Ich wünsche dir, dass du erkennst, dass es in Ordnung ist, zu weinen, zu trauern, zu klagen und sich leer zu fühlen. Doch ich wünsche dir auch den Mut, dich wieder auf Gott einzulassen. Ich wünsche dir, dass du die Wahl triffst, nicht bitter und verschlossen zu werden, sondern wieder offen für das, was Gott in deiner Zukunft noch für dich bereithat. Werden wir offen für das neue Leben, sodass Gott uns aus den tiefsten Abgründen herausführen kann.

Noomi gab auf und nannte sich »Mara – die Bittere«. Doch Gott gab sie nicht auf. Wir lesen am Ende der Geschichte, wie Noomi ihre Lebensfreude wieder zurückgewann.

> ***So nahm Boas Rut zur Frau. Der Herr ließ sie schwanger werden und sie gebar einen Sohn. Da sagten die Frauen zu Noomi: »Der Herr sei gepriesen! Er hat dir heute in diesem Kind einen Löser geschenkt. Möge der Name des Kindes berühmt werden in Israel! Es wird dir neuen Lebensmut geben und wird im Alter für dich sorgen. Denn es ist ja der Sohn deiner Schwiegertochter, die in Liebe zu dir hält. Wahrhaftig, an ihr hast du mehr als an sieben Söhnen!« Noomi nahm das Kind auf ihren Schoß und wurde seine Pflegemutter.*** *Rut 4,13–16* GNB

Gott ist dem Leid von Noomi mit seiner Güte und Gnade begegnet. So wird er auch dich in deinem Schmerz, deinen Fragen und der Schwere in deinem Leben nicht allein lassen.

Er wird dich neu segnen und dich aus deinem Leid herausführen. Gott will dir statt Bitterkeit neue Freude, neue Lebensenergie und neue Stärke geben. Öffne dein Herz, nicht für die Bitterkeit, sondern für Gott.

LIEBE

Ja, ich bin überzeugt, dass weder Tod noch Leben, weder Engel noch unsichtbare Mächte, weder Gegenwärtiges noch Zukünftiges, noch gottfeindliche Kräfte, weder Hohes noch Tiefes, noch sonst irgendetwas in der ganzen Schöpfung uns je von der Liebe Gottes trennen kann, die uns geschenkt ist in Jesus Christus, unserem Herrn. Römer 8,38–39 NGÜ

Jeder von uns macht Fehler. Absichtlich, ungewollt, berechnend oder aus Versehen. Kein Mensch kann ein fehlerfreies Leben führen. Fehler gehören dazu. In der Bibel werden diese auch Sünde genannt. Der griechische Ausdruck für Sünde (hamartia) und das hebräische Wort (chata'at) bedeuten im Ursprung: Verfehlen eines Ziels. Wir verpassen den Segen. Wir verpassen die Fülle des Lebens. Wann immer Fehler passieren und Dinge schieflaufen, gehen wir schlussendlich in die falsche Richtung. Wir verpassen das, was Gott für uns vorbereitet hat.

Doch obwohl Sünde uns vom Ziel des Lebens wegbringt, gibt es eine Antwort darauf: Jesus. Jesus kam auf diese Erde, um uns unsere Fehler zu vergeben. Darum ermutige ich dich heute: Lauf wieder auf Jesus zu und erinnere dich daran, dass er dir vergeben hat. Steh zu deinen Schwächen, steh zu deinen Fehlern, sei ehrlich und authentisch, aber sei dir auch bewusst, dass sie dir bereits vergeben wurden! Gott hat kein Problem mit unseren Problemen. Aber wenn wir von Gott weglaufen, nur weil Dinge falsch gelaufen sind und wir uns dafür schämen oder uns davon runterziehen lassen, entgeht uns sein Segen. Ich weiß, im ersten Moment ist es verlockend und scheint leichter zu sein, einfach davonzulaufen, sich nicht der Wahrheit zu stellen, sie zu ignorieren, sich die Fehler nicht einzugestehen, sich nicht bei anderen zu entschuldigen und einen anderen Weg zu suchen. Doch je länger wir vor der Wahrheit weglaufen, uns vor unseren Schwächen verstecken und nicht zu unseren Fehlern stehen, desto mehr entfernen wir uns von unserer Bestimmung, vom Segen und einem Leben in Fülle, Freude und Frieden. Darum ermutige ich dich: Komm wieder zurück zu Gott. Gott sagt genau heute zu dir: »Du kannst nichts tun, was so schlimm wäre, dass ich dich weniger lieben würde. Und alle deine Sünden habe ich dir bereits vergeben.«

Was auch immer du getan hast, wo auch immer du gewesen bist und was auch immer du noch tun wirst: Gott liebt dich und hat dich immer geliebt. Dies können wir nicht ändern. Egal, wie weit wir von Gott weglaufen, er läuft uns nach. Er sucht nach uns, er sucht unsere Aufmerksamkeit, tagtäglich will er uns begegnen, nur um uns zu sagen, dass er uns liebt. Vielleicht sagst du mir jetzt: »Du hast keine Ahnung, was ich alles getan habe.« Oder: »Wenn du nur wüsstest …« Doch wir haben ja gerade gelesen, dass uns NICHTS, aber auch rein gar nichts von der Liebe Gottes trennen kann. Gott wartet auf dich. Gott will mit dir weitergehen. Gott hält weiteren Segen und seine bedingungslose Liebe für dich bereit. Gott ruft nach dir und sehnt sich danach, dir zu helfen, dein bestes Leben zu leben. Komm zurück zu Gott. Erlebe, wie er dir mit seiner grenzenlosen Liebe begegnet. Erkenne, dass er dich liebt und dass er noch so viel für dich bereithat. Hör auf, zu kämpfen. Hör auf, anderen gefallen zu wollen. Hör auf, davonzurennen. Komm zurück in die Arme deines liebenden Gottes, den nichts, aber rein gar nichts davon abhält, dich zu lieben, für dein Bestes zu sorgen, dich zu segnen und dich wieder zurück auf den Weg zum Ziel zu bringen.

Denn Gott hat der Welt
seine Liebe dadurch gezeigt,
dass er seinen einzigen Sohn
für sie hergab,
damit jeder, der an ihn glaubt,
das ewige Leben hat
und nicht verloren geht.
Gott hat seinen Sohn nicht
in die Welt gesandt,
um sie zu verurteilen,
sondern um sie durch ihn zu retten.

Johannes 3,16–17 NGÜ

ERINNERUNGEN

Doch ich will mir die Taten des Herrn in Erinnerung rufen. Ja, ich will an deine Wunder aus längst vergangener Zeit denken. Ich sinne über all dein Wirken nach, dein Handeln erfüllt meine Gedanken. Gott, heilig ist alles, was du tust. Wer sonst ist ein so großer Gott wie du? Du bist der Gott, der Wunder vollbringt! Den Völkern hast du deine Macht gezeigt. *Psalm 77,12–15* NGÜ

Ich liebe es, wie der Schreiber dieses Psalms sich an die großen Taten und die Wunder Gottes in seinem Leben erinnert. Er ruft sie sich in Erinnerung und schöpft Kraft daraus. Gott tut in unserem Leben so viel Gutes, Großartiges und Geniales. Jeden Tag von Neuem will er uns seine Weisheit, seine Kraft und Bewahrung schenken. Gott ist da und liebt es, uns in unserem Alltag zu begegnen und uns zu führen. Und hin und wieder erleben wir auch große Wunder. Momente, in denen Gott uns gewaltig berührt, heilt und segnet. Und genau an diese großen Momente sollten wir uns immer wieder erinnern. Warum? Weil diese Erinnerungen zu unserer Kraftquelle werden, wir so nie vergessen, was Gott noch alles in unserer Zukunft bewegen könnte, und weil wir so immer wieder Gott die Ehre für das Großartige in unserem Leben geben.

Schaue ich zurück, sehe ich ein Wunder nach dem anderen, das Gott in meinem Leben getan hat. Und ich bin überzeugt, dass es bei dir genauso ist.

Wenn du dir Zeit nimmst und dein Leben reflektierst, wirst du Wunder finden und sehen. Dann kannst du zu dir sagen: »Das ist das, was Gott in meinem Leben schon getan hat. Dies gibt mir den Glauben und den Mut, mehr von meinem Gott in meiner Zukunft zu erwarten.« Denn die Wunder unserer Vergangenheit erinnern uns immer daran, was Gott noch alles in unserer Zukunft tun kann und will. Es kann sein, dass du im Moment mit einem Problem haderst, dich in einer scheinbar ausweglosen Situation befindest, gegen eine Krankheit kämpfst und nicht mehr weiterweißt. Dann möchte ich dir sagen: Mach es wie der Schreiber im obengenannten Psalm – erinnere dich wieder an all das Gute, das Gott schon getan hast. Du wirst sehen, dein Leben und deine Geschichte sind ein Wunder. Lass nicht zu, dass all die Wunder Gottes selbstverständlich werden.

Erinnere dich immer wieder an all das Gute, und du wirst neue Kraft für die gegenwärtige Situation und deine Zukunft finden. Verliere nie die Freude an dem, was Gott dir schon geschenkt hat.

Erzähle deine Wunder, immer und immer wieder. Denn wenn wir uns immer wieder daran erinnern, was Gott alles schon getan hat, seine Wunder feiern und uns an seiner Güte erfreuen, dann begeben wir uns in eine Position, in der Gott uns wieder Neues schenken kann. Neue Wunder geschehen, Heilung wartet auf dich, der Durchbruch naht und Türen werden sich öffnen – weil du nicht vergessen hast, wem du was zu verdanken hast.

> ***Der Helfer, der Heilige Geist, den der Vater in meinem Namen senden wird, wird euch alles Weitere lehren und euch an alles erinnern, was ich euch gesagt habe.*** *Johannes 14,26* NGÜ

Woche 16

MEISTERWERK

DU BIST EIN MEISTERWERK

»Ich bin ein Meisterwerk Gottes. Ich sehe mich selbst als ein solches und habe Freude an mir. Ich bin einzigartig, perfekt geschaffen und ausgestattet mit allem, was ich benötige, um ein erfülltes und sinnvolles Leben zu leben!«

Leider gehen viele Menschen durchs Leben und fühlen sich nicht wohl in ihrer Haut. Sie sagen zu sich: »Wäre ich doch nur ein bisschen größer oder wären meine Beine kürzer, meine Haare dicker, oder wäre meine Nase nicht so groß. Die Ohren sind zu lang, der Oberkörper zu kurz, die Stimme zu hoch, das Lachen zu laut, die Augen zu klein, die Lippen zu schmal und die Beine zu langsam.« Egal, was es ist, viele sind nicht wirklich glücklich mit sich selbst und ihrem Aussehen.

Doch als Gott uns geplant und geschaffen hat, überließ er nichts dem Zufall. Du und ich, wir sind keine Zufallsprodukte, weder ein Unfall noch ein Unglück. Wir sind eine Schöpfung des höchsten Gottes, der das ganze Universum, die Erde und jeden einzelnen Menschen mit einer unglaublichen Liebe zum Detail einzigartig und perfekt geschaffen hat. All deine Gaben, dein Aussehen, deine Hautfarbe, deine Herkunft, deine Größe, deine Art zu denken und zu handeln, deine Augenfarbe, sogar die Länge deiner Beine sind gewollt, geplant und ein Meisterwerk unseres Schöpfers im Himmel.

Du hast alles in dir, um deinen Traum zu leben und deine Bestimmung zu erfüllen. Niemand von uns ist Durchschnitt, langweilig oder gewöhnlich.

Wir sind keine Fließbandprodukte oder Abfallware. Du und ich, wir sind Meisterwerke. Jemanden wie dich gibt es kein zweites Mal. Niemand hat das Potential, die Träume und die Möglichkeiten, die du hast.

Wir sind Gottes wertvollste Schöpfung. Darum möchte ich dich ermutigen, nicht mehr umherzugehen und dir dauernd zu sagen, was an dir falsch ist. Hör auf, zu sagen, was du anders oder in deinen Augen besser hättest machen können.

Du bist so, wie du bist, genial und perfekt!

Je eher wir ein Ja zu unserer Art, unserem Aussehen, unserer Größe, Nationalität, Hautfarbe und unserem Elternhaus finden, desto eher sind wir fähig, unser Leben wirklich auch zu leben. Jesus wird in der Bibel gefragt, was das wichtigste aller Gebote sei. Darauf antwortet er: »Liebe deinen Gott von ganzem Herzen und liebe deinen Nächsten wie dich selbst!« Spannend, wie er die Selbstliebe erwähnt. Was versetzt uns dazu in die Lage, sowohl uns selbst, andere als auch Gott zu lieben? Eine schlichte Tatsache: Gott hat uns zuerst geliebt (siehe 1Joh 4,19)! Solange wir uns immer wieder selbst ablehnen, wird es uns auch schwerfallen, Gott und unsere Nächsten zu lieben. Finden wir hingegen Gottes Ja zu uns – das in der Bibel klipp und klar zum Ausdruck kommt –, freuen wir uns an dem, was wir in ihm sind und haben. Und dann sind wir auch fähig, andere Menschen und vor allem auch unseren Gott zu lieben! Entdecke Gottes Ja zu dir, freue dich über deinen Schöpfer, indem du dich darüber freust, wie er dich geschaffen hat und was er dir alles gegeben hat. Du bist ein Meisterwerk Gottes, und zwar ein geniales!

In Jesus Christus sind wir Gottes Meisterstück. *Epheser 2,10a* NEÜ

SICHER

»Ich fühle mich sicher und weiß, wer ich bin. Gott hat den perfekten Plan für mein Leben in seiner Hand. Somit brauche ich mich vor nichts zu fürchten. Weder vor meiner Zukunft, meinem Ende, meiner Versorgung oder meiner Gesundheit.«

Als Gott uns geschaffen hat, kreierte er uns mit einer Idee, einem Plan, einem Ziel, Sinn und Zweck. Keiner von uns ist einfach so zufälligerweise auf dieser Erde. Mit Gott auf unserer Seite haben wir einen Plan. Wir haben eine Quelle, die uns immer wieder den besten Weg für unser Leben zeigt. Keine Krankheit, keine noch so große Herausforderung oder Not unseres Lebens ist für Gott eine Überraschung. Für alles noch so Komplizierte, Schwere und Tragische hat Gott schon eine Lösung in seiner Hand. Darum brauchen wir uns weder um unsere Zukunft noch um die finanzielle Sicherheit oder unsere Gesundheit zu sorgen. Wir sind Kinder des höchsten Gottes, und Gott hat immer unser Bestes im Sinn. Alles Leid, jegliche Krankheiten und Nöte werden sich am Schluss zu einem Sieg für uns verwandeln. Gott wird es nicht zulassen, dass die Fehler, das Versagen oder die Ängste seiner Kinder so mächtig werden, dass wir unseren Plan nicht leben können. Wir sind sozusagen von einer göttlichen Schutzhülle umgeben, die uns bewahrt, bremst und schützt. Auch wenn wir uns verlaufen, den Weg des Segens verloren haben, wird Gott uns immer wieder zurück auf den Weg, den er für uns bestimmt hat, führen. Öffne auch du dein Herz immer wieder für Gott und erlebe, wie du durch seine göttliche Hand wieder zurück an den Ort des Segens, der Fülle und der Sicherheit kommst. Dank diesem Wissen dürfen wir uns sicher fühlen und geben den Sorgen um unsere Zukunft daher keinen Raum mehr in unseren Gedanken.

Auch Jona, ein Mann aus der Bibel, erlebte, wie ihn Gott wieder zurück auf den Weg des Segens brachte. Gott hatte einen Auftrag für Jona und schilderte ihm diesen. Er sollte in die Stadt Ninive gehen, um ihr eine Bußpredigt zu halten. Doch Jona wollte Gott nicht gehorchen. So machte er sich auf in die entgegengesetzte Richtung und flüchtete buchstäblich vor dem Plan Gottes. Doch Gott wäre nicht Gott, wenn er ihn einfach hätte ziehen lassen. Ein Sturm auf hoher See erfasste das Boot, auf dem Jona war. Jona schlug vor, sich über Bord werfen zu lassen, damit der Sturm sich legen würde. Im Meer wurde Jona von einem Wal verschluckt, überlebte im Bauch des Tieres und wurde von diesem an genau der Stelle, wo er eigentlich seine Reise nach Ninive hätte starten sollen, ausgespuckt. So hatte er zum zweiten Mal die Wahl: Den Weg, den Gott für ihn vorbereitet hatte, zu gehen oder wiederum zu flüchten. Er entschied sich dann, das zu tun, wozu Gott ihn gerufen hatte, und dadurch lebte er seine Bestimmung aus.

Gott hat auch dein Leben in seiner Hand, er hat einen Plan. Nichts kann dich davon abhalten zu tun, was Gott mit dir tun will. Keine Krankheit, keine Not, keine Grenze, keine Behinderung kann dich stoppen. Keine falsche Entscheidung, kein Weglaufen, keine Sünde kann dich ausbremsen, deinen Auftrag auszuleben. Halte an Gott fest und erlebe, wie du immer wieder zurück auf den Weg des Segens und deiner Bestimmung kommst. So werden sich Ruhe und Sicherheit in deinem Herzen ausbreiten.

Ja, ich bin überzeugt, dass weder Tod noch Leben, weder Engel noch unsichtbare Mächte, weder Gegenwärtiges noch Zukünftiges, noch gottfeindliche Kräfte, weder Hohes noch Tiefes, noch sonst irgendetwas in der ganzen Schöpfung uns je von der Liebe Gottes trennen kann, die uns geschenkt ist in Jesus Christus, unserem Herrn.

Römer 8,38 NGÜ

ZUFRIEDEN

»Ich bin gut, so wie ich bin. Ich fühle mich glücklich und bin zufrieden mit meinem Leben, meinem Umfeld, meiner Arbeit, meiner Kirche, meinen Freunden und mit mir selbst.«

Sei du selbst, freue dich an dem, was du hast, und lebe dein bestes Leben!

In unserer Gesellschaft gibt es einen unterschwelligen Druck: besser, schöner, intelligenter, erfolgreicher, schneller, talentierter und reicher zu sein als andere. Wenn wir uns nicht ständig verbessern, verschönern und sportlicher werden, fühlen wir uns schlecht. Somit rennen wir schneller, arbeiten mehr und trainieren länger. Zieht unser bester Freund in eine neue, größere und schönere Wohnung, können wir uns nicht freuen, weil tief in uns eine Stimme sagt: »Das hättest du dir eigentlich auch verdient, warum hast du keine solche Möglichkeit?« Bekommt ein Arbeitskollege mehr Lohn, eine Beförderung oder wird bevorzugt behandelt, kämpfen wir gegen den Neid an, statt mit ihm zu feiern. Reist die befreundete Familie im Sommer in den Ferien nach Amerika, melden sich wiederum neidvolle Gedanken und wir vergleichen ihre und unsere Möglichkeiten. Wenn wir nicht aufpassen, sind wir in Gefahr, Gefangene dieser Gedankenmuster zu werden. Solange wir uns mit anderen vergleichen, werden wir es nicht schaffen, mit uns selbst zufrieden zu sein. Jedes Mal, wenn wir gegen unseren Neid kämpfen, verpassen wir die Freude, die Möglichkeiten und den Segen, den Gott für unser Leben bereithat. Warum? Weil wir nicht berufen sind, das Leben eines anderen zu leben. Gott hat uns genau das gegeben, was wir brauchen, um unseren Lebenslauf zu absolvieren.

Es kann gut sein, dass ein Freund, ein Mitarbeiter, ein Verwandter mehr gesegnet wird als du. Doch das sollte dich nicht kümmern. Du hast dein Leben zu leben. Und je mehr wir dies begreifen, desto mehr sehen wir auch den Segen, den Gott für uns bereithält. Denk daran, es gibt immer jemand, der mehr hat als du, der schöner aussieht, der talentierter ist, der besser, begünstigter, autoritärer und gesalbter ist als du. Darum vergeude dein Leben nicht damit, dich mit anderen zu vergleichen. Du hast alles in dir und in deiner Nähe, was du brauchst, um dein bestes Leben zu leben – lebe es! Hör auf, andere nachzuahmen und entdecke deine Originalität. Denn du bist eine einzigartige und geniale Schöpfung unseres Schöpfers im Himmel. Gott hat dir alles gegeben, damit du dich zufrieden, glücklich und erfüllt fühlen kannst mit dem, was du hast und wie du bist.

Das Beste, was ich immer wieder entdecken kann, ist dies: Je zufriedener und dankbarer ich für das bin, was ich bin und habe, desto mehr sehe ich auch, was Gott noch alles für mich bereithält. Aus dieser Zufriedenheit und Ruhe heraus wachse ich, entwickle ich mich und verändere ich mich, weil ich entdecke, wer ich in den Augen Gottes bin und nicht mehr versuche, jemand anderes zu sein. Gott hat auch dich genial geschaffen und ausgestattet mit einem unglaublichen Potential, das nur darauf wartet, von dir entdeckt zu werden. Sei du selbst, freue dich an dem, was du hast, und lebe dein bestes Leben!

> ***Seid mutig und entschlossen! Habt keine Angst! Erschreckt nicht vor ihnen! Der Herr, euer Gott, wird selbst mit euch ziehen. Er wird euch gewiss nicht im Stich lassen.*** *5. Mose 31,6* GNB

WERTVOLL

Wir alle sind ein Werk. Ein Meisterwerk Gottes. Aber auch ein Werk, dem Gott noch den letzten Schliff geben möchte. Gott arbeitet durch seinen Geist jeden Tag daran, uns zu verändern, uns ihm ähnlicher werden zu lassen und uns immer wieder auf seinen nächsten Segen, seinen nächsten Spielzug, seine nächste Idee vorzubereiten.

Das Geniale an unserem Gott ist, dass er sich nicht mit unseren Fehlern und den Situationen beschäftigt, in denen wir versagt haben – nein, Gott sieht, was wir gut machen. Vielleicht verlierst du manchmal die Beherrschung oder dir entgleitet eine Bemerkung, die du lieber nicht gemacht hättest. Bitte Gott und den Menschen, der unter deinem Fauxpas gelitten hat, um Vergebung, aber bleib nicht stehen. Lass dich nicht von deinen Fehlern herunterziehen, sondern schaue wieder auf Gott. Schau nach vorne. Für Gott bleibst du trotzdem unglaublich wertvoll.

Ich schreibe das nicht, um unsere Fehler zu beschönigen oder zu rechtfertigen. Aber die Wahrheit ist, dass wir alle Bereiche haben, in denen wir uns verbessern können. Doch um weiterzukommen, müssen wir aufhören, uns auf unsere Fehler zu konzentrieren. Stattdessen sollten wir uns auf Gott und darauf, wie Gott uns sieht, fokussieren. Wir alle sind Geschöpfe Gottes und sollten lernen, uns so anzunehmen, wie wir sind. Erst wenn wir das Ja zu uns selbst, zu unseren Schwächen, Kämpfen, Nöten, Zweifeln, Ängsten und Fehlern gefunden haben, wird Gott uns verändern und weiterbringen. ER wird es tun. Durch seinen Geist. Nicht wir. Und wann immer wir auf ihn schauen und uns so sehen, wie er uns sieht, verändern wir uns. Mehr und mehr, Schritt für Schritt werden wir zu einem besseren Menschen. Wir werden geduldiger, selbstdisziplinierter, kontrollierter und beherrschter. Ganz automatisch.

Darum ist es so wichtig, dass wir uns selbst annehmen und das Ja Gottes zu uns finden. Wir dürfen durch die Bibel erkennen, dass wir in den Augen Gottes unglaublich wertvoll sind. Leider sind viele Menschen sehr unglücklich, weil sie nicht im Reinen mit sich sind. Sie kritisieren sich immer wieder selbst und kämpfen mit allen möglichen selbstauferlegten Schuldgefühlen. Sie haben keinen Frieden mit sich, mit ihrer Geschichte und mit ihrer Art. Und ehrlich, wenn man nicht mit sich selbst zurechtkommt, wie soll man dann mit anderen Menschen zurechtkommen? Lerne, mit dir selbst glücklich zu sein. Klar, du machst noch Fehler. Das tut jeder. Aber um wirklich frei zu sein, brauchst du trotz deiner »Unvollkommenheit« eine gesunde Selbstachtung. Klar gibt es noch ein paar Angewohnheiten, die du ablegen solltest. Doch denk daran: Gott ist noch nicht fertig mit dir.

Auch Paulus schreibt in Epheser 2,10, dass wir »Gottes Werk« sind. Das Wort »Werk« kommt von »wirken«. Gott wirkt in uns, wir sind ein Produkt, das sich noch in Arbeit befindet. Unser ganzes Leben lang arbeitet Gott an uns und macht uns Schritt für Schritt zu dem Menschen, der wir nach seinem genialen Plan sein sollten. Darum erkenne – trotz Fehler, trotz fehlender Perfektion und trotz Mangel –, du bist und bleibst für Gott unglaublich wertvoll.

Ja, wir alle
sehen mit unverhülltem Gesicht
die Herrlichkeit des Herrn.
Wir sehen sie wie in einem Spiegel,
und indem wir das Ebenbild
des Herrn anschauen,
wird unser ganzes Wesen so umgestaltet,
dass wir ihm immer ähnlicher
werden und immer mehr Anteil
an seiner Herrlichkeit bekommen.
Diese Umgestaltung
ist das Werk des Herrn;
sie ist das Werk seines Geistes.

2. Korinther 3,18 NGÜ

Lina Kivaka, Pexels

DU BIST EIN KIND GOTTES

Gott sagt genau heute zu dir: »Du bist mein Sohn, meine Tochter. Ich habe dich mit allem ausgestattet, was du brauchst, um dein bestes Leben zu leben. Ich will dich segnen, ich will dich ausrüsten, ich will dir neue Wege zeigen. Ich möchte dir helfen. Ich will dein Bestes!«

Steh auf und entdecke deinen Wert. Entscheide dich, nicht mehr länger das Leben eines Sklaven zu leben. Du bist kein Gefangener deiner Geschichte, deiner Fehler oder deiner falschen Entscheidungen! Gott hat dich durch Jesus von allem befreit. Deine Ketten sind gesprengt. Du bist frei. Frei, das Leben eines Kindes Gottes zu leben.

Gott befreite sein Volk nach 400 Jahren Sklaverei aus der Gefangenschaft. Nach dieser spektakulären Befreiung führt Gott das Volk vor das Rote Meer. Dort stehen sie nun. Vor ihnen das Meer, hinter ihnen die Ägypter, die sie verfolgen. Wenn sie ihre Blicke nach hinten werfen, sehen sie ihre ehemaligen Widersacher, die ihnen zurufen: »Ihr gehört eigentlich uns!« Bei uns verhält es sich manchmal ganz ähnlich. Die Vergangenheit jagt uns nach. Unsere Fehler, unser Versagen und unsere falschen Entscheidungen versuchen uns einzuholen und uns zu sagen: »Du gehörst immer noch uns! Du hast es nicht verdient, ein Kind Gottes zu sein. Gott kann und wird dich nicht segnen. Du bist und bleibst ein Versager, ein Sklave deiner Fehler, deiner falschen Entscheidungen.« Doch ich möchte dir heute sagen: Falle nicht auf diese Lügen rein. Die Vergangenheit kann uns nicht aufhalten. Gott sagt in der Bibel, dass wir durch unseren Glauben an ihn eine neue Schöpfung sind. Mit Gott zusammen wird sich alles in unserem Leben verändern. Nichts, was falsch lief, kann uns davon abhalten, unser volles Potential zu entfalten, denn wir sind Kinder Gottes!

Zurück zu den Israeliten. Gott befreite sie, sie flohen aus Ägypten, die Ägypter verfolgten sie und nun stehen sie da, vor dem Meer. Dann lesen wir in der Bibel, wie Gott das Meer teilt und sein Volk trockenen Fußes auf die andere Seite ziehen lässt. Die Ägypter folgen ihnen, und als das ganze Volk das Meer hinter sich gelassen hat, lässt Gott das Wasser zurückfluten und das ganze feindliche Heer der Ägypter ertrinkt im Meer. Gott vernichtet die Widersacher seines Volkes. Gott hat die Israeliten also nicht nur befreit, sondern zudem noch ihre Unterdrücker eliminiert. Dadurch nahm er endgültig das Label »Sklave« von ihnen. In derselben Art und Weise hat Gott uns durch Jesus und seinen Tod am Kreuz von unseren Feinden befreit. Wir sind frei von unseren Sünden, Depressionen, Krankheiten, Süchten, Flüchen und negativen Bindungen. Wir sind frei von allem, was uns hindert, unser volles Potential auszuleben und unser bestes Leben zu leben. Wir sind frei! Deshalb – auch wenn noch nicht alles perfekt läuft in deinem Leben – kannst du sagen:

»Auch wenn ich noch Kämpfe habe, wird Gott mir helfen, damit umzugehen, und mich in die Freiheit führen. Auch wenn ich noch Nöte habe, hält Gott mehr für mich bereit. Ich will wieder bereit werden für seinen Segen, für seine Heilungen und für seinen Überfluss.«

> ***Die Ägypter verfolgten sie; und alle Streitwagen des Pharaos mit den Pferden und Wagenkämpfern jagten hinter ihnen her ins Meer hinein. … Nun sagte der Herr zu Mose: »Streck deine Hand über das Meer aus! Dann wird das Wasser zurückfluten und die ägyptischen Streitwagen und Wagenkämpfer unter sich begraben.«*** *2. Mose 14,23.26* GNB

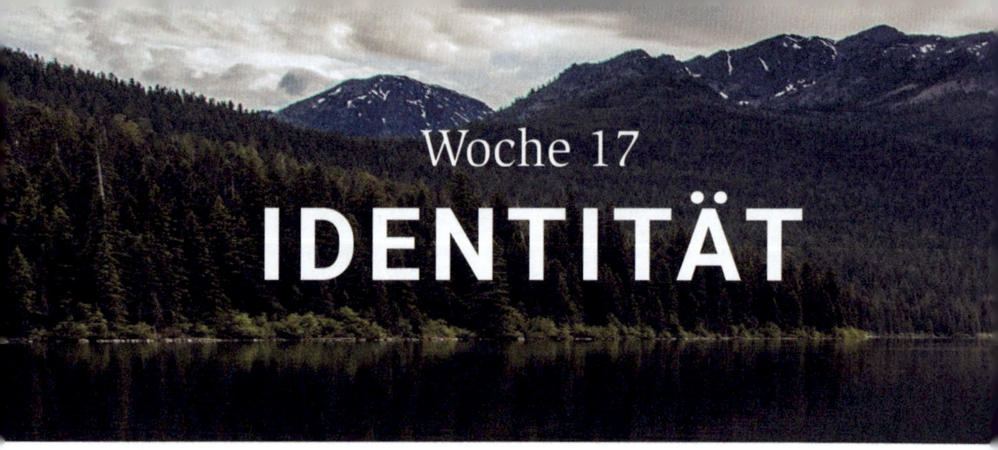

Woche 17

IDENTITÄT

Woche 17 – Montag

HALTE AN DEINER IDENTITÄT FEST

Ein paar Tage bevor Jesus zum Tod verurteilt wurde, kam er nach Jerusalem, wo er vom jüdischen Volk als König gefeiert wurde. Eine große Menge wartete am Eingangstor, feierte seinen Einzug und sang Lieder für ihn.

Nur ein paar Tage später riefen dieselben Leute, die ihn gefeiert hatten: »Ans Kreuz mit ihm! Wir wollen ihn nicht mehr sehen!« Zuerst der Superstar, dann kurz darauf der Verräter, der ans Kreuz genagelt wird. Zudem wurde Jesus von den meisten Freunden verlassen. Seine Jünger entfernten sich von ihm, einer verleugnete ihn sogar, und als er sie bat, ihn in dieser schweren Zeit mit Gebet zu unterstützen, schliefen sie einfach ein. Jesus war so gesehen auf sich allein gestellt. Keine Freunde, die ihn begleiteten, das Volk hasste ihn und er ging alleine durch die schwerste Zeit in seinem Leben. Hätte Jesus seinen Wert von der Meinung der Menschen oder dem Lob anderer bezogen, hätte er spätestens jetzt ein großes Problem gehabt. Doch Jesus bezog seinen Wert, seine Identität, sein Selbstvertrauen nicht aus dem, was die Menschen über ihn sagten, sondern aus der Liebe seines Vaters im Himmel.

Wenn wir unseren Selbstwert daraus beziehen, was die Menschen über uns sagen, und davon abhängig machen, ob andere uns unterstützen, an uns glauben und uns ermutigen, dann werden wir früher oder später ein Problem haben. Nämlich spätestens dann, wenn sie uns den Rücken kehren. Darum halte an deiner Identität fest, die Gott dir gegeben hat. Lass dir von Gott sagen, wer du bist, was du kannst und welchen Wert du hast. Nicht von Menschen. Nicht von deiner Arbeit. Nicht von deinen Liebsten. Nicht von deinem Umfeld und auch nicht von deinem Erfolg. Dies alles ist menschlich und vergänglich und

wird dich früher oder später enttäuschen. Denn solange andere Menschen dir sagen: »Du bist gut, du bist genial, du bist unglaublich«, wird es dir gut gehen. Doch was passiert mit dir, wenn genau diese Menschen ihre Meinung ändern? Wir dürfen unseren Wert nicht von dem abhängig machen, was andere über uns sagen, denn Menschen sind nicht verlässlich. Wir wissen doch: Menschen machen Fehler, Menschen versagen, Menschen ändern ihre Meinung. Sie lobten Jesus am Palmsonntag, als er in Jerusalem einzog, und nur ein paar Tage später schrien sie: »Kreuzigt ihn!«

Wenn du nicht weißt, wer du in den Augen Gottes bist und deinen Selbstwert nur auf den Zuspruch der Menschen in deinem Umfeld gegründet hast, dann wirst du dich sehr verloren und einsam fühlen, wenn sie dich enttäuschen. Und das werden sie. Darum ziehe deinen Wert und deine Identität aus dem, was Gott über dich sagt. Und Gott sagt durch die Bibel zu dir: »Du bist mein Meisterwerk. Du bist meine wertvollste Schöpfung. Du bist einzigartig, genial geschaffen mit vielen Möglichkeiten. Du bist talentiert, du bist wunderschön. Du lebst am richtigen Ort zur richtigen Zeit. Ich habe einen Plan für dein Leben und werde dich nie im Stich lassen. Du bist gewollt. Du bist mein Kind und ich halte noch viele positive Überraschungen für dich bereit.« Wir brauchen keine anderen Menschen, die uns sagen, wer wir sind – Gott will uns das sagen. Er will, dass wir eine gesunde Identität in unserem Glauben an ihn haben. Auch wenn Menschen dich verlassen, lasse dich nicht entmutigen; der Zuspruch Gottes ist und bleibt über deinem Leben. Halte an deiner göttlichen Identität fest und du wirst neue Kraft, neue Freude und neue Perspektiven entdecken. Egal, was die Menschen um dich herum über dich sagen.

Mit Palmzweigen in der Hand zogen sie zur Stadt hinaus, um ihn zu empfangen. »Gepriesen sei Gott!«, riefen sie. »›Gesegnet sei er, der im Namen des Herrn kommt, der König von Israel!‹ … »Nun habt ihr ja nach eurem Brauch Anspruch darauf, dass ich euch am Passafest einen Gefangenen freigebe. Wollt ihr, dass ich euch den König der Juden freigebe?« – »Nein, den nicht!«, schrien sie zurück. »Wir wollen Barabbas!« Dieser Barabbas war ein Verbrecher. *Johannes 12,13 und 18,39* NGÜ

BESTIMMUNG

Als sie gegessen hatten, sagte Jesus zu Simon Petrus: »Simon, Sohn des Johannes, liebst du mich mehr als irgendein anderer hier?« Petrus gab ihm zur Antwort: »Ja, Herr, du weißt, dass ich dich lieb habe.« Darauf sagte Jesus zu ihm: »Sorge für meine Lämmer!« *Johannes 21,15* NGÜ

Kurz nach seiner Auferstehung begegnet Jesus seinen Jüngern. Die hatten Jesus eigentlich schon abgeschrieben und gedacht, sie würden ihn nie mehr sehen – doch dann kommt er plötzlich auf sie zu. Sie genießen ein gemeinsames Frühstück. Ein schönes Feuer, auf dem Grill brutzeln ein paar Fische und die Sonne geht über dem See von Tiberias auf. Die Stimmung ist perfekt und die Jünger können ihr Glück kaum fassen. Sie haben ihren Jesus wieder! Nach der gemeinsamen Mahlzeit führt Jesus ein Gespräch mit Petrus. Er fragt ihn: »Liebst du mich mehr als alle anderen hier?« Schwierige Frage, vor allem wenn man bedenkt, dass eventuell noch ein paar andere zuhören könnten. Doch Petrus, der als enthusiastischer Mann Gottes in die Geschichte einging, beantwortet die Frage mit: »Ja klar, das weißt du doch!« Jesus stellt ihm dieselbe Frage drei Mal, und jedes Mal gibt Petrus die gleiche Antwort. Es geht in dieser Frage um Verantwortung, darum, wer die Anhänger von Jesus leiten wird, wenn Jesus definitiv nicht mehr da ist. Ein unglaublich heiliger Moment. Es ist der Moment, in dem Petrus berufen und als zukünftiger Leiter bestätigt wird.

Doch dann geschieht etwas Unerwartetes. Johannes taucht auf. Johannes, der als Lieblingsjünger Jesu in die Geschichte einging, hat eventuell ein bisschen gelauscht und mindestens eine der Fragen mitbekommen. Er steht nach dem Gespräch zwischen Jesus und Petrus da und plötzlich ist die Stimmung im Eimer. Petrus vergisst, wer und was er ist. Er vergisst plötzlich, was Jesus alles mit ihm vorhat und was für eine privilegierte Aufgabe er hier am See bekommen hat, und sieht nur noch Johannes. Und er wird von Neid gepackt. Ohne viel zu überlegen fragt er Jesus: »Und was ist mit ihm?« Jesus schaut ihn an, immer noch voller Mitgefühl und Liebe, und sagt zu ihm (frei übersetzt): »Petrus, ich habe einen Plan für dich. Ich habe auch einen Plan für Johannes, doch es muss dich nicht kümmern, was ich mit ihm tun will. Folge einfach mir nach und alles andere lass los, sorge dich nicht darum.«

Wir können uns mit Petrus identifizieren, oder? Wir haben alle unseren Weg, unsere Bestimmung, unsere Berufung, unseren Plan, und doch vergleichen wir uns so schnell mit anderen. Gott wählt uns aus. Gott hat Ideen für uns. Gott hält Segen und Möglichkeiten bereit, die nur wir entdecken und ausleben können. Und doch verpassen wir sie so oft, weil wir von anderen abgelenkt werden oder davon besessen sind, jemand anderes zu sein. Andere werden mehr gesegnet, anders geführt, gehen andere Wege und statt dass wir entdecken, was Gott für uns bereithält, fragen wir nur: »Warum, Gott, werde ich nicht so gesegnet wie der oder die? Warum sehe ich nicht so aus wie er oder sie, warum gehst du den Weg mit mir nicht so und warum erlebt es jener oder jene anders als ich?«

Es gibt immer Menschen, die schlauer sind, mehr Geld besitzen und anders oder mehr gesegnet werden. Andere sind stärker oder haben einen schöneren Körperbau, wiederum andere sind intelligenter und verfügen über mehr Möglichkeiten als du. Das ist so. So ist es nun mal. Doch die tiefe Wahrheit ist: Wir werden nie unsere Berufung erkennen und ausleben können, wenn wir uns immer mit anderen vergleichen. Wir verlieren an Lebensqualität, wenn wir uns mit den Menschen um uns herum messen, wenn wir beurteilen, was sie haben und eifersüchtig sind auf das, was sie besitzen.

Darum schaue auf Gott. Gott hat dich berufen. Gott hat dich geschaffen und Gott hat noch so viel Potential in dich hineingelegt, das er mit dir zusammen hervorholen und freisetzen wird.

Schaue nicht auf die »Johannes« in deinem Leben, sondern halte dich an Jesus fest und du wirst deine Bestimmung finden. Ich wünsche dir, dass du immer wieder dein wahres Ich erkennen kannst, dass du deinen Weg findest und entdecken darfst, wofür Gott dich bestimmt, geschaffen und berufen hat.

Jesus schaut Petrus, nach dessen Anfall von Eifersucht und Neid an und sagt zu ihm nur:

> ***»Wenn ich will, dass er am Leben bleibt, bis ich wiederkomme, was geht dich das an? Folge du mir nach!«*** *Johannes 21,22* NGÜ

Nick Bondarev / Pexels

NAME

Nur er allein blieb zurück. Da trat ihm ein Mann entgegen und rang mit ihm bis zum Morgengrauen. Als der andere sah, dass sich Jakob nicht niederringen ließ, gab er ihm einen Schlag auf das Hüftgelenk, sodass es sich ausrenkte. Dann sagte er zu Jakob: »Lass mich los; es wird schon Tag!« Aber Jakob erwiderte: »Ich lasse dich nicht los, bevor du mich segnest!«
1. Mose 32,25–27 GNB

Jakob kämpft mit Gott. So zumindest die Überschrift der Geschichte. Doch wenn wir die ganze Geschichte lesen, sehen wir, dass es nicht ganz klar ist, ob es wirklich Gott in menschlicher Erscheinung (sprich Jesus), ein Engel oder eine andere Art göttlicher Botschafter war. Fakt aber ist, sie kämpfen stundenlang an einem Fluss. Bei Tagesanbruch sagt der Mann zu Jakob: »Lass mich gehen!« Doch Jakob erwidert: »Erst wenn du mich gesegnet hast.« Dann fragt ihn der Mann: »Wie ist dein Name?« Als ob dieser Engel oder diese Gotteserscheinung in menschlicher Gestalt nicht wüsste, wie Jakob heißt. Um den Hintergrund dieser Frage zu verstehen, müssen wir in der Geschichte Jakobs etwas zurückgehen. Jahre zuvor versuchte dieser nämlich, seinen Vater zu täuschen, indem er sich als sein älterer Bruder Esau ausgab. Zur damaligen Zeit segnete nämlich der Vater den älteren Sohn und gab diesem zwei Drittel des Erbes. Jakob aber wollte als Zweitgeborener den Segen und das Erbe des Erstgeborenen. So gab er sich bei seinem fast blinden Vater als Esau aus. Jakob versuchte, jemand zu sein, der er nicht war. Und jetzt kämpft er am Fluss mit diesem geheimnisvollen Mann und wird von ihm gefragt: »Wie ist dein Name?« Anders gesagt fragt ihn Gott: »Wer bist du? Bist du Jakob, oder versuchst du immer noch, Esau zu sein?«

Wie oft haben wir schon versucht jemand zu sein, der wir eigentlich gar nicht sind? Anders auszusehen, uns anders zu geben, anders zu verhalten oder anders zu sein, als wir sind? Ich denke, das ist unser größter Kampf – der Kampf, man selbst zu sein, ein Ja zu sich zu finden, Frieden zu schließen mit den eigenen Schwächen und Begrenzungen. Dies war Jakobs Kampf, der eine ganze Nacht lang dauerte. Unsere Kämpfe dauern manchmal Jahre, wenn nicht gar ein Leben lang. Wir kämpfen darum, den Frieden und das Ja zu uns selbst zu finden. Doch warum ist es so matchentscheidend, diesen Kampf immer wieder zu kämpfen? Ganz einfach, wenn wir uns so annehmen, wie wir sind, können wir zu uns stehen und zu unseren Schwächen und Begrenzungen ein Ja haben. Doch solange wir versuchen, jemand zu sein, der wir nicht sind, laufen wir immer wieder in die falsche Richtung und so auch vorbei an dem Segen, den Gott für uns bereithält.

Wir alle haben eine Geschichte, eine Familie und einen Hintergrund. Wir alle haben Dinge getan, die wir bereuen. Wir alle haben Fehler gemacht. Was wir erlebt haben, hat uns zu dem Menschen gemacht, der wir heute sind. Doch um weiterzukommen und den Segen in unserem Leben zu finden und freizusetzen, müssen wir uns, unsere Geschichte, unseren Hintergrund und unsere Vergangenheit annehmen. Wir müssen nicht stolz darauf sein, aber wir müssen ein Ja dazu finden. Nur so können wir Frieden erlangen, Vergebung empfangen, neue Freude sehen und ein Segen für andere sein. Nur wenn wir unsere eigene Geschichte annehmen – das Gute wie das Schlechte –, können wir die Frage »Wie ist dein Name?« auch beantworten. Offen, ehrlich und authentisch.

Jakob schaut die Gotteserscheinung an, mit der er gekämpft hat, und beantwortet deren Frage: »Ich bin Jakob.« Er steht dazu, dass er versucht hat, jemand anderes zu sein. Er steht dazu, dass er gelogen und betrogen hat. Jakob, der gekämpft hat und schlussendlich besiegt wurde. Jakob, der kapituliert hat. Jakob, der nicht mehr versucht, wie Esau zu sein. Jakob ist bereit, Jakob zu sein. Bist du bereit, du zu sein? Und dann, genau an diesem Punkt der Geschichte, kommt der Wendepunkt im Leben von Jakob: Gott segnet ihn. Gott gibt ihm seine göttliche Bestimmung und macht ihn zum Vater einer Nation, des Volkes Israel. So wird Gott auch dich segnen, weiterführen und dir deine Bestimmung zeigen, wenn du zu dir stehst. Wenn du dein Ja findest und aufhörst, jemand anderes sein zu wollen, wirst du Gott finden. Darum ermutige ich dich, deine Masken abzulegen, zu dir zu stehen, zu deinen Ecken und Kanten, und als der, der du bist, vor Gott zu treten. Denn Gott fragt auch dich: »Wie ist dein Name?«

»Wie heißt du?«, fragte der andere, und als Jakob seinen Namen nannte, sagte er: »Du sollst von nun an nicht mehr Jakob heißen, du sollst Israel heißen! Denn du hast mit Gott und mit Menschen gekämpft und hast gesiegt.« *1. Mose 32,28–29* GNB

Löse dich
von deinen
Herausforderungen
und versuche,
Gottes Versprechen
in deinem Leben
zu sehen.

ADLERMENTALITÄT

Heute möchte ich dich ermutigen, dir eine Adlermentalität anzueignen. Adler fliegen über den Dingen. Sie haben den Blickwinkel von oben und nehmen alles aus einer viel weiteren Perspektive wahr.

Statt dich auf das zu fokussieren, was nicht gut läuft, was nicht so ist, wie es sein sollte, wo du noch limitiert bist, schwinge dich auf und entwickle ein größeres Bild. Mach einen Schritt zurück und versuche, das Ganze aus der Distanz zu betrachten. Aus der Distanz und der Ruhe wirst du wieder Gottes Versprechen sehen, neue Hoffnung entdecken und von Gott ein neues Bild deiner Zukunft gemalt bekommen. Dies gibt uns wieder Kraft, um dranzubleiben, uns den Herausforderungen zu stellen und das Ziel zu erreichen.

Man kann es mit einem 3D-Grafik-Bild vergleichen. Am Anfang siehst du nur farbige Muster, aber wenn du auf eine bestimmte Art und Weise lange genug darauf schaust, siehst du ein bewegtes 3D-Bild, eine kleine Animation darin. Ein Hase hoppelt vorbei, eine Katze schaut dich an, Delfine springen aus dem Wasser … Doch um dieses versteckte Bild zu erkennen, musst du dich vom ersten Blick lösen. Du musst deine Gedanken lösen, dich von deinem fixen Blick befreien und in eine Lockerheit kommen. Manchmal hilft es auch, ein bisschen Abstand vom Bild zu nehmen, um es danach wieder ganz nah an dich heranzuführen. Distanz und Nähe wechseln sich ab. So ähnlich ist es bei einer Adlermentalität. Wenn du im Stress bist, nicht mehr weiterweißt oder in einer Situation feststeckst, mach mal einen Schritt zurück, werde locker, löse dich vom Gewohnten und mach mal etwas anderes. Wenn du dich dann wieder der Herausforderung stellst, bist du mit einer neuen Freiheit ausgestattet, und oftmals löst sich dann das Problem wie von selbst. Das neue Bild entsteht, die Lösung ist plötzlich da oder du hast einen Aha-Moment. Und dies nur, weil du dich von deinem fixen Bild gelöst und in eine Sicht gewechselt hast, mit der du alles größer und breiter sehen kannst – wie ein Adler.

Löse dich von deinen Herausforderungen und versuche, Gottes Versprechen in deinem Leben zu sehen. Gott hält in allen Situationen explosiven Segen für dich bereit. Die Welle seiner Gunst will auf dich zurollen. Du hast Potential in dir, das noch darauf wartet, von dir entdeckt zu werden. Erwarte wieder Gutes, löse dich von deinen Nöten und mach einen Schritt zurück, beginne das Ganze wieder aus der Perspektive Gottes zu sehen, und du wirst seine Kraft erleben.

> ***Aber alle, die auf den Herrn vertrauen, bekommen immer wieder neue Kraft, es wachsen ihnen Flügel wie dem Adler. Sie gehen und werden nicht müde, sie laufen und brechen nicht zusammen.*** *Jesaja 40,31* GNB

WER HAT DIR DAS GESAGT?

Jesus verspricht uns, dass er gekommen ist, sein Leben gegeben hat und von den Toten wiederauferstanden ist, um uns Leben zu bringen. Leben in ganzer Fülle.

Seine Liebe, seine Fürsorge und sein Segen kennen keine Grenzen, und Jesus will uns immer wieder alles geben, was wir brauchen. Mehr als genug. In ganzer Fülle, überfließend, grenzenlos. Doch anstatt das Beste aus dem uns geschenkten Leben herauszuholen, geben sich viele mit dem Dieb ab. Mit dem, der gekommen ist, um zu stehlen, zu schlachten und ins Verderben zu führen. Wir verlieren nach und nach die Freude, führen das Leben eines Getriebenen und verlieren die Freiheit und Fülle, die Jesus eigentlich für uns vorgesehen hat. Wann passiert dies? Wenn wir der Stimme des Feindes mehr Gewicht geben als der unseres Gottes. Wir beginnen uns so zu sehen, wie die Welt uns sieht, wie die negativen Stimmen uns sehen, und nicht, wie Gott uns sieht. Und je mehr wir diesen Stimmen glauben, umso mehr entfernen wir uns von dem, was Gott für uns bereithält. Wir glauben allmählich, dass wir nichts Besonderes seien und Gott keinen Plan und Segen für uns bereithalte.

Darum frage ich dich: Wer hat dir gesagt, dass du deine Ausbildung nicht erfolgreich abschließen kannst? Wer hat dir gesagt, dass du nie heiraten wirst? Wer hat dir gesagt, dass du deine Träume nicht verwirklichen wirst? Wer hat dir gesagt, dass du nicht schön bist? Wer hat dir gesagt, dass du zu nichts taugst? Wer hat dir gesagt, dass du nie ein eigenes Haus besitzen wirst? Wer hat dir gesagt, dass du nie erfolgreich sein wirst? Wer hat dir gesagt, dass du nie aus deinen Schulden herauskommen wirst? Wer hat dir gesagt, dass du deine Sucht nie überwinden wirst? WER? Gott sicher nicht. Denn Gott hat alles für dich gegeben. Er hat seinen Sohn am Kreuz sterben lassen. Jesus starb am Kreuz, um uns von all diesen Stimmen zu befreien. Jesus starb am Kreuz, um uns aus unserer Hoffnungslosigkeit herauszuführen. Jesus starb am Kreuz, damit wir Leben hätten, Leben in ganzer Fülle. Jesus will uns segnen. Jesus will uns weiterbringen. Jesus will uns helfen, unsere Träume wahr werden zu lassen und unser bestes Leben zu leben. Jesus hält mehr für dich bereit! Öffne ihm immer wieder dein Herz und lass dir diesen Glauben nicht rauben. Egal, was die Stimmen und die Menschen um dich herum sagen, glaube ihnen nicht.

Glaube nur einem: Jesus. Denn er ist die Wahrheit. Und alles, was er sagt, wird er auch wahr werden lassen. Glaube an ihn, halte dich an ihm fest. Glaube daran, dass er einen Plan für dein Leben hat und immer das Beste für dich will, und du wirst Leben finden, Leben in ganzer Fülle. Mehr als genug und überfließend!

Der Dieb kommt nur, um die Schafe zu stehlen und zu schlachten und um Verderben zu bringen. Ich aber bin gekommen, um ihnen Leben zu bringen – Leben in ganzer Fülle.

Johannes 10,10 NGÜ

Woche 18
JESUS

Woche 18 – Montag

JESUS IST DER WEG

»Ich bin der Weg«, antwortete Jesus, »ich bin die Wahrheit, und ich bin das Leben. Zum Vater kommt man nur durch mich. Wenn ihr erkannt habt, wer ich bin, werdet ihr auch meinen Vater erkennen.« Johannes 14,6–7 NGÜ

Einfach genial, wie Jesus sich hier beschreibt. Er ist der Weg, der Weg zur Wahrheit und der Weg zum echten Leben. Doch wir müssen unterwegs bleiben. Ein Weg wird nur dann zu einem Weg, wenn man ihn auch geht. Bleiben wir jedoch stehen, verpassen wir das Leben, als das Jesus sich bezeichnet. Wir verpassen die nächste Abzweigung, die uns zurückbringt, zurück auf den richtigen Weg.

Als kleiner Junge spielte ich oft mit einem Nachbarskind um unsere Häuser herum. Wir waren Polizisten, verfolgten irgendwelche Gangster und waren völlig in unserer Fantasiewelt versunken. Auf einer unserer Verfolgungsjagden sahen wir plötzlich das Fahrrad unseres Nachbarn. Es stand einfach so da. Ganz allein. Und auf einmal wurde dieses Fahrrad zum Feindbild. Ein Feind, den wir ausschalten mussten. So schlichen wir uns an und krochen über den Boden langsam zu diesem Fahrrad. Ich griff nach meinem Messer und schlitzte den Reifen auf. Stolz, dem Feind einen vernichtenden Schlag zugefügt zu haben, kehrten wir nach Hause zurück. Ein paar Tage später fragte mich die Mutter des Fahrradbesitzers, ob ich eine Ahnung hätte, wer ihrem Sohn den Reifen aufgeschlitzt habe. Ich war so überrascht über ihre Frage, dass ich nichts anderes antworten konnte als: »Ja, das war ich!« Zugegeben, ich bin schon ein bisschen stolz, dass ich ehrlich war – aber sehr clever war meine Antwort nicht. Denn die Konsequenz war: Hausarrest. Und das am Geburtstag meines Großvaters, den ich nun allein im Zimmer ohne Abendessen verbringen durfte.

Diese Geschichte erinnert mich daran, dass jeder von uns hin und wieder Fehler macht. Jeder von uns tut Dinge, die er eigentlich nicht hätte tun wollen. Und so stehen wir da, vor dem Scherbenhaufen unserer falschen Entscheidungen, und haben zwei Optionen: Entweder wir bleiben stehen und geben auf – oder wir bleiben auf dem Weg und halten an Gott fest. Im Unterwegssein mit Gott werden wir Vergebung finden und neue Hoffnung sehen. Gott wird uns nie im Stich lassen. Gott hat durch Jesus immer eine Lösung bereit. Darum steh wieder auf, geh weiter, halte dich an Jesus fest und erlebe, wie er dir helfen, dich verändern und weitertragen wird.

Denn Gott hat der Welt seine Liebe dadurch gezeigt, dass er seinen einzigen Sohn für sie hergab, damit jeder, der an ihn glaubt, das ewige Leben hat und nicht verloren geht. Gott hat seinen Sohn nicht in die Welt gesandt, um sie zu verurteilen, sondern um sie durch ihn zu retten.

Johannes 3,16–17 NGÜ

JESUS GLAUBT AN DICH

Als er von dort weiterging, sah er wieder zwei Brüder, Jakobus, den Sohn des Zebedäus, und Johannes; sie waren mit ihrem Vater Zebedäus im Boot und brachten ihre Netze in Ordnung. Jesus forderte sie auf, mit ihm zu kommen. Und sofort ließen sie das Boot und ihren Vater zurück und folgten Jesus. *Matthäus 4,21–22* NGÜ

Jesus kehrte nach den drei Versuchungen in der Wüste zurück nach Galiläa. Doch er ging nicht nach Nazareth, wo er zu Hause war, sondern ließ sich in Kafarnaum, einer Stadt am See, nieder. Dort begann er zu wirken, zu predigen und berief seine ersten Jünger, Menschen, die ihm folgen würden, um von ihm zu lernen. Jesus suchte sich die ersten Jünger nicht aus, weil sie unglaublich talentiert waren oder zu den Besten der Besten gehörten. Nein, Jesus wählte sie aus, weil er an sie glaubte. Und so wie er an seine Jungs glaubte, die unterschiedlicher nicht hätten sein können, glaubt er auch an dich und mich. Er glaubt daran, dass wir zu dem Menschen werden können, den er in uns sieht. Er glaubt daran, dass wir mit ihm zusammen die Welt verändern und unsere Geschichte schreiben können.

Doch wie sieht es bei uns aus? Glauben wir an uns? Glauben wir daran, dass Gott immer unser Bestes im Sinn hat, dass er uns nicht aufgibt und auch dich und mich immer wieder von Neuem rufen will? Gott glaubt an dich und hält noch so viel Gutes für dich bereit.

Jesus ist nicht gekommen, um uns zu verurteilen, sondern um uns zu sagen, dass er uns liebt und dass er gute Gedanken und Pläne für uns hat. Egal, wie es dir geht, was du alles falsch gemacht hast oder noch falsch machen wirst, seine Liebe ist nicht an irgendwelche Verpflichtungen oder an unsere Leistung geknüpft. Jesus liebt uns. Auch dann, wenn wir überhaupt nicht auf seine Liebe reagieren. Seine Liebe ist bedingungslos und grenzenlos da, für jeden von uns. Auch wenn uns Fehler schaden und Sünden uns in eine Sackgasse führen – Jesus liebt uns trotzdem. Er glaubt trotzdem an uns. Er sieht mehr in uns, als wir je sehen und begreifen könnten. Du musst dir dabei nur eine Frage beantworten: Glaubst du daran? Glaubst du, dass Jesus uns trotz unserer Fehler, unseres Versagens und unserer Zweifel liebt und immer auf das Beste für uns aus ist?

> ***Denn alle haben gesündigt, und in ihrem Leben kommt Gottes Herrlichkeit nicht mehr zum Ausdruck, und dass sie für gerecht erklärt werden, beruht auf seiner Gnade. Es ist sein freies Geschenk aufgrund der Erlösung durch Jesus Christus.*** *Römer 3,23–24* NGÜ

Jesus liebt uns.

Dominika Roseclay, Pexels

Meine Gnade
ist alles,
was du brauchst,
denn meine Kraft
kommt gerade in
der Schwachheit
zur vollen
Auswirkung.

2. Korinther 12,9a NGÜ

JESUS IST GNADE

Doch Gottes Erbarmen ist unbegreiflich groß! Wir waren aufgrund unserer Verfehlungen tot, aber er hat uns so sehr geliebt, dass er uns zusammen mit Christus lebendig gemacht hat. Ja, es ist nichts als Gnade, dass ihr gerettet seid! *Epheser 2,4–5* NGÜ

Jesus ist nicht nur Mensch geworden – Jesus ist auch Gott und somit Gnade. Dank unserem Glauben an Jesus dürfen wir erkennen, was Gott noch alles mit uns vorhat, was er bewegen möchte und wie er uns führen will. Das ist Gnade. Ohne Jesus, seinen Tod und seine Auferstehung würden wir noch heute Gott suchen und nicht finden. Wir würden uns nach Gott sehnen und niemals Ruhe und Erfüllung finden. Für unsere Fehler würden wir bezahlen und im Leben würden wir umherirren. Es gäbe keine zweite Chance, keine neue Hoffnung, keine Vergebung, keine Erfüllung und keine Antworten auf unsere Fragen. Gnade wird durch den Tod und die Auferstehung Jesu in unser Leben hineingegossen. Gnade wird freigesetzt. Gnade beginnt zu wirken, wenn wir beginnen, an Jesus zu glauben, ihn zu suchen und uns nach ihm auszurichten. Entdecke die Kraft der Gnade und erlebe, wie sie dein Leben total verändern wird.

Um diese Gnade besser zu verstehen, half mir die Stelle in der Bibel, wo man liest, dass Paulus einen unerfüllten Wunsch hatte. Er schreibt über einen »Stachel«, von dem er nicht befreit wurde, obwohl er Gott dreimal darum gebeten hatte. Ein Leiden – wir wissen nicht, was es war –, das ihn seelisch und/oder körperlich belastete. Und Gott nahm es ihm nicht weg. Er ließ die Schwierigkeit einfach stehen. Doch dann lesen wir, wie Gott stattdessen zu ihm sagte, dass Paulus sich an seiner Gnade festhalten solle.

> ***»Meine Gnade ist alles, was du brauchst, denn meine Kraft kommt gerade in der Schwachheit zur vollen Auswirkung.«*** *2. Korinther 12,9a* NGÜ

Halte dich an Gott fest. Seine Gnade soll dir genügen. Wie sieht das bei uns aus? Wie gehen wir mit Fehlern, Sünden, charakterlichen Schwächen und Angriffen um? Versuchen wir, sie zu verstecken, sie zu überspielen, oder können wir dazu stehen und dadurch sogar Gott finden? So oft sehnen wir uns nach Perfektion und wünschen uns, dass in unserem Leben alles genial und ohne Fehler läuft. Doch Gott lässt oftmals Dinge stehen, weil er viel mehr daran interessiert ist, unser Herz wieder zu erreichen und uns mit seiner Liebe zu berühren. Einer Liebe, die uns trotz Fehler, trotz ungenügender Leistung, trotz Versagen und trotz persönlicher Kämpfe annimmt. Gottes Liebe ist bedingungslos, und manchmal begreifen wir dies erst, wenn Gott Dinge stehen lässt und trotzdem mit uns sein Reich hier auf Erden baut.

Es ist mein Gebet, dass Christus aufgrund des Glaubens in euren Herzen wohnt und dass euer Leben in der Liebe verwurzelt und auf das Fundament der Liebe gegründet ist. Das wird euch dazu befähigen, zusammen mit allen anderen, die zu Gottes heiligem Volk gehören, die Liebe Christi in allen ihren Dimensionen zu erfassen – in ihrer Breite, in ihrer Länge, in ihrer Höhe und in ihrer Tiefe.

Epheser 3,17–18 NGÜ

JESUS IST BEZIEHUNG

Durch Jesus hat Gott für jeden Menschen die Tür zu ihm geöffnet.

Bevor Jesus in die Welt kam, konnten nur auserwählte Menschen mit Gott kommunizieren, seine Weisungen erhalten und seine Nähe erfahren. Doch dank Jesus kann jeder Mensch Gott sehen, Gottes Stimme erkennen, seine Nähe spüren und seinen Segen erleben.

Um besser zu verstehen, wie revolutionär das damals war (und heute noch ist), müssen wir zusammen einen Schritt zurück in die Zeit von Jesus machen. Jesus kam in einer jüdischen Kultur zur Welt. Die Juden erwarteten den Messias, der sie von den Römern, die sie unterdrückten, befreien sollte. Er sollte sie von den Mächten, die ihr Land erobert hatten, befreien.

Die Erwartungen an Jesus waren hoch.

Doch warum hat Jesus diese Erwartungen nicht erfüllt? Und warum überhaupt musste er sterben? Ganz einfach, Gott hatte von Anfang an geplant, alle Menschen – und nicht nur sein Volk – zurück an sein Herz zu ziehen. Gott wollte mit dem Tod und der Auferstehung Jesu allen Menschen die Möglichkeit geben, wieder eine lebendige und persönliche Beziehung mit ihm zu haben. So wie es bei Adam und Eva war, bevor sie sich gegen Gott auflehnten. So wie es Gott eigentlich von Anfang an für jeden Menschen vorgesehen hatte. Gott wusste, eines Tages würde Jesus zurückkommen und vollenden, was er begonnen hatte.

Jesus kam, um alle Menschen, wieder zurück an sein Herz zu holen – jeden Menschen, der glaubt, egal, ob er Jude ist oder nicht.

JESUS IST NÄHE

Bevor Jesus in die Welt kam, konnte kein Mensch wirklich die Nähe Gottes spüren, seine Barmherzigkeit erleben, seine Weisungen empfangen und sich zutiefst von Gott verstanden fühlen. Gott war fern. Gott war unnahbar. Doch mit Jesus zeigt Gott den Menschen sein Herz, seine Liebe, seine Barmherzigkeit, seine Nähe.

Ich behaupte, wir alle möchten irgendwie in die Zukunft sehen können. Dies haben auch alle Religionen gemeinsam: Sie versuchen, irgendwie den Schleier der Zukunft zu lüften und möchten zu erkennen geben, was das Leben bringt und was den Menschen erwartet. Wir hoffen, wenn wir sehen könnten, was uns erwartet, könnten wir das Schlechte vermeiden und ein tadelloses Leben führen. Der Mensch will nicht scheitern. Wir alle wollen siegen und erfolgreich sein und auf keinen Fall versagen. Wir wollen ein gutes Leben haben. Wir wollen Segen erleben und weitergeben.

Dieser Wunsch begleitete die Menschen, schon bevor Jesus auf die Erde kam. Propheten, wie man sie nannte, stillten diese Sehnsucht, indem sie dem Volk Gottes durch ihre Weissagungen einen Teil des Vorhangs lüfteten und die Weisungen Gottes vermittelten. Einer von ihnen war Mose. Der Mann, der das Volk Gottes aus der Sklaverei befreite. Der Mann, von dem man sagt, er habe von Angesicht zu Angesicht mit Gott gesprochen. Mose hatte eine Beziehung zu Gott wie zu einem Freund. Das Entscheidende an Mose sind nicht all seine Wunder, die er mit Gott zusammen tat, nicht, dass er das Volk Gottes aus der Gefangenschaft befreite, und auch nicht all die Erfahrungen, die er uns als Mann und Leiter Gottes, der 40 Jahre in der Wüste lebte, in der Bibel weitergibt. Das Entscheidende an Mose ist, dass er mit Gott gesprochen hat wie mit einem Freund.

Von dort kam seine Kraft. Von dort kamen seine Weisheit, seine Wundertaten und seine Werke. Aus dieser Beziehung heraus kamen die Zehn Gebote, die für die Welt bis heute ein Segen und Wegweiser sind. Mose zeigte dem Volk den Willen, die Gedanken und Träume Gottes. Doch nach Mose war nicht Schluss. Wir lesen, wie später ein neuer Prophet kam. Dieser neue Prophet war und ist

JESUS.

Auch Jesus sprach mit Gott von Angesicht zu Angesicht wie mit einem Freund. Doch Jesus war mehr als nur ein Prophet. Er war der Sohn Gottes. Er war eins mit dem Vater. Er war nicht nur ein Freund Gottes wie Mose, sondern er konnte aus dieser Einheit mit dem Vater direkt empfangen, was Gott seinem Volk sagen wollte. Jesus war nicht nur ein Mensch, sondern hat Gott, seine Nähe und sein Herz zurück zu uns Menschen gebracht. Sein Kennzeichen war und ist die unverfälschte Nähe zu Gott, dank der er Gottes Willen und sein Wort ohne eigene Deutung und menschliches Gedankengut an uns weitergab und immer noch weitergibt. Die Lehre von Jesus stammt aus keiner Schule. Sie ist keine menschliche Lehre. Jesus, seine Worte, seine Lehre, seine Ratschläge und seine Weisheiten kommen direkt aus der unmittelbaren Berührung mit seinem Vater, mit Gott.

Bittet, und es wird euch gegeben; sucht, und ihr werdet finden; klopft an, und es wird euch geöffnet. Denn jeder, der bittet, empfängt, und wer sucht, findet, und wer anklopft, dem wird geöffnet. Oder würde jemand unter euch seinem Kind einen Stein geben, wenn es ihn um Brot bittet? Würde er ihm eine Schlange geben, wenn es ihn um einen Fisch bittet? Wenn also ihr, die ihr doch böse seid, das nötige Verständnis habt, um euren Kindern gute Dinge zu geben, wie viel mehr wird dann euer Vater im Himmel denen Gutes geben, die ihn darum bitten.

Matthäus 7,7–11 NGÜ

Woche 19

VERSUCHUNG

MACH AUS STEINEN BROT

Da trat der Versucher an ihn heran und sagte: »Wenn du Gottes Sohn bist, dann befiehl, dass diese Steine hier zu Brot werden!« *Matthäus 4,3 NGÜ*

Nach seiner Taufe fastet Jesus für 40 Tage in der Wüste. Nach dieser Fastenzeit, die Jesus in seiner Menschlichkeit an die Grenzen gebracht hat, wird er vom Teufel drei Mal in Versuchung geführt.

In der ersten Anfechtung bittet ihn der Teufel, aus Steinen Brot zu machen. In dieser Versuchung geht es darum, dass Jesus sich als Sohn Gottes beweisen soll. Kennst du das? Haben wir nicht auch schon zu Gott gesagt: »Jesus, löse die Probleme dieser Welt. Jesus, mach mal was! Jesus, komm, bekämpfe diese soziale Ungerechtigkeit, löse all die politischen Probleme, begegne dem Hunger dieser Welt und beende das Leid. Zeige mir, dass du Gottes Sohn bist!«

Wäre es nicht der ultimative Beweis für die Existenz Gottes, wenn dieser der ganzen Welt »Brot« gäbe und den leiblichen Hunger aller Menschen stillen würde? Brot für alle! Hungersnöte wären Geschichte und alle sozialen Ungerechtigkeiten wären beseitigt. So hatte es doch Gott schon damals bei Mose gemacht, als das Volk Gottes – beschrieben im ersten Teil der Bibel – durch die Wüste zog. In diesen 40 Jahren sorgte Gott für sein Volk, indem er es durch himmlisches Brot ernährte, Manna, und zwar jeden Tag von Neuem. Müsste Gott dies jetzt nicht auch durch Jesus tun? Allen zu essen geben?

Doch Jesu Auftrag war nie, Hungersnöte zu bekämpfen und die soziale Ungerechtigkeit zu besiegen; sein Auftrag war schlicht und einfach, die Menschen zu Gott zu führen. Es ging ihm darum, den Menschen Gottes Macht, Größe und Kraft zu zeigen, ihnen wieder den Weg zu Gott zu ebnen, zu helfen,

dass sie Gott anbeten, ihn ehren und ihm den ersten Platz in ihrem Herzen geben können. Alles andere wird aus dieser lebendigen Beziehung zu Gott entstehen.

Wenn wir eine Begegnung mit unserem Gott im Himmel hatten, werden wir stets und jeden Tag von Neuem anderen Menschen helfen und ihnen in ihren Nöten begegnen. Deshalb sollten wir unser Leben immer zuerst aus der Beziehung zu Gott heraus leben. Alles andere kommt daraus hervor.

186

Jesus entgegnete:
»In der Schrift heißt es aber auch:
›Du sollst den Herrn, deinen Gott,
nicht herausfordern!‹«
Matthäus 4,7 NGÜ

BIETE EINE SENSATION

Daraufhin ging der Teufel mit ihm in die Heilige Stadt, stellte ihn auf einen Vorsprung des Tempeldaches und sagte: »Wenn du Gottes Sohn bist, dann stürz dich hinunter! Denn es heißt in der Schrift: ›Er wird dir seine Engel schicken; sie werden dich auf ihren Händen tragen, damit du mit deinem Fuß nicht an einen Stein stößt.‹« Matthäus 4,5–6 NGÜ

Der Teufel kennt die Bibel. Interessant, wie er bei der zweiten Versuchung aus der Schrift zitiert und so versucht, Jesus für seine Sache zu gewinnen. Dies sagt uns, dass auch wir immer wieder erleben werden, wie wir durch Ideen und Gedanken versucht werden, die sogar biblisch klingen können. Manche Theologen kommen, je mehr sie die Bibel studieren und auslegen, auf ganz komische Ideen, wenn sie nicht an Gottes Autorität festhalten. Da wird dann Gott auf einmal zur Fantasiegestalt, Jesus und seine Auferstehung verkümmern zu einem Mythos und Gott verliert die Autorität, zu handeln und praktisch in die Weltgeschichte einzugreifen.

Auch wir stehen in Gefahr, aus Gott eine Gebetserhörungsmaschine zu machen. »Jesus, liefere eine Sensation. Jesus, vollführ mal ein paar Wunder. Jesus, heile, immerhin habe ich gebetet, im Glauben und mit Vollmacht versteht sich. Jesus! Dafür bist du doch da! Nach dem Brot sollte die Sensation kommen. Gott, zeige dich! Gott, mach mal was, damit ich besser glauben kann. Erst, wenn du dich offenbarst, kann ich glauben.« Doch Jesus sagt ganz klar zu uns: »Du sollst den Herrn, deinen Gott, nicht herausfordern.«

Gott muss nichts tun.

Gott muss sich nicht offenbaren. Gott funktioniert nach keinem logischen menschlichen Muster. Gott ist Gott. Punkt.

Und je eher wir dies begreifen und an ihn zu glauben beginnen, ohne dass wir ihn sehen, verstehen oder erfassen, kann Gott zu Gott in unserem Leben werden. Gott kann dadurch seinen Platz, seine Autorität und seine Herrlichkeit behalten. Wir vertrauen Gott, auch wenn nicht alles so läuft, wie wir uns vorstellen. Wir glauben an Gott, auch wenn wir durch harte Zeiten gehen müssen. Wir halten an Gott fest, auch wenn wir nicht weiterwissen, weil uns bewusst ist: Gott hat immer das letzte Wort, und das wird gut sein. Vertrauen, loslassen, uns ohne Beweise seiner Größe in seine Hände geben – das ist Glaube. Und genau das wünsche ich dir heute. Halte an Gott fest und erlebe, wie er dir begegnen wird. Anders als erwartet, neu, frisch – auf seine Art und Weise.

NACH TOD KOMMT LEBEN

Schließlich ging der Teufel mit ihm auf einen sehr hohen Berg, zeigte ihm alle Reiche der Welt mit ihrer Herrlichkeit und sagte: »Das alles will ich dir geben, wenn du dich vor mir niederwirfst und mich anbetest.« Darauf sagte Jesus zu ihm: »Weg mit dir, Satan! Denn es heißt in der Schrift: ›Den Herrn, deinen Gott, sollst du anbeten; ihm allein sollst du dienen.‹ Da ließ der Teufel von ihm ab. Und Engel kamen zu ihm und dienten ihm.
Matthäus 4,8–10 NGÜ

»Weg mit dir, Satan!« Dies sagte Jesus nicht nur in der Wüste, sondern auch bei der folgenden Begebenheit: Jesus erklärte seinen Jüngern, dass er nach Jerusalem gehen werde, um dort gefoltert und hingerichtet zu werden. Petrus nahm Jesus daraufhin zur Seite und sagte: »Das darf nicht geschehen!« Jesus schaute ihn an und sagte: »Weiche von mir, Satan!« Die Versuchung, nicht zu sterben, nicht für die Menschen sein Leben zu geben, war die größte aller drei Versuchungen. Der Teufel sagte ihm mit seinen Worten quasi: »Wenn du bleibst, wenn du nicht dein Leben opferst und dich stattdessen vor mir niederwirfst, bauen wir zusammen ein krasses Reich auf. Ein Reich hier auf Erden!« Um wahre Macht und Größe zu erreichen, braucht es den Tod.

So ist es auch bei uns – wenn wir die echte Größe, Bestimmung und Kraft in unserem Leben sehen und finden wollen, kommen auch wir nicht um unseren »Tod« herum. Vor der Heilung kommt der Zerbruch. Vor dem Durchbruch das Leiden. Vor dem göttlichen Auftrag das Tief. Ich weiß, das klingt jetzt überhaupt nicht ermutigend und positiv … Aber ich möchte dir damit Folgendes sagen: Gerade wenn du in einer schwierigen Zeit bist, nicht mehr weiterweißt und kurz davorstehst, den Glauben und die Hoffnung aufzugeben – mach es nicht! Gott ist da. Gott will dich durch diese Herausforderung hindurchführen. Halte am Glauben fest und falle nicht auf die Versuchung herein, den einfacheren, scheinbar leidlosen Weg zu nehmen.

Denn nach jeder Prüfung kommt der Sieg. Nach jedem geistlichen Sterben kommt der Durchbruch und nach jeder Tiefe kommt die Höhe.

Dies wusste auch Jesus. Er würde eines Tages nicht nur über die Welt herrschen, sondern auch über den Himmel. Er wusste, dass seine Macht nach dem Tod und seiner Auferstehung nicht nur auf das weltliche Reich begrenzt sein würde, sondern dass er über das ganze Universum herrschen und regieren würde.

Die elf Jünger gingen nach Galiläa auf den Berg, den Jesus für die Begegnung mit ihnen bestimmt hatte. Bei seinem Anblick warfen sie sich vor ihm nieder; allerdings hatten einige noch Zweifel. Jesus trat auf sie zu und sagte: »Mir ist alle Macht im Himmel und auf der Erde gegeben.«

Matthäus 28,16–18 NGÜ

Lerne, loszulassen,
und finde immer
wieder neuen Segen,
neue Kraft
und neue Hoffnung
für dein Leben.
Lerne, dein Leben in
die Hände Gottes
loszulassen, und
erlebe, wie Gott
es dir besser, schöner
und gesegneter
zurückgibt.

GEWINNEN DURCH LOSLASSEN

Es ist also nicht etwa so, dass ich das alles schon erreicht hätte und schon am Ziel wäre. Aber ich setze alles daran, ans Ziel zu kommen und von diesen Dingen Besitz zu ergreifen, nachdem Jesus Christus von mir Besitz ergriffen hat. Geschwister, ich bilde mir nicht ein, das Ziel schon erreicht zu haben. Eins aber tue ich: Ich lasse das, was hinter mir liegt, bewusst zurück, konzentriere mich völlig auf das, was vor mir liegt, und laufe mit ganzer Kraft dem Ziel entgegen, um den Siegespreis zu bekommen – den Preis, der in der Teilhabe an der himmlischen Welt besteht, zu der uns Gott durch Jesus Christus berufen hat. *Philipper 3,12–14 NGÜ*

»Aber ich lasse alles hinter mir. Ich lasse los.« Paulus erkannte: Wenn wir Jesus sehen, erkennen und erleben wollen, müssen wir lernen, loszulassen. Wir müssen Erinnerungen, Verletzungen, Prägungen, Sicherheiten, Erwartungen und Vorstellungen loslassen. Nur so kann sich Gott in unserem Leben offenbaren und sich durch Jesus zeigen. Wenn wir aber an Erwartungen und Bildern festhalten, wie Gott sich in unserem Leben zeigen sollte, werden wir ihn wahrscheinlich weder finden, sehen noch erleben. Das Loslassen ist ein wichtiger Schlüssel in unserer Beziehung mit Gott.

Ich durfte schon in sehr vielen Situationen lernen, loszulassen, sodass Gott mich wieder mit seinem Segen, seiner Heilung, seiner Kraft und seinen Gedanken und Ideen überraschen konnte.

Auch Gott ließ los, und zwar seinen Sohn Jesus. Er ließ ihn aus dem Reich Gottes gehen, zu den Menschen, die alles Mögliche mit ihm anstellten. Sie verleugneten ihn, sie lachten ihn aus, sie warfen Worte und Steine nach ihm; sie glaubten an ihn und trotzdem lieferten sie ihn der Folter und dem sicheren Tod aus. Die Menschen waren grausam und nur wenige erkannten während Jesu Zeit auf der Erde, wer er wirklich war. Und trotzdem ließ Gott ihn los. Gott wusste, nur so könnte er uns Menschen wieder mit sich versöhnen.

Nur so könnten wir Menschen Freiheit und Hoffnung finden und Gottes Nähe wieder erleben.

Nur so könnte Gott die Geschichte mit uns Menschen weiterschreiben.

Nur so könnten Gnade, Liebe und Vergebung Einzug ins Leben der Menschheit halten.

ES IST VOLLBRACHT

Eines aber wissen wir: Alles trägt zum Besten derer bei, die Gott lieben; sie sind ja in Übereinstimmung mit seinem Plan berufen. *Römer 8,28* NGÜ

Jesus vollbringt ein Wunder nach dem anderen. Er heilt Kranke, Lahme und Blinde und holt sogar Tote zurück ins Leben. Er befreit Menschen von dämonischen Bindungen und erklärt den Menschen in unzähligen Botschaften Gott, Gottes zukünftiges Reich und wie wir das Beste aus unserem Leben herausholen können. Nach drei Jahren Wirkungszeit stirbt er am Kreuz von Golgatha und die Menschen denken: »Jetzt ist alles aus! Warum nur musste dieser Jesus sterben? Er, der doch so viel Gutes getan hat. Er, der den Menschen geholfen und ihnen wieder neuen Glauben geschenkt hat. Er, der von sich sagte, er sei der Sohn Gottes. Warum ist er jetzt tot?«

Kennst du das? Alles scheint aufzugehen, alles in deinem Leben läuft rund, und plötzlich überrascht dich eine Krankheit, eine unerwartete Situation, ein Problem, ein Schicksalsschlag, und du fühlst dich wie die Jünger: verloren, vergessen und ohne jede Hoffnung. Doch ich möchte dir sagen: Egal, was du alles durchmachst, mit welchen Herausforderungen du kämpfst, mit welcher Krankheit du dich herumschlägst, du darfst wissen, dass nicht die Krankheit, die Not, dein Schicksal oder dein Umfeld das letzte Wort haben, sondern unser Gott!

Weder deine zerbrochene Beziehung noch die Not in deinem Unternehmen bestimmen deine Zukunft. Auch wenn Menschen gegen dich sind, denk daran: nicht sie haben das letzte Wort, sondern Gott! Und solange du lebst, ist das letzte Wort noch nicht gesprochen. Es besteht immer noch Hoffnung. Neue Kraft, neue Ideen, neue Möglichkeiten, Wunder und Heilung warten auf dich. Warum? Weil du Gott nicht losgelassen hast und nicht den Umständen mehr Glauben geschenkt hast als dem, was Gott tun kann. Gott wird beenden, was er mit dir begonnen hat. Gott hält mehr für dich bereit. Er wird sein Ziel und seine Träume für dich mit dir zusammen erreichen. Gott ist für dich und hat immer noch einen Trumpf im Ärmel. Bleib bei ihm. Halte dich an ihm fest. Er wird das letzte Wort sprechen!

So war es auch bei Jesus. Nach genau drei Tagen steht er von den Toten auf und kehrt zurück ins Leben. Seine Widersacher schreien auf und die ganze Welt sieht: Gott hat das letzte Wort. Auch wenn es zuerst so aussah, als sei alles verloren, hat Gott doch gewonnen.

Gott hat durch
Jesus den Teufel, all
die unsichtbaren,
bösen Mächte
und alles Negative
schachmatt gesetzt
und sagt durch Jesu
Auferstehung:

»Es ist vollbracht. Ich bin wieder da. Jetzt geht's erst richtig los!«

Woche 20
GRÖSSER

Woche 20 – Montag

DURCHBRICH BARRIEREN

Ich bitte dich nicht, sie aus der Welt herauszunehmen; aber ich bitte dich, sie vor dem Bösen zu bewahren. Sie gehören nicht zur Welt, so wenig wie ich zur Welt gehöre. *Johannes 17,15–16* NGÜ

In diesem Gebet, welches Jesus für seine Jünger betet, sehen wir, dass wir zwar in der Welt leben, aber nicht mehr zu dieser Welt gehören. Vielleicht starten wir mit geringen Möglichkeiten, wachsen in einer negativen Umgebung auf oder sind einem schlechten Umfeld ausgesetzt. Aber durch unseren Glauben finden wir eine Kraft, die uns hilft, uns nicht dadurch zu definieren. Wir können durch die Kraft des Glaubens die Barrieren durchbrechen. Wir können eine neue Sicht für unser Leben erhalten und beginnen, größer zu denken und mehr von unserem Gott zu erwarten.

Doch wir alle stehen immer wieder in Gefahr, uns von unserem Umfeld bestimmen zu lassen. Wir tun das, was die Menschen um uns herum von uns erwarten und halten unsere Erwartungen und unser Denken klein, nur weil die anderen, die wir kennen, es auch tun. Dies wurde mir so richtig bewusst, als wir vor einigen Jahren unsere Kirche gegründet haben. Viele Menschen in meinem Umfeld schauten mich nur kopfschüttelnd an und in ihren Augen konnte ich sehen, was sie über mich dachten: »Was für ein Spinner! Es ist unmöglich, eine solche Kirche hier auf dem Land zu gründen. Das geht nicht. Er ist ein Träumer, der irgendwann mal aufwachen wird.« Ich musste mich entscheiden, worauf ich hören wollte: Gab ich Gott und seinen Träumen und Gedanken Raum in meinem Leben oder hörte ich auf die Stimmen aus meinem Umfeld? Ich entschied mich, die Barrieren um mich herum zu durch-

brechen – Grenzen, die durch Umstände, Traditionen und negative Aussagen aufgebaut worden waren.

Wir alle begegnen solchen Barrieren immer wieder. Da sind Menschen, Umstände und Stimmen, die uns sagen, was wir können und – vor allem – was wir **nicht** können. Die Versuchung, diesen Grenzen Glauben zu schenken und uns an ihnen niederzulassen, ist immer wieder groß.

Doch Jesus hat in diesem Gebet ganz klar gesagt, dass wir nicht mehr von dieser Welt abhängig sind. Diese Grenzen, diese Barrieren, all das, was uns davon abhalten will, unser volles Potential zu entfalten, muss uns nicht mehr bestimmen. Wir sind zwar noch damit konfrontiert, können es aber mit der Kraft Gottes und unserem Glauben durchbrechen.

Wir können Grenzen überwinden und unser volles Potential entfalten, wenn wir uns entscheiden, größer zu denken und mehr vom Leben und von Gott zu erwarten.

Dahinter steht die Entscheidung, weder stehen zu bleiben noch uns mit dem Mittelmaß in unserem Leben zufriedenzugeben. Hinterlasse Spuren mit deinem Leben. Segensspuren für die nächste Generation. Steh auf und setze neue Maßstäbe für dich, deine Kinder und all diejenigen, die nach dir kommen. Wir sind nicht dazu berufen, ein Leben in der Mittelmäßigkeit zu leben, ein Leben im »Gut genug«. Gott hält mehr für uns bereit: Heilung, Reichtum, neue Möglichkeiten, neue Türen, die er öffnen will, neue Ideen, Überfluss, Glück und Gunst. Darum durchbrich deine Barrieren und geh weiter in das nächste Level deines Lebens!

LÖSE DICH VON DEINEN LIMITS

Ich denke größer und lasse mich nicht von meinem Umfeld, meiner Vergangenheit und meinen negativen Aussagen limitieren. Ich sprenge meine Limits und erlebe, wie neuer Segen, neue Fülle und neue Ideen und Möglichkeiten mein Leben überraschen.

Ich habe die Geschichte eines jungen Mannes gelesen, der in armen Verhältnissen ohne Vater aufwuchs. Was seine Mutter anging, die hatte nie Zeit für ihn. Aufgrund dieser Umstände wurde er vom Staat als »gefährdetes Kind« eingestuft. Von diesem Zeitpunkt an haftete diese Aussage an seinem Leben. Er schenkte ihr Glauben und entwickelte dementsprechend keine großen Hoffnungen für seine Zukunft. Je älter er wurde, umso mehr geriet er in Probleme, auf Abwege und in ein schlechtes Umfeld. Eines Tages wurde er zur Schulleiterin beordert. Diese versuchte herauszufinden, was das Problem dieses Jungen war, doch er ignorierte sie. Die Schulleiterin gab jedoch nicht auf und versuchte, zu seinem Herzen durchzudringen. Endlich schaute er sie an und fragte: »Was wollen Sie eigentlich von mir? Ich werde nie etwas Großartiges bewirken oder erleben. Ich bin ein gefährdetes Kind. Ich bin ein Sozialfall.« Die Schulleiterin hörte ihm geduldig zu und sagte danach zu ihm: »Hör mir ganz genau zu: Du bist kein gefährdetes Kind. Du bist ein Kind, dem viele Möglichkeiten offenstehen.« Als der Junge dies hörte, war es, als würde jemand in seinem Inneren etwas verändern. Er fragte: »Was meinen Sie mit ›Möglichkeiten‹?« Sie sagte: »In dir leben Träume, die wahr werden wollen, in dir schlummert ein unglaubliches Potential, das darauf wartet, von dir entdeckt zu werden. Du bist schlau und talentiert.« Sein ganzes Leben hatte der Junge das Gegenteil gehört. Er sei ein Risiko, ein Sozialfall. Doch von diesem Moment an veränderte er sein Denken und begann, eine neue Sicht von sich zu entwickeln. Mittlerweile ist der Junge ein erwachsener Mann und besitzt ein eigenes Geschäft, mit dem sehr erfolgreich ist. Zudem besucht er Schulen und hält Vorträge, um Jugendlichen zu klarzumachen, dass sie kein Risiko, sondern Menschen mit Möglichkeiten sind.

Niemand von uns ist dazu bestimmt, ein Leben in Armut und Abhängigkeit vom Staat zu leben. In jedem von uns steckt göttliches Potential, das darauf wartet, von uns entdeckt zu werden. Immer und immer wieder. Darum ermutige ich dich: Entdecke die Kraft Gottes in dir, die dir hilft, Neues anzupacken, aufzustehen, Altes loszulassen, vorwärts zu gehen und dich von deinen Limits zu lösen. Steh auf und wehre dich gegen Gedanken und Aussagen von Menschen, die dir einreden wollen, dass du keine Talente hättest, keine

Möglichkeiten auf dich warteten, dass du nur »mittelmäßig« seist, ein Risiko für diese Gesellschaft, ein Problemfall usw. Suche stattdessen wieder Gottes Zusagen, die dir sagen, dass er dich als ein Meisterwerk mit Möglichkeiten, Talenten, Träumen und vielen neuen Ideen gesegnet hat. Gott definiert unsere Zukunft. Darum schau auf Gott. Halte an ihm fest und wachse über dich hinaus. Gott kennt dich und wird schlussendlich jede Situation zu deinem Vorteil nutzen, wenn wir uns an ihm festhalten und uns entscheiden, uns von unseren Limits zu lösen.

Denn was wir sind, ist Gottes Werk; er hat uns durch Jesus Christus dazu geschaffen, das zu tun, was gut und richtig ist. Gott hat alles, was wir tun sollen, vorbereitet; an uns ist es nun, das Vorbereitete auszuführen.

Epheser 2,10 NGÜ

BEFREIE DICH VON DEINEN AUSREDEN

Leider bleiben viele Menschen in ihren Ängsten, in ihrem mittelmäßigen Leben, in ihrem Kleinglauben und in ihren Ausreden stecken.

Darren Tiumalu, Pexels

Sie behaupten, dass sie dies oder jenes nie erreichen werden, weil ihre Eltern nicht da waren, niemand an sie glaubte, sie keine guten Voraussetzungen oder die falschen Menschen um sich haben. Das alles sind Ausreden. Ausreden, die uns die Berechtigung geben, uns dort, wo wir sind, niederzulassen, unsere Begrenzungen zu akzeptieren, uns mit unserer Krankheit abzufinden, keine Wunder mehr zu erwarten und uns mit unseren schlechten Umständen zu arrangieren. Lehrer, die uns schlecht behandelt haben, Eltern, die nie da waren, Menschen, die nicht an uns glauben, bremsen uns aus und hinterlassen Verletzungen. Doch egal, was du alles erlebt hast und durchmachen musstest, ich möchte dich ermutigen, bleib nicht dort stehen.

Lass dir deinen Glauben und deine Hoffnung nicht durch deine negativen Erfahrungen nehmen. Jesus sagt in Johannes 16,33, dass wir uns zwar fürchten, wir mit Herausforderungen zu kämpfen haben und dass lange nie alles so läuft, wie wir es uns vorstellen – ABER dass wir mit Gott an unserer Seite einen Frieden finden werden, der uns ermutigt, weiterzugehen, neue Hoffnung zu entdecken und neue Möglichkeiten zu sehen. Gott hat die Welt besiegt und er will uns weiterführen.Verpasse nicht all die Gelegenheiten, die Gott dir geben möchte, nur weil du dich nicht von deinen Verletzungen lösen kannst, nicht vergeben willst und dich lieber hinter deinen Ausreden versteckst. Niemand von uns ist dazu geschaffen, stehen zu bleiben und geistlich gesehen nicht mehr vorwärtszukommen. Wir sind dazu geschaffen, ein exzellentes und hochqualitatives Leben zu leben. Wir haben Potential in uns, das darauf wartet, entdeckt zu werden.

Wir haben Gaben und Talente in uns, die unser Leben bereichern und mit denen wir andere segnen können.

Löse dich von deinen Ausreden. Hör auf, dich dahinter zu verstecken. Du magst dich in einem schlechten Umfeld befinden, doch die gute Nachricht ist: Du musst da nicht bleiben. Auch wenn Menschen dir sagen, dass du nur mittelmäßig seist oder aus dir nie etwas Anständiges werde, denk daran: Gott, dein Schöpfer, hat dich mit Möglichkeiten, Träumen, Segen, Ideen, Gaben, Talenten, Siegen und Reichtum, ausgestattet. Geh weiter. Gib dich nicht zufrieden mit dem, was du jetzt hast. Erwarte wieder mehr und verstecke dich nicht hinter Ausreden, Verletzungen, verpassten Gelegenheiten oder misslungenen Versuchen. Steh auf. Mache wieder Schritte im Glauben. Vergib, geh vorwärts und erwarte wieder, dass Gott dir eine Tür nach der anderen öffnen wird. Befreie dich von deinen Ausreden, schüttle sie ab und du wirst wieder Gottes Segen und seine Gunst über deinem Leben sehen und entdecken.

»Ich habe euch das alles gesagt, damit ihr in mir Frieden habt. In der Welt werdet ihr hart bedrängt. Doch ihr braucht euch nicht zu fürchten: Ich habe die Welt besiegt.« *Johannes 16,33* NGÜ

SEI EIN ÜBERWINDER

Alle sagten: Das geht nicht. Dann kam einer, der wusste das nicht, und hat's gemacht.

Viele Jahre lang behaupteten Experten, es sei nicht möglich, eine Meile (1,60934 km) in unter vier Minuten zu laufen. Sie hatten den menschlichen Körper studiert und jeder kam zu dem Schluss, dass dieser bei einem solchen Tempo zusammenbrechen würde und es ohnehin unmöglich sei. Doch dann kam ein junger Mann namens Roger Bannister, der dieser limitierenden Expertenmeinung keinen Glauben schenkte. Er schützte seine Gedanken und ließ nicht zu, dass diese scheinbaren Wahrheiten sich in ihm einnisten konnten. Er trainierte hart und im Mai 1954 lief er bei einem Wettkampf eine Meile in unter vier Minuten! Doch was ich noch fast bemerkenswerter finde, ist, dass 46 Tage später eine weitere Person eine Meile in unter vier Minuten lief. Und in den darauffolgenden Jahren liefen sage und schreibe 336 Läufer eine Meile in unter vier Minuten!

Menschen hatten gesagt, es sei unmöglich. Roger bewies der Welt das Gegenteil, und viele Menschen fanden daraufhin den Mut, ihm nachzueifern. Wenn wir den festen Entschluss fassen, Dinge in unserem Leben zu überwinden, Grenzen zu sprengen, nicht im Status quo zu verharren und Unmögliches mit Gott zusammen möglich zu machen, werden nicht nur wir selbst erleben, wie dies zu einem Segen für uns wird; unsere mutigen Schritte werden auch andere Menschen motivieren, etwas Neues zu wagen.

Sei ein Überwinder. Überwinde mit Gott zusammen Krankheiten, Süchte, Versuchungen, Armut, Kleindenken und negative Umstände. Auf dich wartet nicht nur neuer Segen, sondern du wirst auch viele Menschen dazu inspirieren, dasselbe zu wagen, zu glauben und zu hoffen. Mit Gott an unserer Seite wird es uns gelingen, aufzustehen, Barrieren niederzureißen, trotz Gegenwehr weiterzugehen und dadurch ein Erbe zu hinterlassen. Ein Erbe des Glaubens, auf dem andere Menschen aufbauen können. Wir machen es ihnen einfacher, auch an Gott zu glauben und ihre Hoffnung nicht aufzugeben.

Wir setzen neue Standards. Gott will mit dir zusammen die Welt verändern!

Wie? Indem wir zu Überwindern werden und einen neuen Standard für uns und unsere Nachkommen setzen. Lass dich dort, wo du heute bist, nicht nieder. Gott hält mehr für dich bereit. Entscheide dich, ein Überwinder zu sein. Immer und immer wieder!

Denn jeder, der aus Gott geboren ist, siegt über die Welt. Diesen Sieg macht uns unser Glaube möglich: Er ist es, der über die Welt triumphiert hat.

1. Johannes 5,4 NGÜ

LAUFE DEIN RENNEN

Saul war der König über Israel. David hingegen war ein gewöhnlicher Hirte, der auf dem Feld die Schafe seines Vaters hütete. Dank göttlichen Umständen kam er an den Königshof und wurde ein erfolgreicher Krieger. Das Volk freute sich unglaublich über Davids Siege. Die Frauen sangen Lieder, in denen David besser dastand als der König, und dies gefiel Saul überhaupt nicht. Statt dass er sich mit David über dessen Sieg freute, wurde er eifersüchtig und versuchte, David zu bekämpfen (siehe 1. Samuel 18,6–8). Dies kostete ihm schlussendlich nicht nur den Thron, sondern auch seine ganze Lebensfreude.

Dasselbe kann auch uns passieren. Wenn wir uns mit anderen vergleichen und eifersüchtig sind, verlieren wir unsere Freude und den Segen, den Gott uns hätte schenken wollen. Ich möchte dich ermutigen, nie den Fokus zu verlieren. Statt dich mit anderen zu vergleichen und sie zu bekämpfen, freue dich über ihren Erfolg und laufe in aller Ruhe deinen eigenen Lauf.

Spannend zu beobachten ist, dass erfolgreiche Leute sich immer nur auf ihre eigenen Ziele, ihre eigenen Gaben und ihren eigenen Lauf konzentrieren. So haben sie gar keine Zeit, links und rechts zu schauen, sich mit anderen zu vergleichen und neidisch zu werden und verpassen somit ihr Ziel nicht. Laufe auch du einfach deinen Lauf. Und wenn dich jemand überholt, gib ihm ein High five, feuere ihn an und laufe deinen eigenen Lauf. Lass dich von anderen inspirieren, aber vergleiche nicht. Gott wird auch dich weiterbringen, wenn du es schaffst, dich am Erfolg anderer zu freuen und dich weiterhin auf deinen Lauf zu konzentrieren.

Es ist einfach, sich über Menschen aufzuregen, die gesegneter scheinen als wir. Es ist einfach, ihnen den Erfolg nicht zu gönnen und zu denken: »Die hatten einfach wieder Glück! Wenn ich diese Möglichkeiten hätte, wäre ich auch so erfolgreich.« Doch wir vergessen oftmals, dass jedem Erfolg, jedem Segen und jedem Durchbruch viele Stunden des Kampfes, der Treue, des Dranbleibens, Betens, Glaubens und Hoffens vorausgehen. Manchem Erfolg liegen schlaflose Nächte, Training und ein Festhalten an dem, was Gott versprochen hat, zugrunde. Darum, auch wenn du nur den Moment des Segens anderer siehst, bedenke, dass es sie viel Schweiß gekostet hat. Freue dich für sie und bleib dran. Vergiss nicht, dass auch deine Treue, dein Glauben, deine Hoffnung und dein Unterwegssein mit Gott belohnt werden. Laufe deinen Lauf. Werde nicht zu einem Saul und verpasse, was Gott für dich bereithält. Verpasse nicht deine Bestimmung und deinen Segen, nur weil du dich mit anderen vergleichst, stehenbleibst und nach und nach deine Freude verlierst.

Spannend ist ja, dass der Erfolg der anderen deinem eigenen Erfolg nicht im Weg steht. Gott hat genug Segen und genug Möglichkeiten für jeden von uns. Laufe nicht ein Rennen, für das du gar nicht geschaffen wurdest. Laufe dein Rennen, und du wirst dein Ziel, deinen Segen und dein Glück finden.

Laufe deinen eigenen Lauf.

Und wenn dich jemand überholt, gib ihm ein High five.

Woche 21
SIEGER

Woche 21 – Montag

FOKUSSIERE DEIN DENKEN AUF DEN SIEG

Der Verstand ist das Kontrollzentrum unseres Lebens. Jede Entscheidung, die wir treffen, jeder Schritt, den wir gehen, jede Richtung, die wir einschlagen, jede Emotion, die sich in uns regt – sie alle werden von unseren Gedanken beeinflusst. Unsere Gedanken bestimmen unseren Weg. Wenn wir ein siegreiches und erfülltes Leben führen wollen, müssen wir auch unser Denken entsprechend programmieren.

In den folgenden Versen macht ihr Schreiber auf die Wichtigkeit aufmerksam, unser Denken zu fokussieren:

> ***Macht die Tore auf für alle, die dem Herrn gehorsam folgen, die in Treue zu ihm halten, sich durch nichts beirren lassen. Heil und Frieden gibt er ihnen, weil sie sich auf ihn verlassen.*** *Jesaja 26,2–3* GNB

Gott soll die Tore für diejenigen Menschen öffnen, die sich durch nichts beirren lassen. Menschen, die ihren Fokus auf Gott richten, werden immer wieder den Frieden und die Freude Gottes in ihrem Leben finden und erleben. Doch dazu müssen wir lernen, unseren Sinn auf Gott und seine Gedanken für uns auszurichten. Darum hör auf, zu dir zu sagen: »Mein Kind fragt nicht mehr nach Gott, das wird sich nie mehr ändern.« Oder: »Ich werde diese Krankheit nie mehr überwinden.« Auch unserer Zukunftsangst, der Angst, den Job zu verlieren, zu versagen oder nichts mehr mit unserem Leben bewegen zu können, sollten wir in unseren Gedanken keinen Raum geben. Hör auf, über deine Probleme nachzudenken, und denke stattdessen an die Möglichkeiten, die sich dir bieten könnten. Steh auf und sage zu dir selbst: »Gott hat einen

Plan mit meinem Leben. Er hält mich ganz fest in seinen Händen und er wird dafür sorgen, dass sich schlussendlich alles zu meinem Besten wenden wird. Dieses Problem in meinem Leben wird sich auflösen, es wird verschwinden und hat längerfristig keine Berechtigung, mein Leben zu erschweren und den Plan Gottes zu verzögern. Gott wird mich erfolgreich aus meinen Herausforderungen herausführen.«

Leider gehen viele Menschen traurig, depressiv und niedergeschlagen durchs Leben. Sie fokussieren sich auf ihre Probleme, haben entmutigende Gedanken und sehen keine Hoffnung mehr. Durch das Konsumieren von allen möglichen schlechten News kämpfen sie mit Zukunftsangst und haben keine Hoffnung mehr. Es sieht alles nur noch düster aus und ihre Gedanken sind vergiftet von all dem Schrott, den sie täglich in sich hineinsaugen. Doch so wie negative Gedanken die Freude an Gott, am Leben und an uns selbst rauben können, setzen auf der anderen Seite positive Gedanken eine unglaubliche Freude und Energie in uns frei. Fokussiere dich nicht länger auf das, was nicht gut läuft, sondern entscheide dich, dich mit deinen Gedanken auf den Sieg, die Möglichkeiten und den Segen Gottes zu fokussieren. Denke über den Sieg nach, über den Durchbruch, über alles, was Gott mit dir noch bewegen kann, und die Abenteuer, die noch auf dich warten – so programmierst du deine Gedanken auf Sieg. Dadurch steuerst du dein Leben und deine nächsten Schritte Richtung Sieg. Später blickst du auf dein Leben zurück und kommst aus dem Staunen nicht mehr heraus, weil du erkennst, was für ein geniales Leben Gott dir geschenkt hat!

Und noch etwas, Geschwister: Richtet eure Gedanken ganz auf die Dinge, die wahr und achtenswert, gerecht, rein und unanstößig sind und allgemeine Zustimmung verdienen; beschäftigt euch mit dem, was vorbildlich ist und zu Recht gelobt wird. *Philipper 4,8* NGÜ

DIE BESTEN TAGE LIEGEN NOCH VOR DIR

»Meine besten Tage liegen noch vor mir. Wunder, Gottes Segen und seine Verheißungen warten in meiner Zukunft auf mich. Gott wird jegliche Herausforderungen in meinem Leben gebrauchen, um sie in einen Sieg für mich zu verwandeln. Meine größten Siege und Durchbrüche warten noch auf mich!«

Dominika Roseclay, Pexels

Vielmehr wissen wir:
Wenn jemand zu Christus gehört,
ist er eine neue Schöpfung.
Das Alte ist vergangen;
etwas ganz Neues hat begonnen!
2. Korinther 5,17 NGÜ

Es ist deine und meine Verantwortung, dass wir unseren Verstand mit kraftvollen Aussagen füllen, mit Worten wie: »Ich bin stark, ich bin gesegnet, ich bin zielorientiert, ich bin dankbar und ich bin glücklich!« Wenn du morgens aufstehst, solltest du den negativen Gedanken, die am Bettrand auf dich warten, kein Gewicht geben. Höre nicht auf Gedanken wie: »Eigentlich will ich heute nicht arbeiten, ich bin noch viel zu müde. Die heutigen Herausforderungen werden mich fertig machen, das wird ein furchtbarer Tag.« Je negativer unsere Gedanken am Morgen sind, desto vehementer sollten wir sie aus unserem Kopf herauskicken und stattdessen den Zusagen Gottes in unserem Denken Raum geben. Sage zu dir:

»Heute wird ein großartiger Tag. Gott hat alles für diesen Tag vorbereitet. Er hat alles in seiner Hand und wird mir für jegliche Herausforderungen das geben, was ich benötige, um diese schließlich erfolg- und siegreich zu überwinden.«

Hier ist der Schlüssel, der uns hilft, einen guten Tag zu erleben: Starte deinen Tag nie neutral. Gehe nicht in den Tag hinein und warte ab, was er so bringt. Entscheide dich von der ersten Minute an, dass dieser Tag ein Tag ist, der von unserem Gott im Himmel gemacht und vorgeplant ist. Bevor du die News checkst, die Zeitung liest, auf Instagram und Facebook gehst, fülle dein Denken mit den Zusagen Gottes. Lies in der Bibel einen ermutigenden Vers, halte dich an dessen kraftvollen Worten fest und richte deine Gedanken auf den Sieg und die Kraft Gottes.

Wenn du einfach so neutral in den Tag startest, dauert es nicht lange und Negatives, Sorgen und Ängste packen dich, überfluten deine Gedanken und ergreifen schlussendlich Besitz von dir. Dann hast du die besten Voraussetzungen geschaffen, um einen schlechten Tag zu erleben. Doch wenn du auf die göttlichen Zusagen und Möglichkeiten schaust, dann lenkst du durch deine Gedanken dein Leben zumindest schon mal in die richtige Richtung.

Unsere Gedanken sind unser größtes Schlachtfeld. Die meisten Kämpfe unseres Lebens beginnen in unseren Gedanken. Wenn du also ein siegreiches Leben führen willst, wenn du erleben willst, wie Gott dich segnet und immer wieder überrascht, dann fokussiere deine Gedanken auf die Zusagen und Verheißungen Gottes. Denke über die Wunder nach, bewahre deine Dankbarkeit, und du wirst staunen, wie Gott dir immer wieder neue Türen des Segens öffnen wird.

Bevor ein Traum Wirklichkeit werden kann, muss er geträumt werden.

DIE KRAFT DEINER VISION

Wir alle haben Träume, Visionen und Vorstellungen von unserer Zukunft. Sei es in Bezug auf uns selbst, unsere Familie, unsere Zukunft, unseren Job oder was auch immer. Doch die wichtige Frage lautet: Wie genau sieht dein geistiges Bild aus?

Siehst du dich selbst, wie du Herausforderungen überwindest und ein erfolgreiches und gesegnetes Leben lebst? Oder siehst du dich, wie du es nicht schaffst, stehen bleibst, versagst und nie einen guten Moment erlebst? Das Bild, welches wir in unseren Gedanken mit uns herumtragen, wird am Ende unsere Zukunft prägen. Darum möchte ich dich ermutigen:

> Male von deiner Zukunft, der Zukunft deiner Ehe und deiner Familie positive, siegreiche und schöne geistige Bilder.

Denn bevor ein Traum Wirklichkeit werden kann, muss er geträumt werden. Bevor ein Ziel erreicht wird, muss es vor dem inneren Auge gesehen werden. Das Bild deiner Zukunft wird dir deine Richtung weisen und dir helfen, wichtige Fragen richtig zu beantworten.

Wo siehst du dich in einem, zwei, fünf oder zehn Jahren? Ich persönlich habe mir ein Bild gemacht, wie ich mit 60 Jahren sein werde. Dieses Bild von mir, unserer Ehe und Familie sehe ich vor meinem inneren Auge und es hilft mir, im Heute weise Entscheidungen zu treffen, mich aufzuraffen, Sport zu treiben, auf meine Ernährung zu achten, in meinen Glauben zu investieren, Neues zu lernen und zu wagen. Es hilft mir auch, mich Herausforderungen zu stellen und der Stetigkeit des Lebens die Stirn zu bieten. Denn wenn ich heute nicht in meine Zukunft, mein Bild von meinem Leben mit 60 investiere, wird schlichtweg nichts daraus. Mein Traum von mir, meiner Ehe und meiner Familie gibt mir die nötige Kraft, im Heute die richtigen Entscheidungen zu treffen. So möchte ich auch dich ermutigen, dir zu überlegen, was du sehen möchtest, wenn du in deine Zukunft schaust. Mache dir ein Bild, hege einen Traum, male eine Vision vor deinem inneren Auge. Dein Bild von der Zukunft wird dich in die richtige Richtung führen und dir helfen, schon heute weise in deine Zukunft zu investieren.

Ohne prophetische Weisung wird ein Volk zügellos. Wie glücklich ist ein Volk, das auf Gottes Gesetz hört! *Sprüche 29,18* GNB

WAS IST IN DEINEM BILDERRAHMEN?

Ich möchte dich ermutigen, mal deine Vision bzw. deinen Traum aufzuschreiben und damit das Bild von dir und deiner Zukunft in Worte zu fassen. Wo willst du dich in ein paar Jahren sehen?

Danach suche dir ein Bild oder Objekt, das als Symbol für deine Vision steht, und stelle es in deine Wohnung oder hänge es dort auf. Jedes Mal, wenn dein Blick darauf fällt, sagt dir dieses Bild oder dieser Gegenstand: »Du wirst dein Ziel erreichen! Halte daran fest! Arbeite in der Zwischenzeit an dir und mache dich ready für den Durchbruch Gottes in deinem Leben!«

Wenn du zum Beispiel einmal heiraten möchtest, dann könntest du einen leeren Bilderrahmen aufhängen. Immer, wenn du ihn siehst, sagst du dir: »Hier wird mal das Hochzeitsfoto von mir und meinem Ehepartner zu sehen sein!« Oder möchtest du eine geniale Erfindung machen? Dann stelle einen Pokal hin, der symbolisch für den Preis steht, den du mit dieser Erfindung abräumen wirst. Wer weiß, vielleicht bist du der nächste Nobelpreisträger, Olympiasieger oder Dorfturniergewinner. Vielleicht möchtest du mal eine große Reise unternehmen und beruflich oder in deinen Ferien quer durch die ganze Welt jetten, dann hänge eine Weltkarte auf, die dir sagt: »Dort, wo ich jetzt beruflich stehe, ist noch nicht Schluss! Neue und weitere Abenteuer warten in meiner Zukunft auf mich!«

Egal, was für Träume du hast, schaffe dir ein sichtbares Symbol dafür. Auch wenn später nicht alles genau so eintrifft, wie du dir vorgestellt hattest, hilft dir das konkrete Bild deiner Vision dabei, dich in die richtige Richtung zu lenken. Der Traum wird sich anpassen. Aber das kann er erst, wenn du dich darauf zubewegst.

Das ist etwas, was ich an unserem Gott und unserem Glauben so liebe. Mit Gott an unserer Seite ist es, solange wir leben, nie zu Ende. Es gibt immer noch einen Traum, der auf dich wartet, von dir gelebt zu werden. Es gibt immer noch ein Abenteuer, das von dir erlebt werden will. Es gibt immer noch neue Begegnungen, die darauf warten, dich zu inspirieren, dich weiterzubringen und dein Leben zu bereichern. Gottes Größe und seine Möglichkeiten für dein und mein Leben kennen keine Grenzen. Das einzige Limit ist unser eigenes Denken. Scott Hamilton, ein Eiskunstläufer, der mit vielen negativen Umständen und Krankheiten zu kämpfen hatte, sagte einmal: »Die einzige Behinderung im Leben ist eine schlechte Einstellung!«

Nur eine einzige Person kann dich ausbremsen, dir den Segen rauben und dein Leben erschweren, und das bist du selbst. Nur du kannst den Traum deines Lebens ausbremsen. Nicht Umstände, Schicksalsschläge, Not und Probleme bestimmen schlussendlich, ob wir es schaffen oder nicht. Im Endeffekt ist unser Denken ausschlaggebend. Trauen wir Gott und uns selbst zu, dass unsere Träume Wirklichkeit werden und wir sie leben können? Wenn ja, sind wir auf dem Weg dorthin. Wenn nein, dann bleiben wir stehen und entwickeln uns schlimmstenfalls in die entgegengesetzte Richtung. Darum mache dir Bilder, schaffe dir Visualisierungen deiner Träume und Visionen, die Gott in dein Herz gelegt hat. Das wird dir helfen, dich in die richtige Richtung zu bewegen, direkt auf den Traum zu. Gott hält mehr für dich bereit. Entdecke es und halte an Gott fest, denn er wird dich nie im Stich lassen.

> ***Und der Herr antwortete mir und sagte: »Was ich dir jetzt enthülle, sollst du öffentlich auf Tafeln schreiben, in deutlicher Schrift, damit alle es lesen können!«*** *Habakuk 2,2* GNB

DIE KRAFT DEINER »ICH BIN«-WORTE

Was wir über uns aussprechen, bestimmt, was für ein Leben wir früher oder später führen werden.

Machst du Aussagen wie »Ich bin gesegnet, stark, gesund, geduldig, glücklich …«, werden diese auch Wirklichkeit in deinem Leben. Doch wenn du immer wieder Worte über dich aussprichst wie »Ich bin nicht gut genug, nicht attraktiv, keine gute Mutter, kein guter Vater, ein Versager, ich bin halt so, wie ich bin …«, dann solltest du nicht erstaunt sein, wenn du deinen Worten gemäß endest. Was wir über uns aussprechen, hat eine unglaubliche Kraft und entscheidet schlussendlich über Sieg oder Niederlage in unserem Leben. Worte bewegen etwas; jedes Wort ist wie ein Gebet oder eine Proklamation über unserem Leben und schubst uns in die eine oder andere Richtung.

Seien wir ehrlich. Wie oft haben wir nach einer Panne in unserem Leben folgende Worte gesagt: »Ich bin doch so ein Tollpatsch!« Oder du schaust am Morgen in den Spiegel und ehe du dichs versiehst, verlassen folgende Worte deinen Mund: »Mann, ich bin vielleicht alt und unattraktiv!« Oder auf dem Weg zur Arbeit bleibst du im Stau stecken und sagst: »Ich bin ja so ein Pechvogel. Typisch, dass es mich wieder trifft, ist ja immer so!« Statt die Kraft von »Ich bin«-Aussagen für uns zu nutzen, werden unsere Worte zu einer destruktiven Kraft. Eigentlich ist es einfach: Was wir dem »Ich bin« folgen lassen, bekommt Kraft und wird sich früher oder später in unserem Leben manifestieren. Darum möchte ich dich ermutigen: Sei vorsichtig mit dem, was du über dich und dein Leben aussprichst.

Unsere Worte haben schöpferische Kraft und wir können mit ihnen unsere Zukunft, unser gegenwärtiges Leben und andere Menschen entweder verfluchen oder segnen. Darum gebrauche die Kraft der »Ich bin«-Worte nicht länger gegen dich, sondern nutze sie für dich. Nutze sie in der göttlichen und konstruktiven und nicht mehr in der teuflischen und lebensverneinenden Art und Weise. Benutze deine Worte nicht mehr, um deine widrigen Umstände zu beschreiben, sondern um sie zu verändern.

Sage, was du sein willst, was Gott in dich hineingelegt hat, und sprich die kraftvollen Verheißungen über dich aus.

Statt dich zu beklagen – auch wenn du jede Berechtigung dazu hättest –, sage lieber:

»Ich bin gewollt, einzigartig, positiv, glücklich, frei, gesegnet, fokussiert, standhaft, freundlich, leidenschaftlich, diszipliniert, demütig, zufrieden, geliebt, gesund, ausgeglichen, dankbar, stark, barmherzig, erfolgreich und zielgerichtet. ICH BIN all das, auch wenn ich mich noch nicht so fühle. Ich will die Kraft der Worte dazu benutzen, meine Zukunft neu zu beschreiben!«

Die Zunge hat Macht über Leben und Tod. Wenn du an der Sprache Freude hast, kannst du viel durch sie erreichen.

Sprüche 18,21 GNB

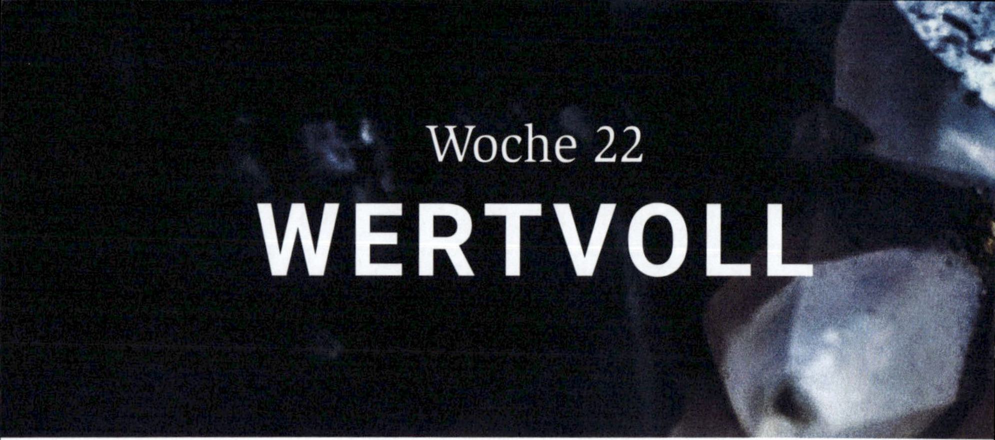

Woche 22
WERTVOLL

Woche 22 – Montag

SUCHE GOTTES ANERKENNUNG

Vielleicht haben dir deine Eltern nie gesagt, dass sie stolz auf dich sind. Vielleicht hat niemand aus deiner Familie an dich geglaubt. Vielleicht hast du weder Anerkennung noch Lob bekommen. Doch ich möchte dir heute sagen: Das hat nichts mit dir zu tun!

Auch wenn Menschen dir nie gezeigt haben, dass sie stolz auf dich sind, suche die Schuld dafür nicht bei dir. Verschwende dein Leben nicht damit, ihnen endlich zu beweisen, dass du ihre Anerkennung verdient hast. Versuche nicht, etwas bei ihnen zu holen, was sie dir nicht geben können. Menschen, die ihre Gefühle und ihre Anerkennung anderen gegenüber nicht zeigen können, haben meistens eigene Probleme. Sie wurden selbst verletzt, sie tragen selbst die Sehnsucht in sich, endlich Lob und Anerkennung zu bekommen, sie schreien selbst nach Liebe. Darum, statt sie zu beeindrucken, hole deine Anerkennung, deinen Zuspruch und deinen Selbstwert bei Gott. Schon so oft habe ich Menschen beobachtet, die alles geben, nur um ihre Eltern zu beeindrucken, in der Hoffnung, endlich ein bisschen Liebe zu bekommen, eine Liebe, die sie nie erhalten haben. Ich möchte dir sagen: Hör auf damit. Wir brauchen keine weltliche Anerkennung. Wir haben Gottes Zuspruch. Und das ist das Einzige, was zählt.

Dies sehen wir auch so schön in der Geschichte von David. Als eines Tages ein Prophet bei seinem Vater vorbeikommt und ihn auffordert, alle seine Söhne zu holen, vergisst dieser David. Er lässt seinen jüngsten Sohn einfach auf dem Feld bei den Schafen stehen. Der Prophet schaut alle Söhne an, doch keiner ist der nächste König, den er salben sollte. Er schaut den Vater an und fragt: »Ist da noch einer?« Und da erinnert sich der Vater an David. David wird vom Feld geholt und zum Erstaunen aller zum nächsten König gesalbt. Weder

seine Brüder noch sein Vater sahen das Potential in David. David wurde von seiner eigenen Familie verstoßen, fand keine Anerkennung und bekam wohl nie ein Lob. Gott aber hatte David nicht vergessen. Hätte David sein Leben nur auf der Anerkennung seiner Familie aufgebaut, wäre er Schafhirte geblieben. Stattdessen suchte David Gott. Wir lesen im Psalm 27, wie David schreibt, dass Gott ihn aufnimmt, adoptiert, wenn seine Eltern ihn verstießen. Gott gab ihm seinen Wert und seine Anerkennung.

So wird Gott auch dir geben, was du brauchst. Gott wird dir Türen öffnen. Gott wird dir die richtigen Menschen über den Weg führen. Gott wird dich weiterbringen, wenn du es schaffst, deinen Wert und deine Anerkennung bei ihm und nicht in der Welt zu finden. Die Welt wird dir nie die Liebe, die Möglichkeiten und den Segen geben können, den Gott dir geben will. Auch deine Eltern, deine Liebsten und deine besten Freunde können das nicht. Auch wenn sie genial sind, bleiben auch sie doch nur Menschen. Darum setze deine endgültige Hoffnung nie auf einen Menschen, sondern suche Gottes Anerkennung, und du wirst immer wieder neuen Segen und seine Gunst finden und bekommen. Denn Gott ist nicht wankelmütig, er trägt auch keine Verletzungen mit sich herum und er benötigt nichts von dir, um dir etwas zurückzugeben. Nein, er ist der Geber. Er ist der, der immer zu dir steht. Er ist immer an deiner Seite und seine Liebe ist bedingungslos, seine Gunst wartet auf dich!

Suche Gott, und du wirst das Leben, neue Freude und neue Kraft finden.

Selbst wenn Vater und Mutter mich verließen, der Herr nimmt mich dennoch auf. Lass mich deinen Weg erkennen, Herr, und leite mich auf ebener Bahn – tu es meinen Feinden zum Trotz! *Psalm 27,10–11* NGÜ

DEIN WERT KOMMT VON DEINEM SCHÖPFER

Wir alle begegnen Menschen, die unser Potential nicht sehen, nicht an uns glauben und uns mit ihren Aussagen entmutigen. Lass dir deine Freude und deine Zuversicht von solchen Menschen nicht rauben.

Hör auf, ihnen beweisen zu wollen, dass du es wert bist, von ihnen erkannt, geliebt oder wahrgenommen zu werden. Lass solche Ansprüche los. Du brauchst die Bestätigung solcher Menschen nicht. Du hast Gottes Bestätigung. Gott ist auf deiner Seite und Gott ist für dich. Und solange du dich an Gott festhältst, wirst du auch immer wieder das Beste aus deinem Leben herausholen.

Kürzlich sah ich im Internet ein Bild von einem Künstler. Ehrlich gesagt, es gefiel mir überhaupt nicht. Dieses Bild hätte – meiner Meinung nach – auch ein vierjähriges Kind malen können. Doch dann sah ich den Namen des Künstlers, Picasso, und über den Preis dieses Farbenchaos reden wir besser gar nicht erst. Teuer ist es, sehr teuer. Was gab dem Bild den Wert, dass es so teuer gehandelt wurde? Das Aussehen? Nein, der Künstler. Das Bild hatte seinen Wert dadurch, dass es Picasso gemalt hat. So ist es auch bei uns. Wenn wir zu begreifen beginnen, dass wir eine Schöpfung unseres Gottes im Himmel sind, erkennen wir unseren Wert. Auch wenn du dich bloß mittelmäßig und schuldig fühlst, Zweifel hast und dich als Versager siehst – derselbe Gott, der Himmel und Erde geschaffen hat, ist auch dein Schöpfer! Diese Tatsache macht dich extrem wertvoll. Gott hat dich wunderbar und genial gebildet und erschaffen, lange bevor deine Eltern sich kennenlernten. Gott hat einen Plan für dein Leben und hat alle deine Tage schon im Voraus aufgeschrieben (siehe Psalm 139,16).

Erkenne, wer du wirklich bist. Beginne, dich so zu sehen, wie Gott dich sieht, und du wirst deinen echten Wert erfahren. Du wirst deine Identität entdecken, Ruhe und Frieden finden und beginnen, dein bestes Leben zu leben. In der Bibel lesen wir, dass wir zu Gott gehören. Auch wenn du dich nicht so fühlst, bist du doch durch deinen Glauben an Gott unglaublich wertvoll. Du bist gewollt. Du bist einzigartig. Du bist talentiert, Segen und neue Möglichkeiten warten auf dich. Besinne dich wieder auf Gott, entdecke, wer du bist, und lebe als das Meisterwerk, als das Gott dich geschaffen hat. Erkenne Gott, und du wirst deinen Wert finden.

Du bist es ja auch, der meinen Körper und meine Seele erschaffen hat, kunstvoll hast du mich gebildet im Leib meiner Mutter. Ich danke dir dafür, dass ich so wunderbar erschaffen bin, es erfüllt mich mit Ehrfurcht. Ja, das habe ich erkannt: Deine Werke sind wunderbar! Dir war ich nicht verborgen, als ich Gestalt annahm, als ich im Dunkeln erschaffen wurde, kunstvoll gebildet im tiefen Schoß der Erde. Deine Augen sahen mich schon, als mein Leben im Leib meiner Mutter entstand. Alle Tage, die noch kommen sollten, waren in deinem Buch bereits aufgeschrieben, bevor noch einer von ihnen eintraf.

Psalm 139,13–16 NGÜ

LÖSE DICH VON DEINER SKLAVENMENTALITÄT

Sie berichteten Mose: »Wir haben das Land durchzogen, in das du uns geschickt hast, und wir haben alles genau angesehen. Es ist wirklich ein Land, das von Milch und Honig überfließt. Sieh hier seine Früchte! Aber die Leute, die dort wohnen, sind stark und ihre Städte sind groß und gut befestigt. Und dann haben wir auch noch die Anakssöhne gesehen! …« Das Volk war aufgebracht gegen Mose, aber Kaleb beruhigte die Leute und rief: »Wir können das Land sehr wohl erobern! Wir sind stark genug!« Doch die anderen Kundschafter sagten: »Wir können es nicht! Das Volk im Land ist viel stärker als wir!« … Die ganze Gemeinde Israel schrie laut auf vor Entsetzen … »Wären wir doch lieber in Ägypten gestorben oder unterwegs in der Wüste!« *Aus 4. Mose 13,27–31.14,1–2* GNB

Gott befreit sein Volk aus der Gefangenschaft Ägyptens. Dort hatten seine Mitglieder als Sklaven 400 Jahre lang gedient. Nach ihrer Befreiung teilt Gott das rote Meer für sie, vernichtet ihre Unterdrücker und befreit sie so endgültig. Gott möchte sie nun direkt ins verheißene Land führen und es mit ihnen erobern. Damit das Volk weiß, wie es im Land aussieht, sendet Mose, ihr Leiter, ein paar Kundschafter aus, um es zu erkunden. Diese kommen zurück und finden das Land genial, haben aber keinen Glauben, dieses Land auch einzunehmen. Du hast richtig gelesen, sie hatten Angst. Obwohl Gott sie durch zehn Plagen von den Ägyptern befreit, er das Meer für sie geteilt und seine Präsenz durch Feuer und eine Wolke offenbart hatte, hatten sie keinen Glauben, dass er ihnen auch hier helfen würde. Warum? Sie fielen in ihr altes Denken zurück. Die Konsequenz: 40 Jahre in der Wüste, bis eine neue Generation heranwachsen würde, die nicht mehr so denkt.

Diese Begebenheit lehrt uns, dass unser Denken matchentscheidend ist. Du kannst in deinem Leben nicht denken wie ein Sklave und gleichzeitig den Segen eines Kindes Gottes erleben. Löse dich deshalb von deinem alten Denken. Beginne, wie ein Sohn oder eine Tochter Gottes zu denken. Gott hält noch so viel Gutes für dich bereit. Erwarte wieder, dass Gott dich segnen möchte, dass Gott dich weiterführen will, dass Gott dir neue Türen öffnen wird.

Wir sind Kinder Gottes und es ist unser Recht, dass wir auch ein Leben als solche führen.

Vor Kurzem las ich die Geschichte eines Mannes, der mit einem Schiff nach Amerika reiste. Weil er sehr arm war, sparte er all sein Geld, um sich ein Ticket zu kaufen. Da er wusste, dass die Schifffahrt lange dauern würde und er kein Geld mehr übrig hatte, packte er sich trockene Biskuits und Käse für die Überfahrt ein. So aß er jeden Mittag und Abend seine Cracker. Er saß dabei vor dem Speisesaal, wo die anderen Passagiere dinierten und ihre Bäuche mit allen möglichen Köstlichkeiten füllten. Am letzten Abend saß er wie immer mit seinen Biskuits vor dem Speisesaal, als ein Fremder vorbeikam und zu ihm sagte: »Entschuldigung – ich beobachte Sie schon eine Weile und mir ist aufgefallen, dass Sie jeden Abend immer diese Cracker und den Käse essen. Hat das einen bestimmen Grund?« Der Mann gab zur Antwort: »Das ist ganz einfach: Ich habe kein Geld, mir hier in diesem Speisesaal eine Mahlzeit zu kaufen.« Der Fremde schaute den Mann erstaunt an und fragte: »Haben Sie denn nicht gewusst, dass alle Mahlzeiten im Ticketpreis inbegriffen sind?«

Lebe nicht mehr an deinem Segen vorbei.

Gott will dir jeden Tag von Neuem seinen Tisch mit Segen, mit Überraschungen, mit Ruhe, Freude, neuen Möglichkeiten, neuen Beziehungen, Freundschaften und seiner Gunst decken. Du bist eingeladen. Lebe nicht mehr das Leben eines Bettlers oder eines Sklaven. Löse dich von dieser Mentalität und beginne, ein neues Leben zu leben. Das Leben eines Kindes Gottes.

DU BIST GELIEBT

Zachäus, der oberste Zolleinnehmer, ein reicher Mann, wollte unbedingt sehen, wer dieser Jesus war. Aber es gelang ihm nicht, weil er klein war und die vielen Leute ihm die Sicht versperrten. Da lief er voraus und kletterte auf einen Maulbeerfeigenbaum; Jesus musste dort vorbeikommen, und Zachäus hoffte, ihn dann sehen zu können. Als Jesus an dem Baum vorüberkam, schaute er hinauf und rief: »Zachäus, komm schnell herunter! Ich muss heute in deinem Haus zu Gast sein.« So schnell er konnte, stieg Zachäus vom Baum herab, und er nahm Jesus voller Freude bei sich auf.
Lukas 19,2–6 NGÜ

»Komm herunter,
dir ist vergeben,
komm, du bist
meine wertvollste
Schöpfung,
ich möchte
dein Gast sein.«

Zachäus, der oberste Zolleintreiber, hatte gehört, dass Jesus in die Stadt kam, und er wollte ihn unbedingt sehen. Zolleintreiber waren zu dieser Zeit sehr unbeliebte Menschen. Sie betrogen die Leute, indem sie selbst die Zollabgaben festlegten und sich so bereicherten. Zolleinnehmer waren in den Augen der Leute Betrüger, Sünder und Lügner. Wir lesen, wie Zachäus auf einen Baum kletterte, um Jesus sehen zu können. Als Jesus an diesem Baum vorüberkam, rief er hinauf: »Zachäus!« Ich kann mir gut vorstellen, wie die Menschen um ihn herum dachten: »Endlich weist jemand diesen Zachäus zurecht. Jesus soll ihm jetzt mal so richtig die Leviten lesen!« Doch Jesus sagte bloß: »Ich muss heute in deinem Haus zu Gast sein.«

Jesus sieht also Zachäus und sagt zu ihm, er müsse bei ihm einkehren. Du denkst jetzt vielleicht: Jesus muss doch nichts! Warum sagte der Sohn Gottes so etwas? Ich denke, Jesus musste, weil die Gnade ihn dazu antrieb. Jesus sah einen Sünder, der sich nach Rettung sehnte, und er konnte einfach nicht anders, als mit ihm Zeit zu verbringen. Jesus sah das Herz von Zachäus. Er sah, dass er Liebe und Anerkennung suchte. Statt Zachäus zu verurteilen, wollte er sein Gast sein. Ich denke, Zachäus verstand in diesem Moment die Welt nicht mehr. Jesus, dieser heilige und berühmte Mann, will sein Gast sein. Zachäus mochte tief in sich etwas spüren, das ihm bis dahin völlig unvertraut gewesen war. Er fühlte die Liebe und Annahme Gottes. Eine Liebe, die alle Grenzen sprengt und über alle Fehler und jedes Versagen hinwegsieht. Eine Liebe, die größer ist, als wir uns jemals vorstellen können. Es war, als ob Gott zu ihm
sagte: »Zachäus, du bist derjenige, den Jesus auserwählt hat, um bei dir zu essen. Zachäus, du bist der Erwählte. Du bist einzigartig, du bist geliebt!«

Gott ruft auch nach uns. Er möchte auch uns seine Liebe, seine Annahme und seine Nähe zeigen. Gott sieht auch in dir einen Menschen, den er lieben möchte. Einen Menschen, den er segnen möchte und dem er mehr und mehr sein Reich und seine Gedanken offenbaren will. Klar, du hast gesündigt und wirst es auch weiterhin tun. Wir alle machen Fehler, sind noch nicht dort, wo wir eigentlich sein sollten, und leben nicht immer so, wie wir es uns eigentlich wünschen würden. Doch Jesus zieht gerade heute an dir vorbei. Gerade jetzt, in diesem Moment, ruft Jesus deinen Namen und möchte dein Gast sein. Egal, was du noch für Süchte hast, egal, was du noch für Ängste in dir trägst, egal, was du noch für Kämpfe austrägst, Jesus ruft und sagt: »Komm herunter, dir ist vergeben, komm, du bist meine wertvollste Schöpfung, ich möchte dein Gast sein!«

Wie antwortest du? Kannst du die Liebe Gottes annehmen? Lässt du dich auf Jesus ein? Oder bleibst du stehen und gibst den Stimmen in dir Raum, die dich verurteilen, die dir sagen, dass du es nicht wert bist, geliebt zu sein, die dir sagen, dass deine Sünde zu groß ist, um von Gott erkannt zu werden? Löse dich von all den Lügen und sage zu dir selbst: »Gott, ich glaube, ich bin genau derjenige, den du liebst. Trotz meiner Fehler, trotz meines Versagens rufst du mir heute zu und hast einen guten Plan für mein Leben!«

DER JÜNGER, DEN JESUS BESONDERS LIEBTE

Der Jünger, den Jesus besonders liebte, hatte bei Tisch seinen Platz unmittelbar an Jesu Seite. *Johannes 13,23* NGÜ

Das Evangelium nach Johannes wurde von ihm selbst geschrieben. Was ich interessant finde, ist, wie Johannes in diesem Text sich selbst beschreibt: »Der Jünger, den Jesus besonders liebte.« Die drei anderen Männer, die auch ein Evangelium geschrieben haben – Matthäus, Markus und Lukas –, nannten ihren eigenen Namen, wenn sie über sich selbst schrieben. Aber Johannes nicht. Ich denke jedoch nicht, dass Johannes arrogant oder überheblich war und sich selbst ins Zentrum stellen wollte. Johannes wusste einfach, wer er in den Augen Gottes war. Ein geliebtes Kind, ein Mensch, den Jesus besonders liebhatte. Es zeigt das tiefe Vertrauen, das Johannes in Gott hatte. Wir können viel von Johannes lernen, denn auch wir sind in den Augen Gottes das Kind, das Gott besonders liebt.

Gott liebt uns grenzenlos.

Seine Liebe für uns ist an keine Bedingungen geknüpft und ohne Limit. Darum darfst auch du sagen: »Ich bin ein Mensch, den Gott besonders liebt!« Jeden Morgen, wenn du aufstehst, kannst du sagen: »Guten Morgen, Gott, hier ist dein Kind, das du besonders liebst.« Hast du eine Not, ein Problem, dann sage zu Gott: »Der, den du unglaublich liebst, dein Meisterwerk, dein liebstes Wesen, hat ein Problem und braucht deine Hilfe!« Glaube mir, ein solches Gebet wird Gott nicht kalt lassen.

Dies sehen wir auch so schön in der Geschichte von Lazarus. Lazarus war ein guter Freund von Jesus. Seine Schwestern schrieben Jesus einen Brief, weil Lazarus im Sterben lag, und baten darin Jesus um Hilfe. Die Nachricht, die sie schrieben, lautete:

> ***»Herr, der, den du lieb hast, ist krank.«*** *Johannes 11,3* NGÜ

Die Schwestern schrieben nicht: »Jesus, wir bitten dich: Komm und hilf uns, Lazarus ist schwer krank. Du weißt ja, dass Lazarus immer ein guter Mann war, ein Mann, der dich achtete und ehrte. Komm und hilf ihm!« Ich denke, die Schwestern wussten, dass es nicht viele Worte brauchte und dass es stattdessen effektiver war, Jesus daran zu erinnern, wie lieb er Lazarus hat. Dies würde ihn automatisch motivieren, ihm zu helfen und ihn zu heilen.

Darum möchte ich auch dich ermutigen: Versuche Gott nicht länger durch deine Taten, Handlungen und schönen Worte zu beeindrucken, sondern sag einfach: »Gott, dein Kind, das du so unglaublich liebst, ist krank, hat eine Not, weiß nicht mehr weiter oder hat ein großes Problem.« Nichts bewegt Gott so sehr zum Handeln, als wenn er sieht, dass wir uns seiner Liebe zu uns bewusst sind. Als wenn wir wissen, dass wir sein Lieblingskind sind. Auch du bist ein Mensch, den Jesus besonders liebhat – lass diese Erkenntnis tief in dein Herz fallen, und auch du wirst erleben, wie Gott dir immer wieder begegnen, dir helfen und dich weiterführen wird. Nicht, weil du ihn liebst oder weil du ihn mit deinen Taten beeindruckst, sondern weil ER dich liebt.

> ***Da sagte jener Jünger, den Jesus besonders liebte, zu Petrus: »Es ist der Herr!«*** *Johannes 21,7* NGÜ

> ***Petrus wandte sich um und sah, dass der Jünger, den Jesus besonders liebte, ihnen folgte*** *… Johannes 21,20* NGÜ

Woche 23

DUNKELHEIT

DUNKLE ORTE BRINGEN SEGEN

Es ist ja interessant, dass wir, wenn wir über Segen reden oder schreiben, davon ausgehen, dass es uns gut geht. Segen und gute Zeiten gehen doch Hand in Hand. Ist das der Fall, fällt es uns auch leicht, positiv zu bleiben und all das Gute zu feiern. Doch was machen wir, wenn wir in unserem Leben durch dunkle Zeiten gehen?

Wie reagieren wir, wenn wir in Schwierigkeiten geraten, einen Verlust erleben, gegen eine Krankheit kämpfen, eine Beziehung zerbricht oder wir keine Hoffnung mehr finden? Wo ist dann der Segen zu finden?

Wir alle erleben früher oder später dunkle Zeiten. Zeiten, in denen es am einfachsten wäre, negativ, frustriert und hoffnungslos zu reagieren. Doch Gott will gerade unsere dunklen Zeiten und unsere Herausforderungen gebrauchen, um eine neue Saat in unser Leben hineinzulegen. Eine neue Saat seines Segens, seiner Güte, seiner Bewahrung und Liebe. Viele Samenkörner benötigen Dunkelheit, damit sie aufgehen können. In der Natur gibt es viele sogenannte Dunkelkeimer, die man tief in die Erde säen muss, damit sie keimen können. Sie brauchen die Dunkelheit, das Erdrückende der Erde, um sich dann ans Licht zu kämpfen. Dann entsteht eine Blume, eine Pflanze, ein Baum, was auch immer. In derselben Art werden neue Träume, neue Möglichkeiten und neuer Segen gerade in den dunklen Zeiten unseres Lebens gepflanzt und geboren.

Dies sehen wir auch in der Bibel. Josef zum Beispiel wurde ungerechterweise ins Gefängnis gesteckt, und gerade diese Zeit wurde zum Sprungbrett für seine Beförderung an den Hof des Pharaos. Oder Mose, er beging einen großen Fehler, indem er einen Sklaventreiber umbrachte, und verbrachte daraufhin

40 Jahre in der Einsamkeit. Doch gerade in dieser Zeit wurde sein Charakter geformt. Ohne diese Zeit in der Dunkelheit wäre er nie fähig gewesen, das Volk Gottes aus der Gefangenschaft zu befreien. Esther, eine Frau aus der Bibel, wuchs ohne leibliche Eltern in einem fremden Land auf. Sie fühlte sich vergessen, verlassen und einsam. Doch Gott gebrauchte sie, um sein Volk vor der sicheren Massenvernichtung zu bewahren. Nachdem der Prophet Elia für Gott große Wunder getan hatte, fiel er in eine schwere Depression. Doch gerade in dieser Dunkelheit begegnete ihm Gott auf eine neue und tiefere Art und Weise. David hatte eine Affäre mit einer verheirateten Frau, die schwanger wurde und kurz nach der Geburt das gemeinsame Kind verlor. Doch David kehrte um zu Gott und wird danach der Mann nach dem Herzen Gottes genannt.

Wir bemerken es im Moment zwar nicht, aber wir alle wachsen, wenn wir trotz Fragen, trotz Nöten, trotz Leid, trotz Fehlern an Gott festhalten. Unser Charakter wird gestärkt, wir beten intensiver, suchen Gott mehr, werden abhängiger von Gott und er trainiert uns, ihn besser zu hören und tiefer zu verstehen. Darum, wenn du dich in einer dunklen Zeit in deinem Leben befindest, gib Gott nicht auf; er gebraucht diese Zeit und bereitet im Hintergrund schon deinen nächsten Segen vor. Weil du ihn nicht aufgibst, wird die dunkle Phase in deinem Leben zu einem Sprungbrett für deinen nächsten Durchbruch.

Er ließ Josef festnehmen und in das königliche Gefängnis bringen. Josef war nun also im Gefängnis. Aber der Herr in seiner Treue stand ihm bei. Er verschaffte ihm die Gunst des Gefängnisverwalters. Der Verwalter übertrug Josef die Aufsicht über alle anderen Gefangenen, und alle Arbeiten im Gefängnis geschahen unter Josefs Leitung. Der Verwalter vertraute ihm völlig und gab ihm freie Hand; denn er sah, dass der Herr ihm beistand und alles gelingen ließ, was er tat. *1. Mose 39,20–23* GNB

BEDINGUNGSLOSES VERTRAUEN

»Unser Gott, dem wir gehorchen, kann uns zwar aus dem glühenden Ofen und aus deiner Gewalt retten; aber auch wenn er das nicht tut: Deinen Gott werden wir niemals verehren und das goldene Standbild, das du errichtet hast, werden wir nicht anbeten.« *Daniel 3,17–18* GNB

Es ist einfach, Gott zu vertrauen, wenn in unserem Leben alles rund läuft. Es ist einfach, Gott anzubeten und ihn zu loben, wenn unsere Kinder gesund sind und nie Probleme machen, wenn an unserem Arbeitsplatz alles super läuft, wir keine Kämpfe in unserem Leben haben und uns sowieso von allem mehr als genug zur Verfügung steht. Doch was machen wir, wenn Gebete unbeantwortet bleiben, es nicht so läuft, wie wir uns vorstellen, die Probleme sich nicht zu verändern scheinen und wir Gottes Segen nicht erleben? Oftmals sind wir dann frustriert und denken: »Wenn sich doch nur diese Situation verändern würde, dann könnte ich wieder glücklich sein. Wenn ich die richtige Person kennenlernen würde, dann wäre alles gut. Wenn wir endlich unser langersehntes Baby bekämen, dann könnten wir uns wieder freuen.« Diese Haltung kann man auch mit »vorbehaltlicher Glaube« betiteln. Wir glauben nur dann, wenn Gott ein Wunder tut, er uns gibt, was wir uns wünschen, und wenn er uns segnet. Doch Gott sucht unseren bedingungslosen Glauben. Bedingungsloser Glaube glaubt auch dann, wenn Wünsche unerfüllt bleiben, die langersehnte Heilung noch auf sich warten lässt oder Veränderung und Durchbrüche nicht zu kommen scheinen. Auch wenn Situationen in unserem Leben keinen Sinn ergeben und unsere Fragen unbeantwortet bleiben, halten wir an Gott fest. Wir lassen uns die Freude nicht rauben und vertrauen weiterhin darauf, dass Gott noch einen Weg für uns bereithält und trotzdem unser Bestes sucht.

Darum sage nicht mehr zu dir (und zu Gott): »Ich werde erst glücklich sein, wenn ich mein Haus habe, wenn meine Ehe wieder rundläuft, ich einen neuen Job finde oder die Heilung erlebe!« Es ist wichtig, dass wir ehrlich sind und alle unsere Wünsche bei Gott deponieren. Gib die Hoffnung auf ein Wunder nie auf und sehne dich nach mehr. Ansonsten wirst du dieses »Mehr« in deinem Leben nie erleben. Aber: Mach deinen Lebensinhalt, deinen Glauben und deine Beziehung zu Gott nicht von einer Erfüllung deiner Sehnsüchte oder dem nächsten Wunder abhängig. Vertraue stattdessen Gott, auch wenn sich alles ganz anders entwickelt, als du es erwartet oder dir vorgestellt hast. Nimm dir ein Beispiel an den drei hebräischen Freunden aus der Bibel, genauer, dem Buch Daniel. Sie wurden aufgefordert, sich vor einem fremden Götzen hinzuknien und diesen anzubeten. Doch sie entschieden sich dagegen und die

Konsequenz war, dass man sie in den Feuerofen warf. Doch sie verbrannten in diesem Inferno nicht, denn ein Engel kam und schützte sie. Bevor sie in den Ofen geworfen wurden, hatten sie gesagt: »Unser Gott kann uns helfen. Aber selbst wenn er nicht hilft, werden wir uns trotzdem nie vor dem Götzen verneigen.«

Sage auch du:

»ICH GLAUBE DARAN,
DASS GOTT MIR HELFEN,
MICH HEILEN
UND WEITERFÜHREN KANN.
ICH GLAUBE DARAN,
DASS GOTT MEHR
MIT MIR TUN WILL.
DOCH SOLLTE SICH NICHTS
IN MEINEM LEBEN VERÄNDERN,
WERDE ICH NICHT BITTER.
ICH VERLIERE MEINE
FREUDE NICHT. ICH WEISS,
MEIN GOTT SITZT IMMER
NOCH AUF DEM THRON
UND ER HAT DAS LETZTE WORT,
UND DAS WIRD
EIN GUTES SEIN.«

BESTEHE DEN TEST

Da geriet Nebukadnezar noch mehr in Wut, und sein Gesicht verzerrte sich vor Zorn über Schadrach, Meschach und Abed-Nego. Er ließ den Ofen siebenmal so stark heizen wie sonst. Dann befahl er seinen kräftigsten Kriegsleuten, die drei zu fesseln und in den glühenden Ofen zu werfen. … König Nebukadnezar aber erschrak, sprang auf und fragte seine Minister: »Haben wir nicht drei Männer gefesselt ins Feuer geworfen?« »So ist es, König!« erwiderten sie. »Aber ich sehe doch vier im Feuer umhergehen!« rief der König. »Sie sind frei von Fesseln, und die Flammen können ihnen nichts mehr anhaben. Der vierte sieht aus wie ein Engel!«

Daniel 3,19–20.24–25 GNB

Janhvi Keya/Unsplash

Die gestern erwähnten drei Freunde aus dem Buch Daniel bestanden den Test. Der König hatte sie herausgefordert, sich vor einem fremden Gott zu verneigen, und sie widerstanden ihm. Sie bewiesen ihr tiefes Vertrauen gegenüber Gott und Gott rettete sie aus dem feurigen Ofen, in den sie auf ihre Weigerung hin geworfen wurden. Ähnlich war es bei Abraham. Er sehnte sich sehr lange Zeit danach, einen Sohn zu bekommen. Gott schenkte ihm und seiner Frau nach 25 Jahren des Wartens endlich das langersehnte Kind. Doch dann forderte Gott ihn heraus, den Sohn auf einen Steinaltar zu legen, um ihn als Opfer darzubringen. Das alles machte für Abraham überhaupt keinen Sinn. Warum nur musste er so lange auf das Kind warten, nur um es dann wieder Gott zurückzugeben? Doch er vertraute Gott und war bereit, seinen Sohn wieder loszulassen. Kurz vor dem Vollenden des Opfers stoppte Gott ihn und sagte: »Abraham, mach es nicht. Jetzt sehe ich, du vertraust mir mehr als allem anderen.« Daraufhin gab Gott ihm nicht nur den Sohn zurück, sondern segnete ihn mit abertausenden von Nachkommen. Dieser Segen ist bis heute sichtbar.

So wie bei Abraham oder vielen weiteren Männern und Frauen aus der Bibel testet Gott hin und wieder unser Vertrauen auf ihn. Manchmal fordert er uns heraus, ihm unsere Träume, Vorstellungen und Wünsche einfach hinzugeben und sie quasi zu opfern. Sind wir bereit, loszulassen? Sind wir bereit, uns von unseren Vorstellungen zu lösen? Sind wir bereit, Gott bedingungslos zu vertrauen? Tust du weiterhin das Richtige, auch wenn es dich was kostet? Vertraust du Gott, auch wenn die Situation anders ausfällt, als du dir vorgestellt hast?

Mach es wie Abraham oder wie die drei Freunde Daniels. Bestehe den Test und halte trotz Herausforderung, trotz unerfüllten Wünschen, trotz Kämpfen an Gott fest. Gott wird nicht nur deine Treue belohnen, sondern dir mehr zurückgeben, als du ihm durch dein Vertrauen in seine Hände gelegt hast.

Gott wird all das Negative, in dem du dich heute befindest, nehmen und es in etwas Gutes verwandeln, nur weil du ihm weiterhin vertraut hast.

Denk daran: Gott hat dein Leben in seiner Hand, auch wenn du nicht alles verstehst, was du im Moment durchmachen musst. Gott sieht dein bedingungsloses Vertrauen und es ehrt ihn, wie du ihn weiterhin an die erste Stelle setzt, weiterhin anderen dienst und am Glauben festhältst. Ich bin überzeugt, dass dir diese Haltung neuen Segen bringen und neue Türen öffnen wird.

NUTZE DEN SCHMERZ

Schmerzen gehören zum Leben – und sie bergen das Potential, uns weiterzubringen. Auch wenn wir es nicht verstehen und wir nie eine Antwort auf unsere Warum-Fragen bekommen werden, dürfen wir doch wissen, dass Gott nur unser Bestes im Sinn hat.

In schmerzvollen Lebenslagen kommt unser Glaube ins Spiel. Wir sagen zu Gott: »Ich hasse diesen Schmerz. Ich hasse es, wie ich immer wieder über diese Versuchung stolpere. Ich kann meine Krankheit nicht ausstehen. All die Fragen und die Dunkelheit in meinem Leben verstehe ich nicht. Aber ich glaube an dich, Herr. Ich vertraue dir trotz allem und weiß: Du hast mein Leben in deiner Hand, du behältst den Überblick. Ich werde mit dir zusammen diese Zeit nicht nur überleben, überstehen oder überwinden, sondern ich werde durch diese Situation auch wachsen. Ich werde stärker, ich werde neue Gaben und neuen Segen entdecken. Ich weiß, dass dieser Schmerz mich zu meinem nächsten Sieg führen wird.«

Sogar wenn wir an unserer misslichen Situation selbst schuld sind, wenn wir Schmerzen durchleben müssen, weil wir es verbockt haben, ist Gott da. Seine Gnade will uns helfen und uns durch den ganzen Prozess führen. Er hilft uns dabei, dass wir besser und stärker aus dem durchlebten Verlust, der selbstverschuldeten Misere oder den angehäuften Schulden herauskommen. Doch damit dies geschehen kann, müssen wir offen sein, erkennen zu wollen, was Gott uns dadurch aufzeigen oder vermitteln möchte.

Jeder Schmerz, jede Dunkelheit, die das Leben bringt, kann dazu dienen, uns stärker und reifer werden zu lassen. Jede schmerzvolle Situation enthält eine wertvolle Lektion. Darum nutze deinen Schmerz. Nutze ihn, damit du weiterkommst. Nutze ihn, damit du neuen Segen entdecken kannst. Nutze ihn, damit du zu einem größeren Segen für andere werden kannst. Lass nicht zu, dass der Schmerz zu Stillstand in deinem Leben führt, sondern benutze ihn als Sprungbrett für das nächste Level in deinem Leben. Bitter zu werden, stehenzubleiben, sich in seinen Warum-Fragen zu drehen und nicht mehr vorwärtszugehen, das ist einfach. Das kann jeder. Doch im Schmerz mit Gott zusammen neue Chancen, neue Möglichkeiten sehen, neuen Segen und neue Freude entdecken, das ist Glaube. Das ist das, was in jedem von uns schlummert und was Gott mit uns zusammen hervorholen möchte. Entdecke die Chancen in deinen Herausforderungen und nutze den Schmerz, um deinen nächsten Sieg zu erreichen. Hör auf, dich zu beklagen, und suche stattdessen Gott und das, was er dir dadurch zeigen und dir geben möchte.

Verharre nicht im Schmerz und suche einen Schuldigen, denn dann werden sich die Situationen, Probleme und Verluste so lange wiederholen, bis du endlich bereit bist, etwas daraus zu lernen. Sei kein Dickkopf, der immer wieder in dieselben Schwierigkeiten hineinrasselt und dabei Gott, dem Leben oder anderen die Schuld gibt. Halte stattdessen inne und suche Gott in deinem Schmerz. Versuche herauszufinden, was er dir dadurch zeigen möchte, und du wirst den Schmerz nutzen, um deinen nächsten Segen zu entdecken. Du wirst dein Lachen wiederfinden und schlussendlich besser, stärker und fröhlicher im Leben unterwegs sein.

Denn ein Schmerz, wie Gott ihn haben will, bringt eine Umkehr hervor, die zur Rettung führt und die man nie bereut. Der Schmerz hingegen, den die Welt empfindet, bewirkt den Tod.

2. Korinther 7,10 NGÜ

GESEGNET DURCH DEINE FEINDE

Wir alle wissen, dass Gott uns segnen kann und will. Er kann uns mit seiner Gunst begegnen, er kann uns weiterbringen, uns heilen, uns neue Türen öffnen und uns Menschen über den Weg führen, die uns zum Segen werden. Er kann aber auch unsere Feinde dazu gebrauchen, uns zu segnen.

Eine Enttäuschung, eine Person, die gegen dich ist, eine geschlossene Tür oder auch Menschen, die dir schaden, können durch Gottes Pläne für dich zu einem Segen werden. Solche Situationen werden dann zu Gelegenheiten, die Gott gebraucht, um dich ins nächste Level deines Lebens zu führen.

Davids Geschichte ist ein wunderbares Beispiel dafür. David, der einfache Hirtenjunge, kriegt mit, wie Goliat, der Feind seines Volkes, Gott und das Volk Gottes verhöhnt. Kurzerhand steht er auf, stellt sich Goliat im Zweikampf und gewinnt diesen. Dieser Sieg öffnet ihm die Türen zum Hof seines Königs. Gott verfolgte mit Goliat eine strategische Absicht, welche im Leben Davids als Vorbereitung für seinen späteren Segen dienen sollte. Gott gebrauchte Goliat, um David an den Hof des Königs zu bringen, damit dieser später einmal König werden könnte. So gebraucht Gott auch unsere Feinde, um uns weiterzubringen. Da sind Feinde, die am Rand unseres Lebensweges auf uns warten, um uns voranzubringen, um uns zu segnen, ohne dass sie davon wissen. Darum: Wenn Menschen gegen dich sind, dir schaden wollen und hinter deinem Rücken Pläne gegen dich schmieden, lass dir die Freude am Leben und an Gott nicht nehmen. Denk daran: Gott hat dein Leben in seiner Hand und er verfolgt einen Plan damit. Die Goliats in deinem Leben sind nicht dazu da, dir zu schaden, dich zu besiegen und dir deine Kraft zu rauben, sondern um dich in ein neues Level deines Lebens zu bringen.

Ich erinnere mich noch gut daran, wie wir uns entschieden, eine neue Kirche auf dem Land zu gründen. Wir, eine Handvoll Leute mit derselben Vision, träumten von einer großen Kirche, einer Kirche am Puls der Zeit, modern, mit einer Sprache, die die Menschen verstehen, nicht verstaubt, sondern lebendig, gefüllt mit vielen Menschen, die zusammenkommen, um Gott anzubeten und ihn zu feiern. Doch nicht alle meine Freunde fanden diesen Traum gut. Menschen sagten zu mir: »Vergiss es, Könu. Eine solche Kirche will niemand besuchen. Das funktioniert hier auf dem Land nicht.« Es waren sinnbildlich Goliats, die Gott in mein Leben gestellt hatte. Jedes Mal, wenn mir jemand diesen Traum auszureden versuchte, spürte ich, wie sich eine heilige Motivation in mir ausbreitete. Eine Motivation, das Unmögliche zu wagen und all den Kritikern und Neinsagern zu zeigen, dass es mit Gott zusammen doch möglich ist. Und jedes Mal, wenn ich müde war, selbst in Gefahr stand, den Traum aufzugeben, kam doch wieder diese heilige Leidenschaft in mir auf und ich sagte zu mir:

»Nein, wir geben nicht auf. Wir bleiben dran, und alle um uns werden sehen, dass unserem Gott nichts unmöglich ist.«

Gott erlaubt all den Kritikern, den Menschen, die dich entmutigen wollen, die dir den Glauben zu rauben versuchen, die dich hassen und meiden, in dein Leben zu kommen, nur damit wieder eine neue Leidenschaft in dir geweckt wird. Eine Leidenschaft, dranzubleiben und nicht aufzugeben. Damit sie nicht Recht bekommen und damit du ihnen das Gegenteil beweisen kannst.

Feinde können mit Gott zusammen zu einem Segen werden. Gott kann sie gebrauchen. Darum: Wenn Menschen gegen dich sind, lass dich nicht entmutigen, sondern suche wieder Gott und finde neue Motivation und eine neue Leidenschaft, dranzubleiben. Habe den Mut, an deiner Ehe festzuhalten, auch wenn alle sagen, dass es nicht geht. Halte an deinem Traum fest, auch wenn alles gegen dich zu sein scheint. Gott wird dich durch deine Goliats weiterführen, an deinen Hof des Königs, wo er die nächsten Türen öffnen wird.

> ***Während Saul beobachtete, wie David dem Philister entgegenging, fragte er seinen Heerführer Abner: »Wessen Sohn ist das, Abner?« … Nachdem David den Philister [Goliat] getötet hatte, brachte Abner ihn zu Saul. David hielt immer noch den Kopf des Philisters in der Hand. »Wer ist dein Vater, Junge?«, fragte Saul.*** *1. Samuel 17,55.57–58a* NLB

Woche 24

GUNST

Woche 24 – Montag

LEBE GUNSTORIENTIERT

Die Gunst Gottes wird über dich kommen, sie wird dich packen, erreichen und sogar überholen, überfließend und größer, als du dir vorstellen kannst, wenn du beginnst, gunstorientiert zu leben.

Rechne mit der Gunst Gottes. Gehe davon aus, dass Gott dich segnen will. Erwarte Wunder und gib dich nicht mit dem Mittelmaß in deinem Leben zufrieden. Gott möchte dir in jedem Bereich deines Lebens helfen, dich weiterbringen und dich segnen. Nicht nur in den großen Dingen, sondern auch in den alltäglichen Situationen. Wenn du unterwegs bist, rechne damit, dass du die besten Schnäppchen im Laden findest, dass der beste Parkplatz auf dich wartet, dass die Menschen dir wohlgesinnt sind und du viele kleine Wunder erleben wirst. Vielleicht läufst du auf dem Weg zur Arbeit »ganz zufällig« jemandem in die Arme, den du schon lange einmal treffen wolltest. Das ist die Gunst Gottes, die dafür sorgt, dass du zur richtigen Zeit am richtigen Ort bist. Gottes Segen ist da.

Gott will uns führen und hat jeden Tag unser Bestes im Sinn. Rechne damit. Lebe danach und zähle auf die Gunst Gottes.

Wenn du im Verkauf arbeitest, sprich aus, dass dir die Kunden wohlgesinnt sind und es gut mit dir meinen. Sage zu deinem himmlischen Vater: »Danke, Gott, dass meine Kunden mir treu sind und gute Geschäfte mit mir abschließen wollen.« Hast du ein neues Haus mit vielen Wohnungen, dann rechne damit, dass Gott dir die richtigen Mieter bringen wird. Proklamiere die Gunst Gottes über deine leeren Wohnungen und sage: »Danke, Gott, dass sich meine Wohnungen

gut vermieten lassen werden. Danke, dass du mich mit den richtigen Menschen in Kontakt bringen wirst und sie eine Wohnung von mir mieten werden.« Hast du ein Buch geschrieben, sprich den Segen Gottes darüber aus und sage: »Danke, Gott, für dieses Buch. Danke, dass es ein Bestseller wird und innerhalb kurzer Zeit nachgedruckt werden muss.« Egal, was du in deinem Alltag erlebst oder mit welchen Herausforderungen du konfrontiert bist, erwarte, dass Gott dich mit seinem Segen überraschen wird und dich seine Gunst vorwärtsbringt. Lerne, die Gunst Gottes für jeden Bereich deines Lebens in Anspruch zu nehmen. Gott will uns immer wieder Vorteile verschaffen und uns eine Vorzugsbehandlung erfahren lassen. Warum? Weil wir seine Kinder sind.

Vielleicht sagst du jetzt: »Du hast gut reden. Ich möchte das auch, aber du kennst meine Lebensumstände nicht. Du hast ja absolut keine Ahnung, was ich schon alles falsch gemacht habe oder wie schwierig meine Situation ist. Ich kann mir nicht vorstellen, dass Gott mich segnen möchte.« Du hast Recht, Gott wird dich nicht segnen, wenn du nicht damit rechnest. Du musst beginnen, dein Denken zu verändern. Erwarte, dass Gottes Segnungen dich verfolgen, packen und überholen werden. Erwarte, dass sich Gottes Güte über deinem Leben zeigen wird. Glaube, dass Gott Großes mit dir und in deinem Leben tun wird. Gott ist da. Gott will dich segnen. Glaubst du das? Erwartest du das? Lebst du gunstorientiert?

»Die ganze Fülle seines Segens wird euch zuteil werden, wenn ihr den Weisungen des Herrn, eures Gottes, gehorcht. In der Stadt und auf dem Feld schenkt er euch Gedeihen: Gesunde Kinder gibt er euch und reiche Ernten; eure Rinder, Schafe und Ziegen werden sich vermehren, Korb und Backtrog nicht leer werden. Das Glück wird euch begleiten, wenn ihr auszieht und wenn ihr wieder heimkehrt. Wenn sich Feinde gegen euch erheben, wird der Herr sie vor euch zu Boden werfen. Auf einem Weg werden sie gegen euch anrücken und auf sieben nach allen Richtungen vor euch fliehen. Der Herr wird eure Vorratshäuser füllen und euch alles gelingen lassen, was ihr tut. In allem wird er euch segnen in dem Land, das er euch geben wird.« *5. Mose 28,2–8* GNB

HALTE AM GUTEN FEST

Wer sich zu Klugen gesellt, wird klug; wer sich mit Dummköpfen befreundet, ist am Ende selbst der Dumme. *Sprüche 13,20* GNB

Es ist matchentscheidend für unser Leben, mit welchen Menschen wir uns umgeben. Haben wir Menschen um uns, die erfolgreich, positiv, ermutigend, glücklich, gesund, inspirierend und zufrieden sind? Oder haben wir mit Menschen zu tun, die uns immer wieder herunterziehen, schlecht reden, über andere herziehen und in allem nur das Negative sehen? Menschen prägen uns. Gedanken prägen uns. Umstände prägen uns. Deshalb ermutige ich dich:

Überlege dir gut, von wem und was du dich prägen und beeinflussen lässt.

Dominika Roseclay, Pexels

Wenn du die Nähe von erfolgreichen und inspirierenden Menschen suchst, wirst du mit der Zeit selbst so. Ihre Begeisterung steckt dich an. Ihre positive Stimmung, der du dich aussetzt, ihre Einsatzfreude, Disziplin und die Art, wie sie Dinge motiviert anpacken, werden dich prägen und sich in deinem Innern verankern. Wenn du dich mit Menschen umgibst, die sich auf Gott verlassen und ihm vertrauen, wird auch dein Glaube wachsen und immer stärker werden. Eigentlich ist es einfach: Wenn du wie ein Adler am Himmel schweben möchtest, musst du deinen Hühnerstall verlassen.

Folgende Geschichte hat mich selbst motiviert, immer wieder meine Perspektive zu vergrößern und an all dem Guten, das Gott in der Zukunft für mich bereithält, festzuhalten:

Bill und Cindy sind vor ein paar Jahren in eine andere Stadt gezogen. Bill hatte damals zwei Jobs, um seine Familie über die Runde bringen zu können, und Cindy betreute zu Hause die Kinder. Es war eine schwierige Zeit in ihrem Leben; sie hatten kaum genug Geld, um die Miete zu bezahlen und Essen zu kaufen. Statt sich in dieser schier ausweglosen Situation dem Negativen hinzugeben und ihre Träume loszulassen, taten sie in dieser Zeit etwas sehr Ungewöhnliches: Wenn Bill am Abend von der Arbeit kam, zogen sie sich oft schick an, und statt in ihrer kleinen Wohnung herumzusitzen und Trübsal zu blasen, fuhren sie mit ihrem Auto zu einem der großen und eleganten Hotels der Stadt. Sie hatten nicht genug Geld, um die Parkgebühr auf dem Hotelparkplatz zu bezahlen, daher parkten sie ein paar hundert Meter weiter an der Straße und gingen zu Fuß zum Hotel. Sie betraten das prächtige Gebäude, nahmen in der eleganten Eingangshalle Platz und träumten von ihrer Zukunft. Als Bill gefragt wurde, warum er dies tue, gab er zur Antwort: »Weißt du, ich wollte mich in einer Atmosphäre aufhalten, die von Erfolg geprägt ist. Ich wollte an einem Ort sein, der meine Hoffnungen nährte. Ich wollte mich in ein Ambiente begeben, in dem ich von dem träumen konnte, was ich erreichen wollte.«

Suche immer wieder Orte, die dich inspirieren, und Menschen, die dich motivieren.

Eine lebendige Kirche kann beispielsweise solch ein Ort sein, wo du Menschen begegnest, die dich in deinen Träumen und Visionen bestärken. Halte am Guten fest. Suche es, lass dich inspirieren und staune, wie sich neue Hoffnungen und Ideen in dir ausbreiten.

RECHNE MIT DER GUNST GOTTES

Gott hat uns erschaffen und uns mit Ehre und Würde gekrönt. Man könnte es auch so ausdrücken: Die Gunst Gottes ist über uns. Gott sucht unseren Vorteil. Gott möchte uns bevorzugt behandeln. Gott möchte unser Leben erleichtern, verbessern und es immer wieder reich segnen. Gott möchte uns beistehen und uns Türen öffnen, die für andere verschlossen sind.

Darum ist es so wichtig, dass wir beginnen, »gunstorientiert« zu leben. Dass wir mit der Gunst Gottes rechnen und uns auf Gott und seine Hilfe und seinen Segen verlassen. Denn wir alle sind Kinder des allmächtigen Gottes. Unser Vater hat das Universum geschaffen. Er hat uns seine Gnade erwiesen und so dürfen und sollten wir sogar Vorzugsbehandlungen von ihm erwarten. Wir dürfen erwarten, dass unsere Mitmenschen uns gutgesinnt sind und uns helfen werden, auch wenn sie es nicht unbedingt beabsichtigen. Sie helfen uns und bringen uns weiter, weil Gott auf unserer Seite ist.

Ich habe die Geschichte eines erfolgreichen Geschäftsmannes gelesen, der sich für eine neue Stelle bewarb. Viele hochqualifizierte Führungskräfte aus der ganzen Welt bewarben sich ebenfalls auf diese Stelle. Die meisten von ihnen hatten mehr Erfahrung als er und waren qualifizierter. Zumindest sah es in den Bewerbungsunterlagen so aus. Doch aus unerklärlichen Gründen wurde er immer wieder zu einem weiteren Bewerbungsgespräch eingeladen und konnte sich bis zu einem letzten entscheidenden Gespräch durchsetzen. Nach diesem letzten Gespräch wurde er als neuer Leiter eingesetzt. Er antwortete auf die Frage, wie es ihm dabei ergangen sei, Folgendes: »Als ich diesen Männern gegenübersaß, kratzten sie sich buchstäblich am Kopf und meinten: ›Wir wissen eigentlich nicht, warum wir Sie einstellen. Sie sind weder der qualifizierteste noch der erfahrenste Bewerber gewesen und Sie haben auch nicht den interessantesten Lebenslauf. Aber irgendwie mögen wir Sie einfach, wir wissen auch nicht recht, warum. Wir möchten Sie einfach lieber haben als alle ihre Mitbewerber.‹«

Dies ist die Gunst Gottes. Die Gunst Gottes öffnet uns Türen und bringt Menschen auf unsere Seite. Leute mögen uns, auch wenn sie es sich nicht erklären können, und helfen uns, an die Position zu kommen, die Gott von Anfang an für uns vorgesehen hat. Gott kann und wird Menschen, Situationen und Umstände zu unseren Gunsten verändern. Warum? Weil er es uns versprochen hat. Weil wir damit rechnen und uns danach sehnen. Darum beginne wieder mit den Wundern Gottes zu rechnen. Erwarte, dass die Menschen, welchen du heute begegnest, für dich sind und nicht gegen dich, denn die Gunst Gottes ist auf deiner Seite.

Wie klein ist da der Mensch, wie gering und unbedeutend! Und doch gibst du dich mit ihm ab und kümmerst dich um ihn! Ja, du hast ihm Macht und Würde verliehen; es fehlt nicht viel und er wäre wie du.

Psalm 8,5–6 NGÜ

Devon Wilson, Unsplash

Anstelle doppelter Schande und Schmach, die eure Feinde euch zugefügt haben, werdet ihr von deren Land einen doppelten Anteil bekommen und eure Freude wird kein Ende haben.
Jesaja 61,7 GNB

HEUTE IST EIN NEUER TAG

Egal, was du in letzter Zeit erlebt und durchgemacht hast – heute ist ein neuer Tag und Gott möchte etwas Neues in deinem Leben schaffen.

Gott verspricht uns in der Bibel, dass er uns doppelt zurückgeben wird, was wir verloren haben oder uns genommen wurde. Gott will vergelten, was uns angetan wurde, unseren Nöten abhelfen und unser Leid lindern. Wir haben einen Gott, der sich um uns kümmert. Er sehnt sich danach, dir das Doppelte an Freude, Glück und Segen für all die Schmerzen, die du erlebt hast, zurückzugeben. Doch damit er dies tun kann, müssen wir unseren Teil dazu beitragen. Wir müssen beginnen, Gutes zu erwarten, auch wenn noch lange nicht alles rund läuft in unserem Leben. Wir müssen erwarten, dass Wunder geschehen können und Veränderung möglich ist, dass Türen sich öffnen, dass Gott zu seinem Wort steht, auch bei uns! Steh auf, löse dich von deinem Minderwert, lass deine Opfermentalität hinter dir und ergib dich nicht länger deinem Selbstmitleid. Erwarte wieder Gutes.

Der erste Schritt zum Wunder, zu neuem Segen, zu einem besseren Leben beginnt jetzt. Heute. Indem du anfängst, dein Denken zu ändern. Lass Gedanken der Armut, der Niederlage, des Versagens, der Hoffnungslosigkeit, der Traurigkeit los. Gott will nicht, dass wir nur gerade so durchs Leben kommen; Gott möchte uns mehr schenken. Darum beginne heute, jetzt, wenn du dies liest, dein Denken zu ändern. Richte deine Gedanken auf die Wahrheiten der Bibel, Gottes Zusagen an dich aus. Sprich aus, wie Gott dich sieht und sage zu dir selbst:

»Ich bin gewollt, einzigartig, wertvoll und wunderbar geschaffen – ein Meisterwerk Gottes. Ich bin gesegnet, glücklich, erfolgreich, talentiert und kreativ. Ich bin geduldig, freundlich und barmherzig. Ich bin ausgeglichen, zufrieden und dankbar. Ich bin stark, gesund und fit. Ich bin ein Kind des höchsten Gottes und weiß, dass er noch viele positive Überraschungen für mein Leben bereithat. Ich hole das Beste aus meinem Leben heraus und werde meinen Lauf mit Jesus siegreich vollenden.«

Ich empfehle dir, sprich diese Aussagen während ein paar Wochen jeden Tag laut aus. Du wirst staunen, wie sich deine Gedanken verändern werden, wie du einen gesunden Selbstwert bekommst und sich ein großer Glaube in dir ausbreitet. Auf diese Weise beginnst du, deine Gedanken auf das zu richten, was Gott in dir sieht und was er noch alles in dir freisetzen möchte. Heute ist ein neuer Tag. Beginne wieder, zu sehen und zu glauben, was Gott noch alles in dir und mit dir tun möchte.

GENUG IST GENUG

»Wenn mich aber jemand liebt und meine Gebote befolgt, dann erweise ich auch noch seinen Nachkommen Liebe und Treue, und das über Tausende von Generationen hin.« 2. Mose 20,6 GNB

Viele Menschen machen es sich irgendwann dort, wo sie sind, gemütlich. Sie haben sich mit einem mittelmäßigen Leben zufriedengegeben und erwarten nicht, dass Gott noch mehr für sie bereithält. Als Entschuldigung dafür sagen sie Dinge wie: »Meine Eltern waren arm, meine Großeltern auch. Niemand in unserer Familie hat es je zu etwas gebracht und mir wird es vermutlich genauso ergehen.« Doch ich möchte dir heute sagen: Miss diesen Aussagen, diesen Lügen keinen Wert mehr bei. Unser Gott ist ein dynamischer Gott. Er will, dass wir weiterkommen. Er will, dass wir eingefahrene Wege verlassen und neue Geschichten schreiben. Er will, dass wir aufstehen, nicht mehr länger unsere Kindheit als Entschuldigung vor uns herschieben und stattdessen beginnen, mit einer neuen Einstellung, einem neuen Glauben und einer neuen Hoffnung zu leben. Mit unserer Entscheidung, aufzustehen, mehr vom Leben und von Gott zu erwarten und unsere Geschichte neu zu schreiben, verändern wir nicht nur unser Leben, sondern auch das Schicksal der Generationen, die nach uns kommen werden.

Schaut nach vorne, denn ich will etwas Neues tun! Es hat schon begonnen, habt ihr es noch nicht gemerkt? Durch die Wüste will ich eine Straße bauen, Flüsse sollen in der öden Gegend fließen.
Jesaja 43,19 HFA

Darum sage zu dir selbst: »Jetzt ist genug!« Bleibe nicht dort stehen, wo du bist. Du kannst mehr erreichen als die Generationen vor dir. Gott will und sucht den Fortschritt mit dir, immer wieder. Dies sagte er auch schon zu Adam und Eva im Paradies. Er vertraute ihnen seine Schöpfung an und sagte ihnen sinngemäß: »Jetzt bringt sie voran. Bringt sie in Bewegung. Macht etwas daraus.« Stell dir vor, es wäre anders gewesen, und die Menschheit hätte nur bewahrt, was sie von Gott bekommen hat! Wir würden noch heute mit Blättern bekleidet im Wald herumirren und uns von kalten Fischen ernähren, weil es noch kein Feuer gäbe. Vielleicht gab es im Leben deiner Vorfahren immer wieder Eheprobleme, Scheidungen und Fälle von persönlichem Versagen, seelischen Problemen und wirtschaftlichem Misserfolg. Dann ist es jetzt deine Aufgabe, aufzustehen und zu sagen: »Genug ist genug. Ich werde diese negativen Dinge nicht an meine Kinder weitergeben. Ich werde mit der Hilfe Gottes aus diesem Teufelskreis ausbrechen. Ich glaube, dass Gott etwas Besseres für mich bereithält und ich werde es empfangen!«

Dazu entschied sich auch Phyllis, eine Frau, deren Geschichte ich gelesen habe. Phyllis wurde mit 16 Jahren überraschend schwanger und musste die Schule verlassen. Ihre Träume zerplatzten und sie war total verzweifelt. Sie mietete eine winzige Wohnung, hatte kaum Geld und lebte von dem, was andere ihr zukommen ließen. Doch statt sich mit ihrem Schicksal abzufinden, sagte sie eines Tages zu sich selbst: »Jetzt ist Schluss! Meine Kinder sollen nicht in einer solchen Atmosphäre groß werden. Ich entscheide mich für einen anderen Lebensstil.« Sie begann zu glauben, dass Gott Besseres und Größeres für sie bereithält und rechnete wieder damit, dass er sie auf übernatürliche Weise segnen würde. Sie sagte den negativen Gedanken den Kampf an und begann, sich selbst etwas zuzutrauen. Wenn es schwierig wurde, gab sie trotzdem nicht auf. Unbeirrt verfolgte sie ihren Weg. Sie tat, was in ihrer Macht stand, und Gott tat das Seine dazu. Phyllis bekam eine Stelle in der Cafeteria einer Schule. Nebenbei besuchte sie eine Abendschule und holte ihren Abschluss nach. Danach besuchte sie die Universität, bestand ihr Bachelor-Examen und machte danach noch einen Master-Abschluss. Heute arbeitet sie als Direktorin in demselben Schulbezirk, wo sie in der Cafeteria begonnen hatte. Sie hat den Fluch der Armut und des Mangels über ihrer Familie gebrochen und sagt dazu: »Gott hat mich einen weiten Weg geführt: Früher habe ich von der Wohlfahrt gelebt, heute lebe ich im Wohlstand.«

Wenn wir wollen, können auch wir Ähnliches erleben. Gib dich nicht länger mit dem zufrieden, was du heute hast, sondern fasse Mut und wage es, neue Wege zu beschreiten. Steh auf und sage zu deinen negativen Gedanken, dem Geist der Armut, der Sucht, der Not, der Depression, der Angst, der Minderwertigkeit, zu dem, was dich davon abhält, dein volles Potential zu entfalten: »Genug ist genug. Jetzt stehe ich mit Gott zusammen wieder auf und schreibe meine Geschichte neu!«

Woche 25

POTENTIAL

Woche 25 – Montag

SEI TREU IM KLEINEN

»Mit meiner Entscheidung zur Treue im Kleinen baue ich schließlich mein eigenes Haus.«

Vor Kurzem las ich die Geschichte von einem wohlhabenden Mann, der mit einem Bauunternehmer befreundet war. Dieser hatte in letzter Zeit eine Pechsträhne gehabt und kaum noch Aufträge erhalten. Das tat seinem reichen Freund leid und so beschloss er, ihm ein bisschen unter die Arme zu greifen. Er überreichte ihm einen Stapel Pläne und einen Scheck über 300.000 Dollar und sagte: »Ich möchte, dass du mir ein neues Haus baust. Ich habe keine Zeit, mich damit zu befassen. Ich überlasse das alles dir. Du kannst über alles entscheiden. Ich verspreche dir, wenn du deine Sache gut machst, werde ich dich gut bezahlen.«

> ***»Der Bauunternehmer war hocherfreut. Endlich konnte er mal wieder was verdienen. Aber dann dachte er sich: ›Wenn ich es da und dort nicht so genau nehme, kann ich mir vielleicht einen Teil der 300.000 Dollar in die eigene Tasche stecken.‹ Also kaufte er den billigsten Beton, den er finden konnte. In der Zementmaschine verdünnte er ihn noch mit Wasser, damit er weiter reichte. Schon allein damit hatte er 4000–5000 Dollar eingespart. Als Nächstes machte er sich auf die Suche nach dem billigsten Bauholz, das auf dem Markt war. Ein Teil davon war krumm und verzogen, aber das war ihm gleichgültig. Es würde ja hinter den Mauern versteckt sein. Niemand würde es je zu Gesicht bekommen. Ebenso verfuhr er mit den Installationsarbeiten, der elektrischen Ausstattung und allem anderen. Er verwendete überall das billigste Material und sparte eine Menge Geld. Als das Haus fertig war, hatte er beinah 40.000 Dollar beiseitegeschafft und auf sein eige-***

nes Bankkonto eingezahlt. Dann rief er seinen reichen Freund an und lud ihn ein, das Haus in Augenschein zu nehmen. Sein Auftraggeber war erstaunlicherweise ziemlich beeindruckt. Denn äußerlich betrachtet sah das Haus sehr schön aus. Er wäre nie darauf gekommen, dass der Unternehmer an allen Ecken gespart und minderwertiges Material verwendet hatte. Der Bauunternehmer war begeistert, als er den zufriedenen Ausdruck im Gesicht des Eigentümers bemerkte. Er konnte es kaum abwarten, zu hören, welchen Lohn er für seine Arbeit bekommen würde. Der Wohlhabende sagte dem Bauunternehmer augenzwinkernd: ›Weißt du, eigentlich brauche ich dieses Haus nicht. Ich besitze schon ein wunderschönes Haus. Ich wollte dir eigentlich nur helfen und dir einen Gefallen tun.‹ Er überreichte ihm die Schlüssel und sagte: ›Hier, mein Freund. Es gehört dir. Du hast dir selbst ein funkelnagelneues Haus gebaut.« *Joel Osteen, Lebe jetzt!, Seite 378*

Ob es uns bewusst ist oder nicht, wir alle bauen unsere eigenen Häuser. Nimmst du hier eine Abkürzung oder lässt du hier oder dort Fünf gerade sein, obwohl man es besser machen könnte, schaden wir schlussendlich nur uns selbst. Alle unseren falschen Entscheidungen werden letztlich unser eigenes Lebensfundament schwächen und uns später alle möglichen Probleme bescheren.

Gib dein Bestes, sei treu im Kleinen und verhalte dich stets korrekt.

Wenn du mit anderen teilst, wirst du selbst beschenkt; wenn du den Durst anderer stillst, lässt man dich auch nicht verdursten.
Sprüche 11,25 GNB

Cottonbro, Pexels

NAH AM HERZEN GOTTES

»Ich entscheide mich, ein großzügiges Leben zu leben, weil ich nie näher am Herzen Gottes bin, als wenn ich beginne, das, was Gott mir anvertraut hat, weiterzugeben, auszusäen und in andere zu investieren.«

Der Apostel Paulus ermutigt uns zu einem großzügigen Lebensstil. Spannend finde ich, welch gewaltige Zusagen er uns in diesem Zusammenhang macht. Wir lesen unter anderem:

> ***Denkt daran: Wer wenig sät, wird auch wenig ernten. Und wer reichlich sät, wird reichlich ernten. Jeder soll für sich selbst entscheiden, wie viel er geben möchte, und soll den Betrag dann ohne Bedauern und ohne Widerstreben spenden. Gott liebt den, der fröhlich gibt. Er hat die Macht, euch mit all seiner Gnade zu überschütten, damit ihr in jeder Hinsicht und zu jeder Zeit alles habt, was ihr zum Leben braucht, und damit ihr sogar noch auf die verschiedenste Weise Gutes tun könnt. In der Schrift heißt es ja von dem, der in Ehrfurcht vor Gott lebt: »Er teilt mit vollen Händen aus und beschenkt die Bedürftigen; das Gute, das er tut, hat für immer Bestand.«*** *2. Korinther 9,6–9* NGÜ

Das Gute, was er tut, hat für immer Bestand! Ich persönlich liebe es, mit meinen Ressourcen, Finanzen, meiner Zeit und meinen Möglichkeiten großzügig in andere und meine Kirche, zu der ich mich zähle, zu investieren. Ich durfte immer wieder erleben, wie sich diese Entscheidung schlussendlich ausgezahlt hat. Jede Saat, die ich bis heute gesät habe, hatte eine große Ernte für mich, meine Familie, meine Ehe und unsere Kirche zur Folge – größer als die ursprüngliche Saat! Ich möchte hier drei Punkte aufführen, die ich persönlich als weiteren Gewinn eines großzügigen Lebensstils sehe:

1. Meine Großzügigkeit ist der Schlüssel zum Wachstum
Ich habe gelernt, dass es nicht genügt, wenn wir als Kirche in der Liebe, in Demut, in Erkenntnis und auch in Besucherzahlen wachsen wollen, einander nur zu lieben und zu ehren. Unser Herz wird schlussendlich im Geben geprüft. Menschen, die Gott lieben, unterstützen das, was Gott liebt. Und Gott liebt die Kirche am Ort. Ein Ort, an dem er sich durch die Menschen zeigen kann, wo Menschen zusammenkommen, um Gott zu feiern, ihn anzubeten und sich wieder erfrischen zu lassen. Zudem ist unsere Entscheidung zur Großzügigkeit auch ein Schlüssel, um selbst im Glauben zu wachsen. Je großzügiger wir werden, umso mehr erkennen wir die Wahrheiten aus der Bibel, umso freier werden wir, andere Menschen zu ehren, sie zu ermutigen und ihnen zu vergeben und umso besser hören wir die Stimme und Weisung Gottes für unser Leben. Warum? Weil wir Gott nie näher sind, als in den Momenten, wenn wir großzügig sind.

2. Meine Großzügigkeit ist der Schlüssel zur Freiheit
Wir Menschen hier in Westeuropa stehen immer wieder in Gefahr, dass wir unser Herz an vermeintliche Sicherheiten wie Geld, Ausbildung, Status und unsere eigenen Ressourcen hängen, statt unser Vertrauen auf Gott zu setzen. Jesus sagt in der Bibel dazu: »Einem Reichen fällt es viel schwerer ins Reich Gottes zu kommen als einem Armen.« Wir Westeuropäer verfügen im globalen Vergleich über Möglichkeiten und Ressourcen, die den meisten Menschen auf dieser Erde nie zugänglich sein werden. Darum hänge dein Herz nicht ans Geld, sondern werde frei, indem du beginnst, großzügig zu sein.

3. Meine Großzügigkeit ist der Schlüssel zum Familienbesitz
Gott will uns zu Teilhabern aller himmlischen Ressourcen machen. Doch er wird die Schleusen des Himmels über uns nur öffnen, wenn wir beginnen, mit dem, was wir haben, großzügig zu sein. Wenn wir anfangen, unsere Finanzen, Ressourcen, Gaben, Zeit und Möglichkeiten weiterzugeben und in andere Menschen oder in unsere Kirche zu investieren, säen wir eine Saat in unser Leben und der Himmel öffnet sich über uns. Wir haben unlimitierten Zugang zu jeglicher Weisheit, Kraft, zu allen himmlischen Ressourcen, Erfrischungen und zur Freude. Gott wird uns immer wieder alles geben, was wir benötigen, wenn wir zu säen beginnen.

Probiere es doch mal aus! Ich denke, du wirst staunen, was du alles erleben und entdecken wirst. Und zudem bist du nie näher am Herzen Gottes, als genau in den Momenten, in denen du großzügig bist.

HIMMELSWÄHRUNG

Wenn ihr betet und im Glauben um etwas bittet, werdet ihr es erhalten, was immer es auch sei. *Matthäus 21,22* NGÜ

In unserem Alltag gehen wir auf die Bank, holen Geld, ziehen es aus dem EC-Automaten oder zahlen mit unserer Kreditkarte, um uns Dinge anzuschaffen, die wir brauchen, nach denen wir uns sehnen oder die wir einfach wollen. So wie es eine weltliche Währung gibt, gibt es auch eine himmlische Währung. Diese basiert ganz einfach auf unserem Glauben. Wir lesen in der Bibel, dass wenn wir Gott im Glauben um etwas bitten, wir es auch erhalten werden. Unser Glaube versetzt Berge, verändert Menschen, Situationen und Regierungen. Unser Glaube bewegt den Arm Gottes und setzt seine göttliche Macht in Aktion. Unser Glaube öffnet geistliche Türen, führt uns zu Menschen, zu denen wir sonst nie gefunden hätten und gibt uns Ideen, auf die wir nie gekommen wären.

Doch was ist Glaube? Glaube entscheidet sich, an einen Gott zu glauben, der über allem steht, der größer ist als jegliche Möglichkeiten hier auf der Erde. Glaube rechnet mit der Gunst Gottes. Glaube geht davon aus, dass es einen Schöpfer gibt, der uns und das ganze Universum erschaffen hat. Glaube weiß, dass Gott es gut meint mit den Menschen, die ihn ehren und rechnet mit dem Besten. Glaube weiß, dass das, was Gott versprochen hat, auch wahr werden wird. Glaube vertraut dem Wort Gottes und seinen Zusagen. Unser Glaube an Gott, an seine Möglichkeiten und grenzenlose Macht bringt Gott dazu, zu handeln, zu reagieren, zu segnen, zu verändern und Menschen mit seinen grenzenlosen Möglichkeiten zu überraschen.

Woher kommt der Glaube? Wie wird unser Glaube größer und stärker? Wie können wir erleben, dass auch wir einen Glauben entwickeln, der schlussendlich unser Leben und die Welt um uns herum wieder positiv verändert? Ganz einfach – indem wir in unsere Beziehung zu Gott investieren. Denn Glaube ist ein Geschenk Gottes. Und je besser die Beziehung zu ihm ist, umso größer wird auch unser Glaube an ihn. Gott hat jedem von uns ein Maß an Glauben gegeben, doch wenn wir nicht achtsam damit umgehen, kann es sich nicht entfalten und bleibt irgendwo im Verborgenen. Wie pflegen wir unseren Glauben? Wie entwickeln wir ihn und investieren in ihn, sodass er sein volles Potential in uns entwickeln kann? In der Bibel lesen wir, dass unser Glaube sich entfaltet, wenn wir uns immer wieder dem Wort Gottes aussetzen, es lesen und hören. Dies kannst du täglich tun, indem du die Bibel oder von der Bibel inspirierte Bücher liest. Aber auch der wöchentliche Besuch einer bibeltreuen Kirche ist ein wichtiges Instrument, mit dem sich dein Glaube entwickeln kann. Je mehr du dich mit Gott auseinandersetzt, gerade auch in einer Glaubensgemeinschaft, Sonntag für Sonntag, umso mehr wird die himmlische Währung in deinem Leben zunehmen und du wirst erleben, wie du Gott immer öfter um Unmögliches bitten kannst und es auch bekommst – nicht weil es einer von uns verdient hätte, sondern weil wir den nötigen Glauben dafür aufgebaut haben.

… denn unser Leben hier auf der Erde ist ein Leben des Glaubens, noch nicht ein Leben des Schauens.

Korinther 5,7 NGÜ

KENNE DEINE AUFGABE

»Ich kenne meine Aufgabe. Ich weiß, worin ich gut bin und wo meine Stärken liegen. Ich kenne auch meine Grenzen und bin zufrieden mit dem, was Gott durch mich tut. Meine Aufgabe ist von unschätzbarem Wert und ohne mich könnte Gott sein Reich nicht vergrößern.«

Denk mal darüber nach: Was ist wichtiger? Der kleine Junge, der Jesus seinen Lunch zur Verfügung stellte, oder die Mutter, die ihm den Lunch zubereitete? Ohne die Mutter würde man heute nicht von einem Speisewunder sprechen und Jesus hätte nichts gehabt, was er übernatürlich vermehren hätte können (siehe Johannes 6,1–15).

Wer oder was ist wichtiger? Ich als Prediger weiß, ohne die Menschen, die am Morgen in aller Frühe den Raum vorbereiten, die Stühle hinstellen, die Toiletten reinigen, die Show auf dem Computer abspeichern, unter der Woche die Lieder üben, treu ihre Zeit in noch viele weitere Details und Aufgaben investieren und dann am Sonntag ihre Freunde mitnehmen, würden meine besten Predigten nichts bewegen. Wer ist jetzt der Wichtigste? Vielleicht der, der alle Rechnungen unserer Kirche bezahlt? Oder doch all die Menschen, die treu mit ihren Finanzen unsere Kirche unterstützen? Oder vielleicht sind es ja auch all unsere Vorfahren, die schon damals durch ihre Leben und Gebete den Boden für unsere Kirche vorbereitet haben?

Hier ist die Antwort: Es sind wir alle! Jeder ist im Reich Gottes gleich wichtig. Gott kann und will jede noch so kleine und große Aktion gebrauchen, um sein Reich zu bauen. Nichts würde in einer Familie, in einer Kirche, in einer Gemeinschaft wirklich funktionieren, wenn nicht jeder treu seine Aufgabe erfüllte. Fehlt ein Puzzleteil, ist das Bild nicht vollständig. Fehlt ein Stein in der Mauer, ist sie instabil.

Darum möchte ich dich ermutigen:

Kenne deine Aufgabe, kenne deinen Platz, an dem Gott dich gebrauchen möchte.

Statt davon zu träumen, etwas für Gott zu tun und darauf zu warten, dass dich ein Engel in eine andere Position bringt, beginne dort, wo du jetzt bist, deinen Job zu tun. Wenn wir ihn nicht tun, fehlt etwas. Und das Wunder Gottes kann nicht geschehen.

Sage zu dir selbst: »Ich muss nicht so sein wie mein Freund oder den Job tun, den andere schon tun. Ich muss nicht im Rampenlicht stehen, um mich gut zu fühlen. Ich bin glücklich, dort wo ich bin. Sei es im Hintergrund oder sei es im Vordergrund. Ich bin glücklich, wenn ich am Sonntagmorgen Stühle hinstelle, weil ich weiß: Hier werden schon bald Menschen sitzen, die Gott verändern und berühren wird. Ich bin glücklich, wenn ich in meiner Firma an dem Platz, wo ich stehe, meinem Chef dienen kann, weil ich weiß, dass ich damit schlussendlich meinem Gott diene.«

Wenn du dich selbst sein kannst und nicht mehr versuchst, jemand anderes zu sein, dann kannst du Gott dort, wo du bist, dienen und fühst tief in dir, dass es gut so ist. Es ist wichtig und dein Einsatz zählt. Denn ohne dich würden die Menschen vor verschlossenen Türen stehen oder ungereinigte Toiletten vorfinden oder in einen unordentlichen Raum kommen. Was auch immer deine Aufgabe ist, sie bliebe unerfüllt und das Wunder könnte nicht geschehen.

Denn eine bereitwillig gegebene Gabe ist Gott willkommen, und ihr Wert bemisst sich nach dem, was der Geber besitzt, nicht nach dem, was er nicht besitzt.
2. Korinther 8,12 NGÜ

LERNBEREITSCHAFT

Gott hat in jeden von uns Weisheit, Potential, Talente und Träume hineingelegt. Vieles in uns wartet darauf, entdeckt und freigesetzt zu werden. Doch wie gelingt uns das? Indem wir uns eine Haltung der Lernbereitschaft aneignen.

Gott will und wird uns immer wieder Möglichkeiten geben, in denen wir vom Leben, von seinen Gedanken, anderen Menschen und Umständen lernen und uns dadurch weiterentwickeln können. Ich behaupte sogar, dass es für uns Kinder Gottes fundamental ist, das Schlagwort vom »lebenslangen Lernen«

besonders ernst zu nehmen. Egal wie alt oder jung wir sind, wir sollten immer wieder unsere Ohren spitzen und unsere Augen schärfen für das, was Gott uns sagen und zeigen will.

Tagtäglich will Gott uns begegnen und unser Leben bereichern.

Doch damit wir wirklich unsere wahre Größe entdecken können, möchte ich dir drei einfache Tipps geben, die dir dabei helfen.

Lerne, statt dich zu verteidigen.
Kürzlich unterhielt ich mich mit einem anderen Vater. Er erzählte mir, wie er sich in seine Kinder investiert, und ich dachte: »Schreib auf, lerne, jetzt ist Gott dabei, dir geniale Ideen für deine eigenen Kinder zu zeigen.« Doch so oft sieht es anders aus. Statt von anderen zu lernen, verteidigen wir uns und sagen Dinge zu uns wie: »Ich mach es eigentlich auch gut, meine Variante ist auch super« oder »Was willst du mir schon sagen, ich bin doch älter als du!« Mit einer solchen Verteidigungshaltung wehren wir uns gegen jede Veränderung. Öffne stattdessen dein Herz jeden Tag von Neuem und du wirst entdecken, was Gott dir alles zeigen, beibringen und geben möchte.

Lerne neu, statt es so zu tun, wie »man es macht«.
Oftmals stehen uns unsere Vorstellungen davon, wie Gott zu uns sprechen sollte, im Weg und wir verpassen all die wertvollen Ratschläge und Ideen, die er uns auf unseren Lebensweg geben möchte. Löse dich von deinen Bildern, denn wir haben keinen Gott der Rituale. Öffne dich stattdessen immer wieder für die Überraschungen Gottes und du wirst staunen, wie kreativ und vielseitig unser Gott spricht.

Lerne, statt stehenzubleiben.
Entscheide dich, jeden neuen Tag mit einer lernbereiten Haltung zu starten. Öffne dich immer wieder bewusst für Gottes Stimme und seine Führung und du wirst jeden Tag mit seinen Wundern, seinem positiven Denken, seiner Geduld und mit Möglichkeiten zur Großzügigkeit überrascht werden.

Gott hält auch heute einiges für dich bereit. Willst du es hören, sehen und erkennen? Dann öffne dein Herz und lass dich von seinen Ideen, Träumen und Begegnungen überraschen!

Ein kluger Mensch spitzt ständig die Ohren, um noch mehr zu lernen. Geschenke öffnen manche Türen, sie verschaffen dir Zutritt zu einflussreichen Leuten. *Sprüche 18,15–16 GNB*

Woche 26

CHARAKTER

Woche 26 – Montag

ICH BIN GEDULDIG

»Ich bin geduldig und sorge mich nicht mehr um meine Zukunft. Ich warte auf den richtigen Zeitpunkt, den Gott schon für mich vorbereitet hat. Ich entscheide mich, zu vertrauen, dass Gott weiß, was zu welchem Zeitpunkt das Beste für mich ist.«

Wir lesen in der Bibel, wie Jesus folgenden Ratschlag zum Beten gibt:

> ***»Beim Beten sollt ihr nicht leere Worte aneinander reihen wie die Heiden, die Gott nicht kennen. Sie meinen, sie werden erhört, wenn sie viele Worte machen. Macht es nicht wie sie, denn euer Vater weiß, was ihr braucht, und zwar schon bevor ihr ihn darum bittet.«***
> *Matthäus 6,7–8* NGÜ

Gott weiß schon lange im Voraus, was wir brauchen. Bevor wir ihn darum bitten, hat er schon für alles vorgesorgt. Darum können und dürfen wir ihm auch vertrauen und geduldig darauf warten, bis er uns eine neue oder weitere Tür öffnet. Doch leider verpassen viele Gottes Segen, nur weil sie sich selbst um den Segen bemühen. Ungeduldig versuchen sie, neue Türen zu öffnen, und tun zwar das Richtige, aber zum falschen Zeitpunkt. Gott will uns Türen öffnen. Gib dein Bestes, bleib positiv, diene deinen Mitmenschen, sei dankbar und tue, was Gott dir vor die Füße legt. Dann wirst du erleben, wie Gott die Türen zum richtigen Zeitpunkt öffnet. Er hat alles in uns hineingelegt und kennt jeden Wunsch, auch solche Wünsche, die uns selbst noch gar nicht bewusst sind. Unser himmlischer Vater wird alles daransetzen, uns das zu geben, was wir brauchen. Mehr noch, Gott wird uns mehr als genug schenken! Plötzlich ergeben sich neue Gelegenheiten, Menschen, die gegen uns waren, mögen uns plötzlich, und hoffnungslose Situationen verändern sich in göttli-

che Chancen für uns. Und das nur, weil wir auf den richtigen, den göttlichen Zeitpunkt gewartet haben.

Evgeniva Basyrova, Pexels

KANN GOTT DIR VERTRAUEN?

»Ich konzentriere mich auf den Segen, den Gott mir gegeben hat, und freue mich an all den Herausforderungen, die solch ein Segen mit sich bringt. Ich behalte mein Lächeln, halte an meinem Glauben fest und bleibe positiv, auch wenn die Umstände gegen mich sind.«

Als Elisabeth im sechsten Monat schwanger war, sandte Gott den Engel Gabriel zu einer unverheirateten jungen Frau, die in Nazaret, einer Stadt in Galiläa, wohnte. Sie hieß Maria und war mit Josef, einem Mann aus dem Haus Davids, verlobt; Maria war noch unberührt.
Lukas 1,27 NGÜ

Marias Begegnung mit dem Engel Gabriel folgte Unfassbares: Sie wurde schwanger mit dem Sohn Gottes. Mitten in den Hochzeitsvorbereitungen, während Maria am Planen, Einladen, Kleid auswählen ist und sich mit ihren Freundinnen über das künftige Leben als Ehefrau unterhält, mitten in die wahrscheinlich spannendste Zeit ihres Lebens platzt ein Engel und erzählt ihr Unglaubliches! Ihr Leben wird innerhalb von Sekunden auf den Kopf gestellt, als sie erfährt, dass sie Gottes Sohn zur Welt bringen würde. Ihr Verlobter verlässt sie – zum Glück nur vorübergehend –, sie kann ihren Eltern, Freunden und Bekannten erklären, dass es mit der Hochzeit vorerst noch nichts wird, Tischkarten fliegen in den Papierkorb, der Hochzeits-DJ wird gecancelt und die Hochzeitstorte landet im Müll. Als ob das noch nicht genug wäre, glauben die Leute in ihrem Umfeld ihr nicht. Niemand hat den Engel gesehen. Ihr Bauch wird größer und die Leute tratschen hinter ihrem Rücken und sagen Dinge wie: »Jaja, das mit dem Engel, da kann ich genauso gut auch an den Osterhasen glauben!« Es wäre für uns alle nachvollziehbar, wenn Maria sich beklagt und diese Last nicht ertragen hätte. Ihr behütetes Umfeld brach innerhalb von Sekunden in sich zusammen und übrig blieb ein Scherbenhaufen aus Träumen und Hoffnungen.

Anhand von Marias Geschichte sehen wir, dass wir einerseits gesegnet sein und uns andererseits in einer sehr schwierigen Situation befinden können. In unserem Leben geschehen immer wieder Dinge, die wir weder verstehen noch erklären können und die uns herausfordern.

Doch interessant ist, dass wir nirgends in der Bibel lesen, dass Maria sich beklagt hätte. Nie sagte sie: »Gott, warum ich?« Spannend ist zudem, dass Maria Gott nie darum bat, dereinst mal den Erlöser zur Welt bringen zu dürfen. Da drängt sich die Frage auf: Warum nur wählte Gott Maria? Ganz einfach, Gott wusste, dass er sich auf Maria verlassen kann. Er konnte ihr vertrauen. Gott wusste, Maria würde diese Last ertragen, ohne sich zu beklagen. Sie würde weiterhin am Glauben festhalten. Gott sah Maria und wusste: Sie wird sich diesen schweren Umständen stellen und das Kind zur Welt bringen. Sie wird dieses Baby nicht aufgeben. Der Messias wird durch Maria zur Welt kommen!

Wir sprechen ja immer wieder davon, dass wir Gott vertrauen können, dass Gott einen Plan für unser Leben hat und immer unser Bestes will. Doch heute möchte ich ganz direkt fragen: Kann Gott uns vertrauen, wie er Maria vertraut hat? Kann Gott sich auf uns verlassen, dass wir es trotz schwieriger Umstände durchziehen und an seinen Verheißungen festhalten? Auch wenn wir es nicht verstehen und alles gegen uns spricht? Können wir an Gott und seinen Zusagen festhalten? Entscheiden wir uns, trotz allem Gott zu ehren, unser Lachen nicht zu verlieren, an unserer positiven Haltung festzuhalten, freundlich zu bleiben, weiterhin in die Kirche zu gehen, gut zu den anderen Menschen zu sein und ein großzügiges Leben zu führen? Maria hätte jegliche Gründe gehabt, aufzugeben oder mit einer Trauermiene durchs Leben zu gehen. Doch sie zog es durch und wusste: Diese Last ist nur vorübergehend, der Segen, der kommen wird, ist viel größer. Ich werde es durchziehen und den Erlöser zur Welt bringen!

> ***Lasst uns daher nicht müde werden, das zu tun, was gut und richtig ist. Denn wenn wir nicht aufgeben, werden wir zu der von Gott bestimmten Zeit die Ernte einbringen.*** *Galater 6,9* NGÜ

SEI TREU IM KLEINEN

Es soll euch zuerst um Gottes Reich und Gottes Gerechtigkeit gehen, dann wird euch das Übrige alles dazugegeben. Macht euch keine Sorgen um den nächsten Tag! Der nächste Tag wird für sich selbst sorgen. Es genügt, dass jeder Tag seine eigene Last mit sich bringt. Matthäus 6,33–34 NGÜ

Ich denke, viele von uns sehnen sich nach mehr. Mehr Segen, mehr Heilung, mehr Vollmacht, mehr Autorität, mehr Einfluss, mehr Finanzen, mehr Freiheit, mehr Fülle, mehr Leben, mehr Weisheit, mehr Kreativität, mehr Wissen, mehr Ideen, mehr von dem, was Gott für uns bereithält. Wir gehen los und wollen erleben, wie Gott uns gebraucht, um die Welt zu verändern. Wir leben dafür, zu sehen, wie Gott durch uns etwas bewirkt. Doch bevor Gott uns mehr anvertrauen kann, müssen wir lernen und ihm zeigen, dass wir ehren, was er uns schon gegeben hat.

Sehnst du dich nach mehr Intimität und Tiefe in deiner Ehe? Dann ehre deinen Gott im Hier und Jetzt, indem du für deinen Ehepartner schon heute dein Bestes gibst. Sehnst du dich nach mehr Verantwortung in deinem Beruf? Dann ehre Gott, indem du dein Bestes gibst, deinen Arbeitgeber ehrst und zuverlässig und treu deinen Job erledigst.

Pflege das, was Gott dir anvertraut hat. Halte beispielweise deine Finanzen in Ordnung, mache ein Budget und zahle rechtzeitig alle offenen Rechnungen. Gib nur aus, was du hast, nicht mehr. Wenn wir dann einen sauberen Finanzhaushalt haben und nach biblischen Prinzipien damit umgehen, kann und wird Gott uns mehr anvertrauen. Oder dies: Halte deine kleine Wohnung in Ordnung, pflege sie, dekoriere sie, räume auf, pflege deinen kleinen Garten und achte auf das äußere Erscheinungsbild, dann kann Gott dir was Größeres anvertrauen. Das Prinzip ist eigentlich sehr einfach: Wenn wir danach streben, in jeder Hinsicht in unserem Leben Gott zu ehren, indem wir Sorge für die uns anvertrauten Dingen tragen, aufräumen und Ordnung halten, wird Gott unser Gebiet erweitern.

Wir sollten uns immer wieder daran erinnern, dass wir mit unserem Erscheinungsbild und unserem Leben den allmächtigen Gott vertreten, und er ist kein Freund von Faulheit, Schlampigkeit oder Nachlässigkeit. Wenn du zum Beispiel im Einkaufszentrum versehentlich ein paar Kleidungsstücke vom Ständer reißt, verhalte dich nicht so, als hättest du es nicht gesehen. Lass sie nicht einfach auf dem Boden liegen, sondern hebe sie wieder auf. Wenn du auf dem Weg nach Hause Abfall auf dem Boden liegen siehst, laufe nicht einfach daran vorbei, bücke dich und bringe ihn an den Ort seiner Bestimmung, die

Mülltonne. Menschen, die Gott repräsentieren, parken nicht einfach auf dem Behindertenparkplatz, um kurz in ein Geschäft zu gehen; sie behandeln das Eigentum anderer Menschen so, als würde es ihnen gehören, und wenn sie in einem Hotelzimmer sind, dann stellen sie das Wasserglas nicht ohne Untersetzer auf den Holztisch, weil sie wissen, dass es Flecken hinterlassen wird. Lass nicht zu, dass solche Kleinigkeiten in deinem Leben verhindern, dass du Gottes Bestes bekommst.

Ehre, was Gott dir anvertraut hat, und du wirst das »Mehr« in deinem Leben automatisch finden und erhalten.

Nur wer im Kleinen treu ist, wird es auch im Großen sein. Wenn ihr bei kleinen Dingen unzuverlässig seid, werdet ihr es auch bei großen sein.
Lukas 16,10 HFA

SETZE EIN, WAS DU HAST

Wir haben alles in uns, was wir brauchen, um anderen Menschen mit einem Lachen, einer großzügigen Geste oder einer dienenden Haltung zu begegnen. Was du zu geben hast, mag klein aussehen. Wenn du aber das, was du hast, einsetzt und in die Welt trägst, wird Gott dasselbe für dich tun. Er wird dein Leben mit seinem göttlichen Atem anhauchen. Aus etwas Gewöhnlichem und Einfachem kann so auf einmal etwas Göttliches entstehen.

Manchmal braucht es Mut, sich für Freundlichkeit zu entscheiden. Mut, sich von Ausreden zu lösen, Mut, Schritte auf Menschen zuzugehen, Mut, sich seiner Menschenfurcht zu stellen, Mut, zum Wert der Freundlichkeit und Großzügigkeit zu stehen, Mut, das zu tun, was Gott einem aufs Herz legt. Löse dich von der Ausrede, nur dann freundlich zu sein, wenn es dir gut geht, wenn du aus deinen Problemen herausbist, wenn du dich nicht mehr einsam fühlst, wenn du deine Herausforderungen überwunden hast oder wenn du gerade mal Zeit hast. Uns entgegen unserer momentanen Wünsche und unserer Befindlichkeit für Freundlichkeit zu entscheiden, kostet uns etwas. Tun wir es jedoch nicht, verpassen wir ein Leben voller Kraft und Veränderung. Die Gabe der Freundlichkeit hat die Kraft, Menschen zu verändern, Herzen zu öffnen, Beziehungen wieder zu beleben und unseren Alltag zu bereichern. Eine freundliche Geste ist manchmal mehr wert als tausend Worte.

Mach es wie David, der sich dem Riesen Goliat in einem Zweikampf stellte. Goliat war doppelt so groß wie David und hatte eine militärische Ausbildung absolviert. Er war darin geübt, in den Krieg zu ziehen, sich Feinden von Angesicht zu Angesicht zu stellen und sich mit Waffen auf dem Schlachtfeld zu beweisen. David hingegen war einfacher Schafhirte, ein Teenager mit Akne im Gesicht und pubertierendem Körper. Als Goliat David vor sich stehen sah und realisierte, wie klein er war, lachte er laut und sagte zu ihm: »David, hast du dich heute schon im Spiegel angeschaut? Du bist keine Herausforderung für mich. Ich bin stärker, größer und mutiger!« Doch David hatte folgendes göttliches Prinzip verstanden:

Wie klein und unscheinbar deine Möglichkeiten auch sein mögen, wenn du Gott auf deiner Seite hast, wird er das Wenige, das du hast, nehmen und es gebrauchen, um das Unmögliche möglich werden zu lassen.

In der Bibel lesen wir, wie David auf Goliat zulief. Er blieb nicht stehen, um eben mal die Lage abzuchecken. Nein, er rannte förmlich auf die Herausforderung zu. David wusste, dass er gewinnen würde. Er nahm einen Kieselstein, setzte ihn in seine Schleuder und wenige Sekunden später sank Goliat, vom Stein getroffen, tot zu Boden. David ließ sich nicht von seinen bescheidenen Möglichkeiten oder fehlenden Fähigkeiten ausbremsen. Voller Leidenschaft tat er das, was ihm vor die Hände kam, auch wenn es ihn etwas kostete. Nun sollst du zwar niemanden mit Steinen bewerfen, aber Hand aufs Herz: Lässt du dich von fehlenden Fähigkeiten ausbremsen? Wartest du auf bessere Möglichkeiten, um den Menschen mit deiner Freundlichkeit zu begegnen? Versteckst du dich noch hinter einer Ausrede? Löse dich, steh auf, sei mutig und begegne den Menschen mit dem, was du in deinen Händen hast, und Gott wird es nehmen und dein Leben mit seinem göttlichen Atem anhauchen und dir zunehmend mehr in deine Hände legen!

Ich sage dir noch einmal:

Sei mutig und entschlossen!

Hab keine Angst und lass dich durch nichts erschrecken; denn ich, der Herr, dein Gott, bin bei dir, wohin du auch gehst!

Josua 1,9 NGÜ

ICH BIN DANKBAR

»Ich bin dankbar. Ich will keinen Tag mehr vergehen lassen, an dem ich nicht für irgendetwas dankbar bin. Ich bin bereit für die Flut des Segens Gottes über meinem Leben. Ich erhöhe meine Erwartungen. Ich lasse mich nicht mehr von Zweifeln, Ängsten, negativem Denken, Selbstmitleid, zu kleinen Träumen und viel zu kleinen Zielen herunterziehen. Ich schaffe durch meine Dankbarkeit Raum für die göttliche Flut in meinem Leben.«

Du und ich, wir sind mit einer Sturmwarnung konfrontiert. Die Voraussetzungen dafür sind hervorragend, denn du ehrst Gott mit deinem Leben, hältst treu am Glauben an ihn fest und entscheidest dich immer wieder für das Gute. Deshalb sagt Gott heute zu dir:

»Auf dich wartet eine Flut. Ein Sturm will dich überraschen, nicht einer mit Regen oder Wind, sondern eine Flut meiner Liebe, meiner Gunst und meines Segens. Sie wird dich ganz unerwartet treffen. Eine Welle der Heilung, ein Sturm von Möglichkeiten und göttlichen Gelegenheiten und ein Strom von Ruhepausen warten auf dich. Ganz plötzlich wird sich der Himmel über deinem Leben öffnen und ich werde dich wie aus dem Nichts mit meiner Gunst überfluten.«

Vielleicht denkst du mir jetzt: »Kann schon sein, aber das gilt nicht für mich. Ich habe eine schwere Zeit hinter mir. Du kannst dir nicht vorstellen, wie verletzt sich mein Herz immer noch anfühlt. Ich würde ja gern daran glauben, aber der Schmerz, der Zweifel, die Not in meinem Leben sind einfach zu groß und mein Denken zu klein, als dass ich mich an solchen Versprechen festhalten könnte.«

Doch ich möchte dich trotz deiner Haltung ermutigen, dich für den Sturm Gottes zu öffnen, dich vorzubereiten. Und wie bereiten wir ein ideales Umfeld für den Strom des göttlichen Segens in unserem Leben? Indem wir eine Haltung der Dankbarkeit entwickeln. Frage dich jeden Tag: »Wofür bin ich heute dankbar?« Fokussiere dich auf das, was Gott dir gibt, und mach die Highlights zu deinem Tagesfokus, entwickle eine immerwährende Haltung der Dankbarkeit und Gott wird dich, schneller als du denken kannst, mit seiner göttlichen Flut an Segen und Möglichkeiten überraschen. Denn wenn wir lernen, für das Kleine und Unscheinbare unseres Alltags dankbar zu sein, kann Gott uns mehr und Größeres anvertrauen!

Dankt dem Herrn, denn er ist gut zu uns, seine Liebe hört niemals auf!
1. Chronik 16,34 GNB

Xadetheak / Pexels

www.konrad-blaser.com
Die Deutsche Nationalbibliothek verzeichnet diese Publikation in der Deutschen Nationalbibliografie; detaillierte bibliografische Daten sind im Internet über http://dnb.dnb.de abrufbar.

Alle Bibelübersetzungen wurden mit freundlicher Genehmigung der Verlage verwendet. Hervorhebungen einzelner Wörter oder Passagen innerhalb von Bibelzitaten wurden vom Autor vorgenommen.

EÜ Einheitsübersetzung, © 1980 Kath. Bibelanstalt GmbH, Stuttgart.

GNB Gute Nachricht Bibel, © 2000 Deutsche Bibelgesellschaft Stuttgart.

HFA Hoffnung für alle, © by Biblica, Inc.®, hrsg. von Fontis.

NEÜ Neue evangelistische Übersetzung, © 2019 by Karl-Heinz Vanheiden.

NGÜ Neue Genfer Übersetzung, © 2011 Genfer Bibelgesellschaft.

NLB Neues Leben Bibel, © 2017 SCM R.Brockhaus, Witten.

Gestaltung und Satz: HOPE & LIFE CHURCH, www.hopeandlife.church
Bildnachweiß Umschlag: Roman Kosolapov, Envato
Druck: CPI – Clausen & Bosse, Leck
Printed in Germany

1. Auflage 2020

Paperback: ISBN 978-3-95933-170-8, Bestellnummer 372170
E-Book: ISBN 978-3-95933-171-5, Bestellnummer 372171

www.gracetoday.de